JN172029

移民と「エスニック文化権」の社会学

在日コリアン集住地と韓国チャイナタウンの比較分析

川本 綾
KAWAMOTO Aya

明石書店

目 次

序　章

都市とエスニック・
コミュニティをめぐる課題

1.　研究の目的と背景

　近年、資本や人口移動のグローバル化に伴い、世界各地で国際移住労働によ
る移民の定住化が進み、その子どもたちも含めた移民のホスト社会への軟着陸
が政策的な課題となっている。また、内戦や民族紛争、宗教迫害、政治的弾圧
等により母国を離れ、先進国を目指す難民の流れもとどまるところを知らない。
そしてその受け入れにかんしても、実際に難民が足を踏み入れた国のみならず、
国際社会で分担する趨勢が生まれている。日本社会においても、移民や難民の
受け入れは、先進国としてもはや抗うことのできない現実である。

　日本では、1980年代中ごろよりバブル経済の好景気に影響されて主にアジア
諸国から外国人労働者が多数流入した。この中で、日本人のパートナーと出会
い結婚したフィリピンを始めとするアジア出身の女性の中には、日本にそのま
ま残り、子どもを産んで家庭を築いている人も少なくない。そして、この時期
にインドシナ難民として来日した家族や子どもたち、また、中国帰国者などの
人々も日本で結婚し、子どもを産み、育てている。もはや日本でも、海外生まれ、
日本生まれも含め、移民先である日本で生涯を終えるというライフコースの有

り様が現実のものとなりつつある。一方、1990年代には、「出入国及び難民認定法（入管法）」の改正により、就労制限のない定住ビザを取得できるようになった日系南米人が日本各地に押し寄せた。「顔の見えない定住化[1]」とも呼ばれる移住システムに支えられた日系南米人は、各個人の姿は顕在化しないものの、各地でエスニック・コミュニティを形成した。景気に左右される脆弱な労働基盤、それに直接的な影響を受ける子どもたちの教育問題、地域社会内でのコミュニティをめぐる軋轢等、課題は山積みではあるが、日本で育った子どもたちが地域社会の一員として責任を担う年齢となっている。

　このように、地域社会で外国人住民の増加が認識できるようになってから30年以上が経過し、外国にルーツを持つ人々が地域社会に存在することが当たり前になっているにもかかわらず、一方で、いまだに「外国人」であることに由来する差別や貧困、葛藤が数多く報告される。日本生まれの子どもたちも例外ではない。国連の「児童の権利に関する条約」で、国籍に関係なく出身国の言語や文化的同一性を育成することが、親の責任であると同時に、社会が担う責任でもあることが明記されているにもかかわらず[2]、親の言語や文化を習得する機会や余裕も与えられないまま日本語や日本文化のみを教えられて成長し、たとえ日本語ができても、日本文化に精通していても、日本国籍であっても、顔や髪の色、名前等が「違う」ことが排除の原因となり、時にはいわれのない攻撃の対象となってしまう。日本の学校への不適応や不就学の問題など、「移民」の子どもたちをめぐる課題は地方自治体や市民団体などを中心に多様な実践が始まっていはいるものの、根本的な解決の方法を見出せないでいる。その理由は様々であるが、一つには、外国人が日本で暮らし続けることに対する積極的な合意形成が不充分であることが挙げられるだろう。すなわち外国人の暮らしを支える法的・社会的・文化的権利の保障の部分である。

　政府は増え続ける外国人住民への対応について、ようやく2005年に「『生活者としての外国人』に関する総合的対応策」を、2006年になって「地域における多文化共生推進プランについて」を策定した。そして定住する外国人の処遇や生活環境にかかわる問題に、日本社会も一定程度の責任を負うべきとし、新たな外国人住民施策の必要性を全国レベルで周知させ、地方自治体による取組みを求めた。しかし政府は「移民[3]」の存在については依然として否認しているため、日本に住み続けて家庭を築き、老いて死んでいく外国人やその子ども

たちを支える統合政策は皆無に等しい。2016年末現在、「永住者」資格を取得している外国籍住民は３割を超え、特別永住者、定住者も含めると中長期滞在者の半分以上[4)] が今後も日本で住み続けることを望む実質的な「移民」だといえる。それにもかかわらず、このような現状にそぐわない「無策・無視」の状態を続けていることが、国籍や民族、文化など、日本と異なる背景を持つ人々にとって生きづらい社会を作る一因となっていることは想像に難くない。すなわち、短期滞在者も永住資格保持者も同じ出入国管理制度によってのみ法的身分が保障され、罰則規定などを通して、日本社会にいることを「認めない」理由については明確に示されているものの、外国人が日本で住民として暮らし続けることの選択が、大人も子どもも含めた様々な権利の保障とともに肯定的に「認められる」ような仕組みが未成熟なのが、日本の現状といえるだろう。

　しかし、歴史を振り返ってみると、日本に「移民」が暮らすのは、人口や資本のグローバル化に特徴づけられる現代に始まったことではない。たとえば、最初の定住からおよそ100年の歴史を持つ在日コリアン[5)] がいる。在日コリアンは、差別によって様々な社会的・経済的資源[6)] から排除される中、同郷者集団によるコミュニティを形成し、それらを通して定住にかかわる様々な資源を調達するとともに、社会保障、子どもたちの教育等にかんする権利を獲得してきた。現在では、長い居住歴の中で日本への適応や日本人との通婚、帰化が進み、誰が当事者であるのかもわからなくなるほどアイデンティティが多様化している。すなわち「在日コリアン」というカテゴリー自体が掴みづらくなっているのだ。

　一方、地域社会という枠組みで見た場合、在日コリアンを対象として設立された宗教施設や民族学校、あるいは公立学校内での民族学級、食材店、レストランなどがある地域に集中して見られることがある。来日当初、日本社会への適応や就業、居住を支えてきたエスニック・コミュニティも、在日コリアン自身の社会移動[7)] や産業構造の変化に伴う地域社会の変容などを経て、解体したり弱体化したりしたものも多い。しかし、現代に入って新たな意味付けを行い、集客力の高いコリアンマーケットを形成したコミュニティが存在する。また、在日コリアンやコリアンコミュニティの確かな足跡が地域社会の中で生き続け、公立学校内で在日コリアンのための民族学級を援用し、増え続ける新来型の外国人の子どもたちの居場所を作った事例など、在日コリアンのみならず、

他の外国人の暮らしにかかわる資源として残っているものもある。

　また、視点を移して隣国の韓国を見た場合、日本と時を同じくして外国人労働者が流入し、オーバーステイや労働問題、地域社会での受け入れにかかわる問題が社会的イシューとなっていった。日韓は社会における外国人住民を考える際に非常に類似した背景を持っている。それは、韓国では「単一民族主義」、日本では「単一民族神話」と呼ばれる異文化に対する排他的土壌である。日本が近代国家を形成するにあたって天皇制を利用し、天皇の「万世一系」を強調する中で血統（疑似血統）主義を強化してきた経緯はよく知られている[8]。大沼（1993）は、明治国家が日本国民を統合し、国民のエネルギーを一定方向に動員するため、天皇家の神話を徹底的に利用したと指摘する[9]。戦後の出入国管理体制にもおいても、この単一民族の神話は引き継がれた。それゆえ、異民族を異質な文化を持つ社会構成員として捉える見方が成立せず、「『在日朝鮮人』は、その民族性を全面的に放棄して日本人化するか、さもなければ公安的管理の対象としかならなくなった[10]」のだ。そしてこの単一民族神話のもとで「在日やアイヌなどは、できるだけかかわりたくない、面倒ごとの種としてあつかわれ」ることとなった[11]。

　韓国の場合、単一民族主義が国家によって強化されたのは日本と同様であるが、その背景が大きく異なる。パク・ギョンテ（2008）によると、朝鮮半島では、開国、日本による植民地期を経て、反帝国主義、民族主義を標榜する独立運動が盛んになるが、その中で、民族の解放の成就が何よりも重要とされ、民族が次第に神聖不可侵の領域として発展した。そしてついには「純粋な韓民族」という神話が作られる。日本の敗戦による解放と独立後は、民族が「国民」にすり替えられて国家が形成され、韓国人はそのイデオロギーを基に徹底的に社会化された。すなわち、韓国が外国人を排斥し、差別するのは「排他的民族主義」というよりは「国粋的国家主義」によるものなのだ[12]。その後、朝鮮戦争と朝鮮半島の分断という政治的背景のもと、朴正熙政権により愛国主義と反共教育が強調され、1987年まで続いた海外渡航制限などによって、外国人との自然な接触が制限されたまま、単一民族主義が温存された。つまり、少なくとも、外国人労働者の流入が両国で顕著になり、生活圏で外国人を目にすることが出始めた1980年代までは、異文化や異民族に対する排他的な社会的背景が両国に共通して存在していたのである。実際にこの間の政策を見ても、韓国は外国

人の受け入れにかんして日本同様否定的で、外国人労働の需要が高まる 1990 年代からはいわゆる「産業技術研修制度」を設けて場当たり的な対応を繰り返してきた。

　ところが、2000年代に入ると外国人労働者に加え国際結婚移住女性も増加し、政策として移民の社会的統合が議論されるようになった。それからは、「雇用許可制」による非熟練の外国人労働者の一部門戸開放、永住者への地方参政権の付与、重国籍の認定等、具体的な法的・社会的整備がなされ、移民国家として大きく舵を切って日本とは異なる方向性を模索し始めた。現在、外国人が集まる大都市圏には、出身地、宗教等を同じくする人々が集まり、様々なエスニック・コミュニティが形成されている。

　一方、日本に旧来型の「移民」がいるのと同様に、韓国にも 19 世紀末に中国から渡韓した「移民」である華僑が、2016年現在約 1 万 7 千人居住している。様々な社会的・制度的排除や差別の中で、エスニック・コミュニティを活用し、生活の基盤を構築してきた点で在日コリアンと共通点を持つ。ただ、経済・社会的にも厳しい差別を受けて発展の道を阻まれ、世界で唯一「チャイナタウンがない国」といわれるほど韓国社会の中で抑圧されたため、目に見える形でのエスニック・コミュニティを維持することができなかった[13]。ところが、「移民」の制度的な統合が進められるのと時を同じくして、行政によって華僑の文化的・歴史的背景やネットワークが再発見され、これまでの華僑の営みに依存した「チャイナタウン」の造成が始められた。そして解体の一途をたどるかに思われたエスニック・コミュニティの再構築と地域再生に向けたエスニック・コミュニティの活用が、行政レベルで始まった。また、ソウル市では、行政が、近年形成されたエスニック・コミュニティを積極的に活用した観光資源の発掘をしたり、エスニック・コミュニティの育成支援に乗り出したりしており、移民を個人のみならずコミュニティとして捉え、統合へと導く方法を模索している。

　日韓両国の歴史をみると、圧倒的多数とは異なる国籍保有者や文化的アイデンティティを有する存在に対して、社会が肯定的に受け止めるような土壌を意図的に形成してこなかったことがわかる。そんな中、韓国は日本より先に移民政策という面で一歩踏み出し、「移民」を含めた社会の形成に取り掛かり始めた。これらの韓国の経験が示唆するところは何なのであろうか。韓国の経験は、長

期間にわたる居住の歴史や韓国人との通婚、帰化の増加によってアイデンティティが多様化し、その実像が見えにくくなっているが足跡は残っている旧来型[14]移民、そして新たにホスト社会へ流入し、エスニック・コミュニティを足掛かりに適応と定住の道を歩み始めた新来型移民の双方を、行政が主導となってコミュニティレベルで地域社会の中に位置づけていく新たな試みとして捉えられ、課題も含めて今後の日本の移民政策にとって大きな示唆点を持つと考える。

　これから増加することはあっても減少することは考えられない「移民」の地域社会への包摂を考えるにあたり、在日コリアンが来日して定住を決め、自らが持つ文化と周りの文化と折り合いをつけながら暮らしてきた過程や、エスニック・コミュニティが果たした役割や機能、そして過去及び現在も地域内で果たしている役割や、残してきたものを振り返る作業がまず必要であると考える。前述の通り、日本では、戦後、「単一民族神話」の台頭と共に、あたかも日本社会には一つの民族しかいないかのような言説が作られ、異質性を有する社会構成員が排除されてきた。そして政府主導の開発経済のひずみから、住民自治が声高に叫ばれ始めた1970年代、80年代でも、住民の中に外国人を含め、独自のニーズを共に考える発想にはいたらなかった。その背景には、滞在資格や期間にかかわらず、外国人には一切地方参政権が認められず、当事者が教育や居住等、生活に関連する差別的な制度の解決について、地域内で政治的に解決するための手段を持てないという、現在にも続く状況があったことは想像に難くない。その頑迷なまでの異質性に対する排除的な国民国家体制や、それに起因する住民自治のあり方が、地域に住む外国人を昔も今も見えない存在にする一つの要因となっている。その結果、ある程度の母数を持って長期間地域内に存在してきたエスニック集団の歩んできた足跡、すなわち一連の下位文化が、日本人のそれに比べて顕在化しにくくなり、地域の歴史の中に刻まれることなく忘れられていくという現象をもたらしてきたのではないか。そして、現代にいたるまで、同じ地域に長年居住している「外国人」が不当な差別や不利益を被っていても、無関心であるか、「われわれ」が隣人として何らかのアクションを起こすのではなく、あくまでも「外国人」が「われわれ」に合わせるべきという同化圧力を生み出す土壌を作ってしまったのである。

　そして1990年代以降、新来の外国人住民が地域社会の中でも顕在化するようになり、在日コリアン、新来外国人それぞれについて、その適応過程や移住

経路にかんする研究が蓄積されてきた。しかし、旧来型、新来型双方の「移民」を視野に入れ、地域における様々な形での「異質性」の表出を権利として尊重し、制度がそれにかかわっていくようなあり方については、論じられることが少なかったように思う。その理由として、国としての統一された移民政策が不在で、現状にそぐわない外国人政策が続けられていることがまず挙げられよう。それ故に、外国人住民の生活実態やネットワーク、地域社会内での日本人住民との関係については解明されても、日本社会自体が仕組みや考え方を変えるべきときに来ているという認識が期待概念にとどまり、具体化することがなかった。その結果、日本以外のルーツを持つことが明らかになるといつまでも他者化され、彼ら・彼女らが、どれだけ努力を重ねても結局は「外国人」であるとみなされて排除されると、葛藤を深める姿を横目に見ながら放置してきてしまった。グローバル化の進展とともに、従来の国民国家の枠組みでは捉えきれない人々が確かに増えてきている現状の中で「われわれ」と「外国人」の明確な線引きさえ難しくなっているのが現状である。しいて言うならば、変わるべきは「外国人」ではなく「われわれ」の方にあるのだ。どのように変わるのかを考える際、まずは恩恵ではなく人権が前提となるのは当然である。しかしそれに加え、地域の中で共に次世代を育んでいくということを考える際、「移民」やその子孫が、自らのルーツについて肯定的に受け入れ学んでいける環境が必要なのではないだろうか。つまり、「移民」が持つエスニシティや文化を「移民」の権利として捉え、「違い」を地域社会における新たな共同性の根拠とし、制度がそれを支えていくような仕組み作りである [15]。それが「異質性」を徹底的に排除するのを正当化してきた「単一民族神話」に風穴を開け、日本や韓国という国民国家のあり方を再考するとともに、多様な人々が共に暮らす地域づくりの糸口になると考えるからである。

　本書の目的は、移民の持つ「異質性」を地域社会がどのように受け止め、位置づけていくのかという問いを、エスニック文化権の確立と、それに伴う制度、集団、個人の関係の再構築という観点から分析し、多様なルーツや文化背景を持つ人々が共に暮らす社会を形成する方法について考察するところにある。具体的には、「移民」やそのコミュニティが地域の中で培ってきた資源や実践を現在の地域社会の中で再解釈し、地域再生のための新たな資源として活用する方法やその根拠となる考え方を探る。そして、その過程に当事者が住民として

主体的に参加するために必要な仕組みを行政と共にどのように構築していくのかを考察する。本書では、旧来型の「移民」によるエスニック・コミュニティを主な対象としている。それには二つの理由がある。一つ目は、定住の歴史の長さから、多様性を常に内包しながら変容してきた地域と「移民」との動態的なつながりが、「移民」側からも、ホスト社会側からも見えてくるのではないかと考えるからである。二つ目は、旧来型の「移民」を受け入れてきた、または受け入れなかった地域社会のあり様や今後の展望が、現在の「移民」の将来をうらなう試金石となりうるからである。

　また、本書は、在日コリアン、在韓華僑を中心に、日韓を比較する中で日本の移民政策の将来的な構図の一部を描くことを目標としている点も特徴的である。日韓は、「単一民族」であるという概念、社会政策のあり方[16]、外国人政策において類似した性格を持つ。しかし、グローバル化の進展に伴う新たな共同性の構築という共通の都市的課題を持つ中で、韓国は、外国人労働に門戸を開き、重国籍の認定、永住資格者への地方参政権の付与等、国民国家体制の揺らぎに対応すべく舵を切った。経済のグローバル化と人口移動の加速化が進み、日韓共に従来の国民国家体制では対応しきれない事態が生じているに当たり、内実はともあれ、韓国は一歩踏み出したのである。韓国の変化は、後述する西欧における移民のシチズンシップをめぐる議論と重なるものである。韓国の経験は、近い将来日本が直面するであろう「移民」の受け入れにあたり、制度と個人、そして集団との関係の再構築という側面で一つの比較事例となり得ると考える。

　本研究の試みは、次の三点において新規性を持つ。すなわち、日本同様に旧来型移民を抱えながら移民の統合へと踏み出した韓国の事例を参照し、その是非を踏まえ、国際的な観点から日本の移民政策の方向性を考察する点、また、長年都市社会研究の中で捨象されてきた旧来型移民の実践を取り上げ、近年多様化する「移民」の様相に接続しながらエスニック・コミュニティの機能と役割を分析し、都市社会学におけるエスニシティ研究を補完するという点、旧来型移民と新来型移民をつなぐ分析概念として、エスニック文化権に着目する点である。それらを踏まえ、まずは、地域社会から「移民」を見るという観点と、「移民」の権利を保障するという観点から、シカゴ学派に連なる都市社会学の系譜と、移民をめぐるシチズンシップ理論の展開を見てみよう。

2.　先行研究の検討

2.1　地域社会における移民の検討——シカゴ学派

　地域社会のなかで「移民」が持つ「異質性」がどのように捉えられてきたのかにかんしては、20世紀初頭に海外からの移民の大量流入を経験し、都市の異質性の増大が都市化にもたらす影響を分析したシカゴ大学社会学部の、のちにシカゴ学派と呼ばれる一連の研究がよく知られている。なかでもパークとバージェスは、都市研究のために人間生態学を提唱し、「コミュニティ」と「ソサイエティ」という独特の概念を打ち出した。「コミュニティ」とは植物生態学における群落に類比される生態学的なコミュニティ、すなわち、一定の地理的な範囲の中での諸個人・諸集団の競争的相互依存関係を意味し、「ソサイエティ」、すなわちコミュニケーションと合意によって道徳的秩序が形成されるという発想である[17]。これを基にバージェス（1925=2011）は「都市の成長」の中で同心円地帯理論を展開し、中心業務地区をとりまく地域、すなわち貧しい移民集団が居住する推移地帯がまさにシカゴの社会問題の温床であることを示唆した。そしてワース（1938=2011）は都市的生活様式としてのアーバニズムを提唱し、異質性の増大に伴い社会解体が進むことを示唆した。つまり、移民の流入は既存のコミュニティ機能を弱化させ、社会を解体に進ませる存在として捉えられていたのである。

　しかし、ホワイトは『ストリート・コーナー・ソサイエティ』（1942=2000）でボストンのイタリア人移民コミュニティが重層的かつ多様なネットワークを形成しており、いわゆる「スラム」ではないことを観察した。続いてガンズ（1962=2011）は、ワースが指摘する都市的生活様式はインナーシティの推移地帯にのみあてはまるものであり、むしろ流動性や階級、生活周期段階がアーバニズムの分析に有効であることを示した。また、フィッシャー（1975=2011）は、アーバニズムのもたらす効果として、「非通念的」な下位文化が生じ、臨界量による制度的完備と文化的衝突によって強化されると例示した。ここでその理論を強化するものとしてエスニック・コミュニティに焦点が当てられるようになったのである。その後、様々なエスノグラフィーが発表されるが、1990代に

入り、アジア系移民におけるエスニック・コミュニティの役割の変化について
チャイナタウンを中心に議論が進められた。たとえば、Chen（1992）の『もは
やチャイナタウンではない』では、台湾系の新移民が伝統的なコミュニティと
してのチャイナタウンの外周に拡散的に生活拠点を作っていく過程が描かれて
おり、チャイナタウンの断続性に焦点が当てられている。一方、Zhou（1992）
の『チャイナタウン』では、そのような中国系の新移民にとってチャイナタウ
ンが民族的、歴史的文化アイデンティティを確証、あるいは涵養する磁場とし
て機能しており、中心軸となるチャイナタウンが「文化、資本、エスニック・
ネットワーク」の結節点として装置化している点を示している[18]。都市社会
学における一連の研究の蓄積からは、移民大国アメリカにおいて、異文化との
共存そのものが都市の命題であり、その中心にはエスニック・コミュニティや
ネットワークであり続けている点が確認できる。

　一方、日本における都市社会学の系譜を見ると、第二次世界大戦後、日本の
都市社会学の課題は、社会秩序や価値観が揺らぐなかで、いかに都市社会の現
実を実証的に捉えるかにあった。その点で、都市を社会解体の場と見るシカゴ
学派都市社会学が、戦後の都市を把握する手法と説明概念において有効と見な
された[19]。西山（2006）によると、1950年代以降、都市社会学が取り組んだテー
マは、①農村と異なる都市社会をどう把握するか、②急激な都市化についてい
かに説明するか、③都市の近代化をどこに見出すかの三点に集約される。この
うち③に関連して、都市パーソナリティ研究が展開されるが、その後個人の価
値意識と社会関係のあり方が、町内会や団地という地域集団を類型化する中で
検討され、やがて大都市近郊住宅団地の住民の意識と行動にモデルの基準を見
出すコミュニティ論へと展開していった[20]。その後、高度経済成長に支えら
れた開発主義と公害問題等、行政等の高度専門処理システムでは処理しきれな
い問題を告発する住民運動がおこり、それに伴い、都市社会学や地域社会学の
問題関心は、社会の解体に対抗しうる「コミュニティ」の形成[21]や住民運動等、
住民による主体的な社会へのかかわりへと移っていった。奥田（2004）は、都
市コミュニティ研究を振り返り、前期が運動論、組織論の「コミュニティ・イ
デオロギー論」に特徴があったとすれば、都市コミュニティの後期は「コミュ
ニティとエスニシティ」の具体的契機のもとに、たとえば多様性のある人と人
とのゆるやかな絆、結び合う形（ソシアビリティ）についてニュー・リアリティ

を持って問うことができるようになったのが特徴であると述べている[22]。ただ、奥田のいう前期に「多様性のある人々」が存在しなかったわけではない。たとえば在日コリアンは、戦後も常に地域に存在し、特に集住が認められる地域においては、就職差別、制度的差別や民族教育の権利等をめぐる異議申し立てを通してある程度可視化されていた。在日コリアンを中心とする、差別によって教育や就労、社会福祉サービス等で著しく不利益を被り、「住民」からは排除されていた外国人の存在は、1980年代中ごろまで、地域社会が抱えていく課題としてこの分野で焦点化されることがほとんどなかったのである。

2.2　都市コミュニティとしてのエスニック・コミュニティ研究

　ところが、1980年代後半より、大都市衰退地区の再生における大都市市街地居住の可能性という都市コミュニティをめぐる課題の中で、新来型の「移民」であるアジア系の外国人コミュニティが議論されるようになった。奥田・田嶋編（1993、1995）奥田・広田・田嶋（1994）、広田（2003）らのグループは、池袋、新宿、横浜市鶴見区をフィールドとしてアジア系外国人コミュニティや日系南米人コミュニティの調査を進めた。そこで焦点化したのは、①「異質性認識」にもとづく共同性の形成（越境者と共振者による「日常的な実践[23]」）、②生活世界と制度とを繋ぐ中間（境界）領域としてのコミュニティ[24] の存在である。この中で都市コミュニティは、「様々な意味での異質・多様性を内包した都市的な場にあって、人々が共在感覚に根ざす相互のゆるやかな絆を仲立ちとして、結び合う生成の居住世界」と定義された[25]。そして、1980年代中後期の大都市インナーシティへのニューカマーズの集中が、衰退地区のマイナス症候群の増幅、衰退地区の地盤沈下の固定化、すなわちスラム・コミュニティ・ゲットー視へ直結するというよりは、地元レベルで「外国人は空室化した木賃アパートの借り手であり、疲弊化した地元商店街の買い手であり、また何よりも地域に"活力"をもたらす住み手」として受け止められ、衰退地区の再生に結び付けられていた[26]。ここで、日本人住民と様々な葛藤があるとはいえ、外国人居住者が「お荷物」ではなく「活力」と表現されていることに注目したい。

　また、広田（2003）の研究では、日系人に対する基本的視点が労働者より居住者の側面に向けられ、日系人が救済されるべき弱者としてではなく、旺盛な生活力の持ち主として捉えられている。そして、「日系ブラジル人の生き方」

と「われわれ自身の生き方」が「異質共存」の論理として貫かれているのが特徴である[27]。ただ、一連の研究の中で、在日コリアンについては、間接的にしか触れられていない。たとえば、調査の中で、ニューカマーズの到着と居住化を契機に、在日コリアンと在日中国人について地域の古い記憶が改めて覚醒されるような場面があったという。「とりわけ戦前期の地域の記憶のある地元長老たちにとって、オールド・セットラーズの問題は、言うに言われぬ『原罪』意識として記憶されていた[28]」。この記述は、「原罪」という言葉の重さから、地域社会の中で在日コリアンや在日中国人住民と日本人住民との間に深刻な葛藤が存在したことを示唆している。しかし、この点にかんする充分な検証はされていない。ここでも地域社会における在日コリアンの問題は捨象されてしまっていたのである。

　一方、都市部における在日コリアンコミュニティにかんする研究は、歴史学と経済学を中心に蓄積が進んでいる。たとえば、金（1985）、杉原（1998）等は、戦前の済州島出身者の大阪への移住及び定着過程を分析し、江東・在日朝鮮人の歴史を記録する会（2004）等は、「枝川」と呼ばれる地域にコリアンコミュニティが形成されていった過程を記録した。また、地域産業とのかかわりでは、河（1997）が、京都の染色業や大阪市西成区の金属加工業に参入してコミュニティを形成したコリアンが、次第に各労働市場で日本人と競合していった過程を分析した。また、高野（2009）は、京都の被差別部落に流入したコリアンコミュニティの形成過程と就業について分析している。また、地方自治体の施策と関連して川崎市の在日コリアンが地域内で住民として権利を保障されていく過程を分析した星野（2005）の研究は、学校現場や地域でコリアンに対する差別が「ある」というところを行政に認めさせるところから協議が進んでおり、当事者と行政とのラポールの形成過程の分析として示唆に富む。

　そんな中、都市社会学が課題としてきた「異質共存」という部分にかんしては、「共生」という表現を用い、同じく地域社会の中における在日コリアンと日本人の関係性について分析したものに、谷ら（2002,2015）の業績が挙げられる。谷らは、大阪都市圏へ移住した戦前朝鮮人の「編入モード」が現代の「移民」にも通ずる普遍性を有している[29]点から、在日コリアンの定住過程及びそれにかかわる課題が現代の「移民」にも通ずることを示唆してきた。そして大阪市生野区の在日コリアンの民族関係を分析した研究では、4つの在日コリ

アン家庭を対象に世代間生活史の手法を用いて調査を行い、それらを基に「社会構造＝生活構造の中で『民族』役割以外のさまざまな地位−役割に基づく協働関係（symbiosis）をう回路として、その過程で互いの民族性を尊重しながら共同関係（conviviality）を形成する（傍点は原文ママ）」＜バイパス結合＞の方向性を提示している[30]。在日コリアンと日本人との「共生」すなわち、かかわりかたを、「結合−分離」、「顕在−潜在」を基に４象限の図をもとに丁寧に追ったこの研究は、豊富な口述資料を基に、幾世代にもわたる「移民」の家族の生活世界を明らかにしたという点で貴重である。しかし、今後、通婚や帰化が進む中で、朝鮮半島をルーツとするというエスニシティが希薄化し「日本人」であるというアイデンティティが何の抵抗もなく受け入れられるようになった場合、「共生」という概念そのものが意味をなさなくなってしまう可能性がある。また、基本的に定住層のみを対象としているため、人口移動が加速化する中で、新たに流入し、定住する外国人と日本人との「共同関係」を共に捉えるのが難しい。「異質性との共存」という観点で考えるならば、定住の長さ、短さにかかわらず、その両者を地域社会と制度の中で捉えていく視点が必要とされるのである。

　一方、韓国においても、日本同様「異質性との共存」にかかわる問題は大きなテーマで、政府はことさらに「多文化」という言葉を強調して政策を進めてきた。しかし、韓国のいわゆる多文化政策が、韓国の少子化解消のために対象を国際結婚移住女性に限っているため、外国人労働者が排除されている点、政策の基礎概念となっている多文化主義が、「移民」の現実を無視し周辺化する、政府の統治イデオロギーであることが、指摘されている[31]。これを見ると、移民政策の二重構造や強権的な手法について当初より疑問視する声があったことがうかがえる。近年のエスニック・コミュニティにかんしては、特にエスニック・コミュニティがいくつも顕在化しているソウル市を対象に、コミュニティの空間的特徴を政策との関わりで分析した研究（パク・セフン2009）や、エスニック・コミュニティ空間の住民に焦点を当てた研究（ジョン・ビョンホ他2011）、外国人集住地の代名詞ともいわれる京畿道安山市の外国人コミュニティにかんする研究（パク・チョヌン2006）、安山の「移民」の生活史の記録（パク・チェラン2004）などが挙げられる。ただ、新たに形成されつつあるエスニック・コミュニティにかんしては現状分析に終始しており、そのコミュニティが

今後向かうであろう方向性や、移民当事者の生活世界を明らかにするような研究はまだ少ない。

　一方、韓国唯一の旧来型移民である在韓華僑にかんする研究を見ると、在日コリアンほど層が厚くない。たとえば、パク・ウンギョン（1986）が移住期から1980年代までの華僑の経済活動、教育、民族性、また台湾に再移住した華僑コミュニティについて初めて体系的な研究を発表した。また、仁川の華僑についてはイ・オクリョン（2008）が、清国人が朝鮮半島に流入し始めた19世紀末から1940年代までの華僑社会の変遷について分析している。日本では綛谷（1997）や李（2012）、石川（2016）らにより、19世紀末から植民地期の華僑経済について詳細な分析がなされている。また王（2008）による在韓華僑の定住過程や台湾への愛国心の源流についての分析は、第二次世界大戦後の華僑の社会的・法的地位及び華僑社会の変遷を把握する上で非常に興味深い。しかし、華僑の立場から見た現在の韓国の多文化政策、あるいは地域社会を俯瞰したような研究がほとんど見られない。そして、日韓とも共通しているのは、「異質性との共存」が課題であるという共通認識はあるものの、「共存」や「共生」が、移民が持つ独自の文化や言語に、ホスト社会のそれが強制的に上書きされることを前提としているという点である。すなわち、「共存」、「共生」という表現を使っても、その内実は、あくまでもホスト社会側の受け入れやすさを基準としており、移民が持つ独自性への配慮が欠けているのだ。そこに不足しているのは、多様なルーツ及び言語や文化を有する人々を地域社会が受け入れ、共に暮らしていくに当たり、彼／彼女らが持つ言語や文化の維持・継承を権利として捉え、制度が下支えするような仕組みである。次に、「移民」が持つ権利について、シチズンシップをめぐる欧米での議論を基に考察する。

2.3　「エスニック文化権」の可能性

　そもそも、なぜ人は国を超えて移動するのかという疑問に対し、地理学、経済学、社会学をはじめとする様々な分野から研究が進められてきた。梶田ほか（2005）は、移民研究にかかわる理論的パラダイム群を次のように整理している。

　次頁の表序-1 のうち、日韓の旧来型「移民」をコミュニティ単位で捉え、コミュニティを通した「移民」の地域社会への包摂と政策・制度の役割を考える際、親和性が高いのは非伝統的パラダイムである。なかでも、T.ハンマー（1990＝

表序-1　移民研究の理論的パラダイム

		伝統的パラダイム	非伝統的パラダイム			
			国民国家モデル			脱国民国家モデル
移動局面	国家＝入国管理	–	利益集団論 Freeman(1992)	規制レジーム論 Hollifield(1992)	制度的主観モデル Joppke(1998)	国際人権レジーム論 Sassen(1996)
	市場＝労働力需要	プッシュ・プル理論 Harris and Todaro(1970)	二重労働市場論 Piore(1979)			歴史構造論 Portes and Walton(1981)
	移民ネットワーク	–	移住システム論 Massey et al.(1987)			
居住側面	国家＝統合政策	–	多文化主義	包摂レジーム論 Soysal(1994)	市民権論 Hammar(1990)、Soysal(1994)	トランスナショナリズム Jones-Correa(1998)
	市場＝労働市場への包摂	人的資本論 Borjas(1999)	二重労働市場論 Piore(1979)	分割労働市場論 Bonacich(1972)	社会的資本論 Portes(1995)	
	移民ネットワーク	同化理論 Gordon(1964)	文化的分業論 Hechter(1978)	エスニック・エンクレイブ論 Portes and Bach(1985)	社会的資本論 Portes(1995)	トランスナショナリズム Basch、Schiller and Szanton Blanc(1994)

資料：梶田ほかが Brettel and Hollifield(2000)、Joppke(1998)、Massey et al.(1998)、Portes(1995)、Portes(1997)、Portes and Bach(1985:335) などを参考に作成したものを再引用（梶田ほか 2005:15）

1999）は、EU加盟に伴う人の移動により、国籍と居住地が一致しない市民が増加している現実を踏まえ、政治的権利以外のあらゆる領域、労働市場・ビジネス・教育・社会福祉への完全なアクセス、公共サービス部門への雇用保障において平等な扱いを受ける人々の存在を「永住市民（デニズン）」と定義している[32]。ただ、そもそも日本の場合、永住権取得者の増加にかかわらず「移民」の存在自体を認めていないため、実質的な「移民」である在日コリアンや在日台湾人には「特別永住」という形で在留資格を与え、それ以外の権利にかんしては対症療法的な施策を繰り返してきた。韓国の場合も、近年国を挙げて議論されている「多文化」にかんしては、少子化対策の一環として将来の韓国国民を増やす国際結婚移住女性やその子どもたちは対象とされていたが、当初、外国人労働者や華僑は主たる対象とはされていなかった。このような状況が背景にあり、「移民」

とシチズンシップにかかわる議論が両国ともにそれほど成熟していないのが現状である。

　そんな中、シチズンシップをめぐる言説から日本や韓国にも援用する可能性があるのが、カナダの政治哲学者であるキムリッカ（1995＝1998）が提唱する「エスニック文化権」にかかわる議論である。シチズンシップの議論は、フランスの例のように、ともすれば文化的違いやエスニシティにもとづくコミュニティの存在の否認につながるが[33]、キムリッカは、移民個人が属するエスニック集団を単位として社会統合される方法について積極的に評価し、それが自由主義と相反しないことを証明するとともに、その中で特定のエスニック集団や宗教集団と結びついた、一定の活動への財政援助及び法的保護を保障する「エスニック文化権」の確立を提唱している。「エスニック文化権」とは、エスニック集団や宗教的マイノリティが、支配的社会の経済制度及び政治制度における成功を妨げられることなく、自分たちの文化の独自性や文化への誇りを表明するのを援助するためのものである。これは、通常は自治ではなく主流社会への統合を促進するためのもの[34]と定義される。「移民」を統合する中で、同化を強要するのではなく、エスニック集団が持っている文化や宗教を権利として捉え、それらが一時的にではなく、継続的に「援助」が必要な対象である点を明言している点が特徴的である。キムリッカは合わせて、言語の統合に関し、移民とその子どもたちを一言語のみを使用する英語のネイティヴ・スピーカーにできるだけ近づけようとする現行の政策が間違いであることを指摘する。そしてそのような政策が経済のグローバル化が進む状況で「社会から価値ある資源を奪っている」とまで述べるのである[35]。

　また、自身もキューバ系の移民である米国の社会学者ポルテスとルンバウト（2001＝2014）は、現代アメリカにおける移民第二世代の適応を、①不協和型文化変容、②協和型文化変容、③選択型文化変容の３つの類型に分けている。このうち、移民家族の親子が共に充分な規模と多様な制度を有する同国人のコミュニティに埋め込まれており、そのコミュニティが移民家族の文化面での変化を減速させることで、両親の母国の言語と規範の一部を保持することが促進される③の選択型文化変容において、移民第二世代の子どもの自尊感情、教育目標達成見込み、学業成績が他の類型に比べて高いことを指摘した。ポルテスらはこの選択型文化変容とそれを可能にするバイリンガル教育を支える政策が、

表序-2　移民のシチズンシップにおける指標：政治分野と理論領域

政治分野	理論領域	
	個人的平等	文化的差異
国籍の取得	・何年かの居住歴があれば帰化申請が可能 ・帰化の障がいとしての福祉と社会保障 ・移民二世代に対する帰化の自動付与または緩和	・重国籍の容認 ・帰化に際する文化的要求(例:言語能力、忠誠の宣言、文化的社会的同化の証拠)
排除	・短期滞在者の排除につながる何年もの刑事有罪判決 ・長期滞在者の排除につながる何年もの刑事有罪判決 ・その国に適応した、または出生した移民の排除可能性 ・排除を理由とした福祉依存	
国際結婚移住者	・呼び寄せる配偶者の年齢制限 ・配偶者の身元引受人になるための所得要件 ・身元引受人の追加的資格：在留資格または最短滞在期間	・呼び寄せる配偶者に対する文化的要求(例：海外での言語テスト)
公職雇用へのアクセス	・第三国籍保有者の公務員へのアクセス：学校 ・第三国籍保有者の公務員へのアクセス：管理 ・第三国籍保有者の公務員へのアクセス：警察	・公的分門の仕事におけるマイノリティグループの雇用割当てまたは優先的雇用の有無
反差別	・国内の刑法における反民族・人種差別国際会議基本規定の遂行：人種的憎悪 ・それらの法律の中で明白な人種差別を差別に含める。 ・民法における明確な反差別法の存在 ・国が後押しする反差別機関の存在と権力（個別に訴訟をしたり、調査権限を持ったり、苦情に対する意思決定ができる）	
政治的権利	・外国人住民の選挙権（地方及び国政）	・国家レベルでの移民協議機関 ・地方レベルでの移民協議機関 ・イスラム協議機関
教育の権利		・国（州）費によるイスラムの小中学校数（イスラム教徒10万人につき） ・イスラム小中学校経費における国(州)負担額の割合 ・国（州）立学校におけるイスラムの宗教クラス ・公立学校における女性イスラム教徒教師のヘッドスカーフ着用の権利 ・公立学校における女性イスラム教徒学生のヘッドスカーフ着用の権利 ・母国語を公立学校内で教える権利

その他の文化的宗教的権利		・永住権許可のための文化的必須要件（例：言語能力、ホスト社会に対する知識） ・イスラム教の儀式に基づいた食肉の処理の容認 ・公的な場所における礼拝の時刻を知らせる「お知らせ」の容認 ・モスクと認識できる建築物の数（すなわち、イスラム教徒10万人に対するイスラム寺院尖塔数） ・イスラム教徒のための墓地と区分された霊園 ・イスラム教の典礼に則った葬式の容認（棺を除く） ・公共メディアにおける移民言語のプログラム（ラジオ・テレビ） ・公共メディアにおけるイスラム教にかかわるプログラム（ラジオ・テレビ） ・刑務所におけるイスラム教聖職者の設置 ・軍隊におけるイスラム教聖職者の設置

資料：Koopmans et al.(2012:1212-1214)

移民排斥と同化主義を乗り越える「第三の道」であることを提唱している [36]。

　一方、移民をめぐる欧州の状況について、クープマンら（2012）は、西欧における1998年から2008年までの移民のシチズンシップの権利達成度について、EUのメンバーシップであるかどうか、各国の政治勢力の変遷、司法との関連を基に分析している [37]。その中で、クープマンらは、キムリッカ等の議論を踏まえ、シチズンシップの権利指標として、個人的な権利と並列で文化的・宗教的権利の指標を示している。表序-2中、文化的差異に基づく領域をみると、政治的権利として国家・地方レベルでの移民協議会の有無が、また教育の権利として公教育の中での宗教・民族教育の有無が挙げられている。これを見ると、移民の文化や宗教について、個人の種々の権利の取得に伴って解消されるべきものではなく、集団として維持し、継承していくことが権利として認められ、しかもそれに国家や行政が関与することの必要性が明確に示されている。

　つまり、キムリッカ、クープマンら、ポルテスらともに、移民の統一の方法として、ホスト社会の言語や文化の価値を認め、母語や母国の文化の放棄を促させるような政策ではなく、むしろ移民の母語や母国の文化も同時に維持することを権利として認めていくような方向性が、移民の適応や自己実現、社会参加という面で有益であり、ホスト社会にとっても、将来的な社会保障費の削減、

あるいはグローバルな人材の確保という面で有益であることを示唆している。

　ただ、在日コリアンの場合、先述の通り、ホスト社会からの差別のみならず、国を離れた後、朝鮮半島の分断という祖国の政治体制の大きな変化が発生し、それに伴って在日コリアンの立場も政治化されていったという特殊な経験を有している。祖国の分断によって日本での法的身分から生活、意識にいたるまで直接的な影響を受けざるを得なかった在日コリアンの歴史を振り返ると、その政治的状況もまた無視することはできない。しかし、1970年代後半には、第二世代を中心に、帰化をせず、「北」にも「南」にも位置づけられない「日本で朝鮮民族の市民として生きていく」あり方が、「第三の道」として提唱されている[38]。次いで1980年代には、「北」か「南」か以前に、「民族」という枠組みのみで自らの存在が説明されることに違和感をおぼえ、「個人としての自分」を見てほしいと考える、「民族を人間の本質的なものとして捉える在日朝鮮人観の世界において『異論』であったところの主張が『市民権』をもちはじめ」ている[39]。理不尽な差別構造が温存される中で、在日コリアンにとって、差別に対抗し、日本人が蔑むその民族性に誇りを持って生き抜いていくために民族意識の涵養が重要な課題であったことは間違いない。しかし、何世代にもわたる長い定住歴に加え、まさにその差別構造ゆえに同化が進まざるを得なかった在日コリアンや在韓華僑のような旧来型の「移民」の場合、アイデンティティが多様化し、言語的・文化的背景を共有するエスニック集団としての存在感が希薄になっている点は否めないだろう。その点で、ホスト社会への言語的・文化的適応に問題がなく、エスニック集団としての集団的アイデンティティも打ち出しにくい日韓の旧来型の「移民」を対象に、キムリッカやクープマンの述べるエスニックな文化的権利をそのまま当てはめるのは難しい。

　それにもかかわらず、なぜ定住歴が長く、ホスト社会への同化が進んでいる旧来型移民の文化や言語を考慮する必要があるのかを考える際、このエスニシティにかかわる文化や宗教をエスニック集団が持つ継続的な「権利」と捉える視点はやはり重要である。たとえば日本の在日コリアンの場合、第1章でもみるが、祖国の分断という政治的状況に伴い、韓国籍を選ぶか、朝鮮籍のままで残すかという判断によって身分保障や社会保障などにかかわる権利が剥奪されてきた経緯がある。韓国でも、唯一の旧来型移民である在韓華僑は、朝鮮戦争と南北の分断、冷静構造に連なる反共政策や独裁政権による支配等、政治的な

状況によって差別が助長され、権利が剥奪されたまま捨て置かれた。その結果、1990年代に至っても、たとえば、日本では、朝鮮民主主義人民共和国の核実験に伴う対朝感情の悪化を契機に、朝鮮学校の生徒が着ていたチマチョゴリの制服が切り裂かれた事件に象徴されるように、政治的状況次第で、「移民」の持つ文化が暴力的な攻撃の対象となり、その被害が日本生まれの子どもにまで及ぶような構造を温存してしまった。「移民」のエスニックな文化権の保障は、当事者の権利であると同時に、ホスト社会に対しても、それが定住歴の長さや政治的状況にかかわらず社会的に守られるべきものであることを周知し、「移民」の子どもを守る装置としても機能するのではないか。その意味においてエスニックな文化権の保障は、国際政治の中で翻弄され、政治的脈絡に従って語られがちであった日韓の「移民」にこそ、汎用性を持つ有効な概念なのではないかと考える。

　日韓の旧来型移民にかんしては、祖国とホスト国との政治的状況の影響があまりにも強く、実際に様々な点でホスト国での生活に影響を受けざるをえなかったことは事実であり、もちろんそのような政治的状況を無視することはできないが、少し視点をずらし、生活者として、移民集団が、地域社会の中でホスト社会の住民らと、何を契機に価値を共有し相互作用を伴う「共同関係」を形成してきたのか、また価値は共有しなくても同じ目的の基に「協働」してきたのか、その際行政や制度はどのような役割を果たしたのか、という問いを立ててみたい。旧来型の「移民」の歴史は、制度的な統合が進めば完結するものでも、政治によってのみ語られるものでもなく、現在進行形で今を生きる私たちとともに常に存在するからである。たとえば、現在は見えにくくなっていても、移住当初は確かに存在した集団やその営みが、地域の中で形を変え、その蓄積が当事者や地域住民の「集団的記憶」となり、地域の新たな資源となっていることがある。一例として、大阪の在日コリアンの子どもたちを対象に、公立小学校・中学校内で設置されている民族学級が挙げられる。そもそもこの取組みは、戦後、解放にわくコリアンが各地で始めていた民族教育と、これを認めない当局と激しい闘いの末、大阪府知事と在日コリアン代表間で取り交わされた覚書に基づいて始まったものである。また、大阪市西成区の長橋小学校では、この覚書に基づかない自主的な民族学級が、地域の被差別部落の住民との合意に基づいて作られている。旧来型の「移民」を取り巻く制度的な平等が「恩恵」的

な側面を有し、権利という形では成就しにくい日本社会の中でも、エスニックな文化の権利にかんする萌芽が見られ、それが現在も地域に根付いている。また、韓国では、「仁川チャイナタウン」のように、「移民」が持つエスニックな資源が、当事者ではなく行政によって再発見され、観光資源として活用されるという事例も見られている。近年は、「移民」の言語や文化を公教育の中で保障する二重言語教育政策も始まっている。これらの実践を背景に、ホスト社会とは異なる言語や文化的背景を持つ人々の権利が尊重されるような「共同性」の構築や、それを下支えするエスニック文化権の確立はいかなる条件下で可能になるのかという点に焦点を当て、「移民」とエスニック・コミュニティ、制度の関係性について分析を試みる。ここで論じられる「共同性」は、従来の国民国家の枠組みでは捉えにくくなりつつある「移民」を含めた社会を理解し、再編成するための一助となることが期待できるだろう。

　上記の問題意識を基に、本書では、まず地域社会から日韓の旧来型移民のエスニック・コミュニティの変容過程について社会構造や地域変容の過程から経年的に追う。そして、グローバル化が進み、新たな外国人が継続的に流入している地域社会内で、旧来のエスニック・コミュニティやその足跡（資源）が地域に果たしつつある効果と影響について、行政とのかかわりを含めて分析する。

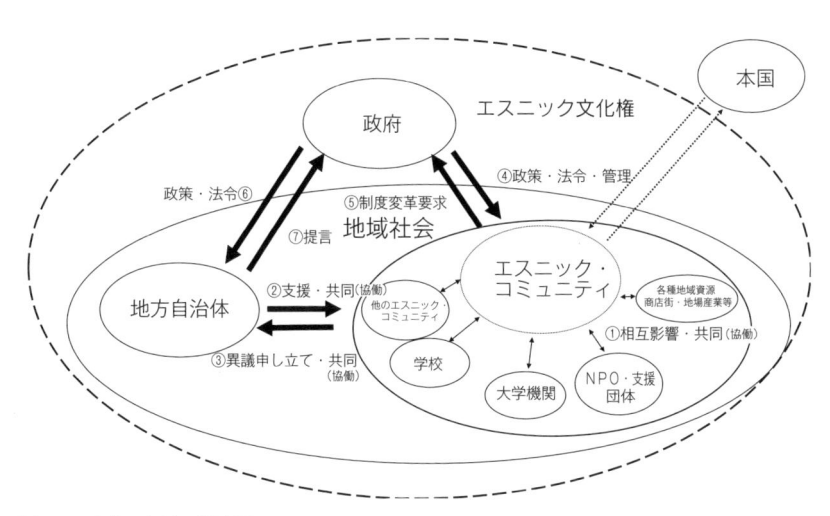

図序-1　本書における概念図

その際、エスニック・コミュニティとは、奥田（2004）による都市コミュニティ概念、「さまざまな意味での異質・多様性を内包した都市的な場にあって、人々が共在感覚に根ざす相互のゆるやかな絆を仲立ちとして、結び合う生成の居住世界」を基盤とし、より具体的には、かつて民族団体やエスニック産業を中心として形成されたエスニック集団が居住していた、あるいは現在も居住しており、その足跡が様々な形で顕在化している地域を想定している。

　また、本書の背景にある概念図は図序-1 の通りである。

　図の中で、①はエスニック・コミュニティの地域内での変容や地域への波及効果、また地域内の住民や各種組織とのネットワーク関係、②は地方自治体によるエスニック・コミュニティ支援または地域資源としての活用や当事者との協働・共同関係の構築、③は言語や文化等エスニシティの継承等、エスニシティにかかわる異議申し立てまたは共同関係の構築、④は出入国管理にかかわる法令・管理や「移民」／外国人政策、⑤は「移民」個人の法的・社会的・経済的保障にかかわる制度の改革要求、⑥は「移民」／外国人政策の指針、⑦は地方自治体、あるいは地方自治体ネットワークからの「移民」／外国人政策に対する提言を示している。また、旧来型の「移民」をめぐる祖国の政治的状況、トランスナショナリズムが進む現代の「移民」を考えるうえで、本国との政治関係や親族との関係も重要である。本来ならば、すべての関係について詳細に論ずべきところであるが、本書の中では、主に①、②、③について、すなわち、地域社会におけるエスニック・コミュニティの変容と地域への影響、そしてその変容過程における地方自治体の役割について考察したい。

3.　研究方法

　上記の問題設定に基づき、先行研究や関連文献の検討に加え、大阪市の外国人施策担当者へのインタビュー調査、各種統計（産業・労働）調査、地方自治体議会議事録調査、新聞記事、歴史社会学的な文献（大阪市社会部調査等）による調査、ライフヒストリー調査、参与観察を併用した調査研究を行った。ライフヒストリー調査を選択したのは、まず異文化理解という側面で当事者による語りが説得力を持ち、新たな仮説抽出にも有効であるという点[40]を重視したからである。日本におけるフィールド調査は主に大阪市西成区北西部の在日

表序-3　調査対象者の属性（西成）

仮名（世代）出身	性別	出生年	来日の経緯	職業	西成に来た経緯	現在の生活	起業・運営資金
A氏（第一世代）全羅南道生まれ	女	1932	1歳のとき、先に単身で来日していた父に呼ばれて家族で移住	皮革業（革の裁断）等	結婚（親戚が西成で皮革産業に携わっていた）	年金なし。子どもたちからの援助	民族金融機関の紹介で日本の銀行より融資を受ける。
B氏（第二世代）大阪生まれ	男	1937	父親が単身で来日	ナット業（ねじ）	両親が西成で居住経験があり、知人が多かったため	年金あり	
C氏（第二世代）兵庫生まれ	女	1929	父親が1921年に単身で来日、その後母親を呼び寄せる	土方業、古鉄業、自動車解体業等	仕事を求め、親戚を頼って兵庫県より転居	年金なし。子どもたちからの援助	民族金融機関・頼母子講
D氏（第二世代）大阪生まれ	女	1935	家族が1930年ごろ全羅南道より移住	皮革業（デザイン、裁断、ミシン、底付け）、不動産経営、キムチ店経営	結婚	年金なし。子どもたちからの援助	日本の銀行（民団からも総連からも距離を置いていたため）・頼母子講
E氏（第一世代）済州道生まれ	女	1919	父に続き母が先に来日していた。結婚を契機に来日	皮革業（革のアイロン）	結婚	生活保護	
F氏（第二世代）大阪生まれ	男	1930	父親（朝鮮半島北部（現在の北朝鮮)出身)が単身で来日後、母と結婚	ビル管理会社勤務、観光バス会社勤務	家族が先に居住	年金あり	
G氏（第一世代）済州島生まれ	女	1928	単身で来日（密航）	皮革業（裁断、染めだし、穴あけ等）	結婚	年金なし。子どもたちからの援助	
H氏（第一世代）慶尚北道生まれ	男	1925	両親と来日	解体業、ナット業起業にあたって同業者に事業資金を融資	結婚（配偶者の父親が西成で解体業を営んでいた）	年金あり	
I氏（第二世代）大阪生まれ	男	1937	両親が全羅道より移住	皮革業（製靴）100人ほどの弟子を育てて独立させる。	高校のときに親戚を頼り家族で転居	年金なし。子どもたちからの援助	日本の銀行
J氏（第二世代）大阪生まれ	男	1954	父親が全羅道出身。母親が西成出身で母方の祖父がナット業を営んでいた。	ナット業	西成生まれ	自営業・現民団団長	

コリアン集住地を中心に行った。本調査は、2010年に、こりあんコミュニティ研究会・西成在日コリアン高齢者の生活と居住サポート研究部会／社会包摂ユニットが実施した調査「コリアンコミュニティにおける高齢居住者の生活と住まいからみた地域再生の課題：西成区在日コリアン多住地域を中心とし

て[41]」を基盤としている。この調査に参加しながら、調査終了後も調査を続け、2010年7月から2014年10月まで、在日本大韓民国民団（以下民団）[42]西成支部の協力を得て10名（男性5名（うち第一世代[43]1名、第二世代4名）、女性5名（うち第一世代3名、第二世代2名））にライフヒストリー調査を実施した。同時に2012年3月から2014年11月にかけて、民団西成支部内デイサービス「サランバン」にて工作教室を実施し、参与観察を行った。また、大阪市大都市研究プラザ主催の「西成エスニックミュージアム構想[44]」へ参加し、エスニック資源の発掘作業と地域社会の再生にかかわる活動にかかわってきた。

　韓国での調査は、2011年11月から2016年6月にかけて筆者が7回訪韓し、ソウル市及び仁川市の行政担当者、関連研究者、仁川華僑を対象に質的調査を実施した。その中で、ライフヒストリー調査は、20代から90代まで、仁川チャイナタウンに居住しているか就労している華僑11名（男性7名（うち第一世代1名、第二世代3名、第三世代3名）、女性4名（うち第一世代1名、第二世代2名、第三世代1名））を対象に行った。また。関係者へのインタビュー調査として、華僑関連団体職員1名、ソウル市外国人支援関連担当官3名、仁川中区チャイナタウン関連業務担当官2名、日本人居住者1名、エスニック・コミュニティ及び仁川華僑研究者3名から話を聞いた。

　最後に本書の構成だが、第1章では第二次世界大戦後の日韓の移民関連政策と地方自治体の取組みについて俯瞰し、主に外国人住民及び「移民」にかんする事柄が、地方自治体主体で進められてきた点を確認する。第2章では、大阪市西成区の在日コリアンコミュニティに焦点を当て、コリアンの定住過程においてエスニック・コミュニティが果たした役割と機能、及び現在にいたるまでの地域社会の変容過程について述べる。そして、同地域の被差別部落の住民と、差別体験を媒介に、地域内の小学校で民族教室の設置が実現した経緯について分析する。第3章では、韓国の移民政策の変遷について在韓華僑の立場から分析する。第4章では、官主導で再構築され、観光化されたエスニック・コミュニティが有する役割と機能、そして課題について、仁川チャイナタウン構想の事例を通じて分析する。第5章では、韓国で新しい移民政策の一環として始まった二重言語教育政策に焦点を当て、特に第二世代の子どもたちの教育現場におけるエスニックな言語や文化権の構築について分析を行う。終章では新旧エスニック・コミュニティと地域社会との相互関係と、その中でエスニックな文化

表序- 4　調査対象者の属性（仁川）

仮名（世代）出身	性別	出生年	職業	仁川に来た経緯	その他
S氏（第二世代）仁川生まれ	男	1959	中華料理店経営	1990年代にチャイナタウンで起業	チャイナタウン造成期に中区役所に請われアドバイザーとして関与。現在チャイナタウン内でレストランを多数経営。多文化政策が行政側の一方的な視点に基づいて策定され、華僑当事者の意見を反映していない点を批判。チャイナタウン商街繁栄会代表
Y氏（第二世代）京畿道生まれ	女	1962	中華菓子店を家族経営	結婚	1980年代に台湾に再移民を試みるも失敗。チャイナタウン造成以前から仁川で菓子店を営業し、仁川チャイナタウン構想による街の様子の変化を実感している。
C氏（第二世代）江原道生まれ	女	1962	土産物・雑貨店経営	2006年に知人の紹介によりチャイナタウン内で起業	青年期に台湾で暮らした経験を持つ。日本人と結婚し日本で長年暮らすが離婚。在韓華僑であることで韓国でも日本でも台湾でも居場所のなさを感じていた。
O氏（第一世代）中国生まれ	女	1967	土産物・雑貨店経営	華僑の知人の紹介	中国出身であるが、離婚を契機に2005年に娘とともに来韓。
W氏（第三世代）京畿道生まれ	男	1966	中華料理店を家族経営	幼少時に親戚を頼り仁川に来る。その後一時ソウルにいたが1980年代後半に家族がチャイナタウン内で再起業	華僑に対する風当たりの厳しさに華僑学校卒業後台湾への移住を考えたが、家業、両親のことを考えてあきらめ韓国に留まった。
X氏（第二世代）仁川生まれ	男	1961	S氏経営の中華料理店支店長	華僑学校先輩の紹介	幼少時に父親と死別。ソウルで大企業が経営する中華料理店にて長年マネージャーとして勤務していた。妻が韓国人。自分は帰化するつもりはないが、子どもが帰化するのは構わない。
B氏（第一世代）中国生まれ	男	1923	雑貨商（引退）	子どもの華僑学校入学を契機に仁川に移住、定着	1930年代前半に先に仁川に来ていた姉を頼った。日中戦争勃発により帰国できなくなった。仁川にて長年雑貨商を営んでいた。韓国生まれの子ども4人は皆米国に居住し、弁護士、医師等の職業に就いている。今後は米国に移住予定。
J氏（第三世代）釜山生まれ	男	1986	音楽活動	父親が仁川出身	父親が華僑で母親が韓国人。韓国籍と台湾籍の重国籍にするため、韓国籍維持の義務事項である軍隊に行ったが、手続き上の理由で韓国籍がはく奪される。
G氏（第三世代）仁川生まれ	女	1986	喫茶店手伝い	仁川生まれ	父親が華僑で母親が韓国人。父親がチャイナタウン内で中華料理店と喫茶店を経営。高校まで華僑学校に通い、大学は中国に行った。アイデンティティは中国人でも韓国人でもなく「華僑」。
T氏（第二世代）仁川生まれ	男	1956	中華料理店経営	仁川生まれ	父親がチャイナタウン内で高級中華料理店の料理長をしていた。いくつかの有名中華料理店の料理長を務め、現在はチャイナタウン内で3つのレストランを経営。仁川チャイナタウン連合会初代会長、仁川華僑協会副会長を歴任。
M氏（第三世代）仁川生まれ	男	1987	中華料理店勤務	仁川生まれ	父親が華僑で母親が韓国人。父親の方針で韓国の学校で学ぶ。S氏が経営する中華料理店の料理長の息子。国籍は韓国だがアイデンティティは華僑だと自覚している。

権の構築を基に「移民」が地域社会に包摂される可能性やあり方について考察する。

【注】

1) 梶田他（2005）は、愛知県豊田市の日系ブラジル人の就労と生活に関し、日系ブラジル人の労働市場において、移住労働力が、企業側が必要に応じていつでも労働力を確保できる回路、すなわちインターフェース装置として機能している点（55-57）、また業務請負業者が日系ブラジル人と企業間の労働力の調整、工場への送迎、各種手続きまでを代行しているため、日本人住民から見たら、突然見知らぬ住民が増えたり減ったりする光景となる点、そしてそれがゴミ出し、騒音、違法駐車等目に見える形で表出することで、ブラジル人雇用がコミュニティ問題を惹起する要因となっている点を指摘している（200-201）。

2) 児童の権利に関する条約29条では、「児童の父母、児童の文化的同一性、言語及び価値観、児童の居住国及び出身国の国民的価値観並びに自己の文明と異なる文明に対する尊重を育成すること」が明記されている。ユニセフ HP より（http://www.unicef.or.jp/about_unicef/about_rig_all.html#4,2015.12.14 検索）日本はこの条約を1994年に批准している。

3) 移民について、合意された国際的な定義はないが、よく引用されるのは、国連統計委員会への国連事務総長報告書（1997年）に出てくる「通常の居住地以外の国に移動し少なくとも12ヵ月間当該国に居住する人のこと（長期の移民）」という定義である。しかしこの定義によると、移民先生まれの外国籍の子どもは移民に含まれない（国際移住機関 HP（http://iomjapan.org/act/act_002.cfm,2016.3.10 検索））。日本は移民の存在自体を認めていないため、外国人施策関連の公式文書に「移民」という表現が使われることはなく、長期滞在する外国人に関しては「定住外国人」、「外国人住民」、「外国籍住民」等と表現されることが多い。本書では、一時滞在的な意味合いが強い「外国人」という言葉では捉えきれない人々が実際に日本にも存在するという現状を鑑み、永住資格やそれに類似する在留資格を保持し、ほぼ日本に永住することが推察される人々や、国籍にかかわらず外国にルーツを持つ人々を「移民」と称することとする。また、韓国の場合、外国にルーツを持つ人々が「移住民」と称されることもあるが、本書内では「移民」に統一している。

4) 法務省 HP「在留外国人統計」より（https://www.e-stat.go.jp/stat-search/files?page=1&layout=datalist&lid=000001177523　2018.1.15 検索）

5) 朝鮮半島にルーツを持つ者について「在日韓国・朝鮮人」、「在日朝鮮人」、「在日韓人」など様々な呼称があるが、本書では資料からの引用以外は「在日コリ

アン」と表記している。

6)　本書で「資源」とは、パットナム（1993 = 2001）が述べるところの社会資本（Social Capital）の概念を念頭に置いている。パットナムは社会資本について「調整された諸活動を活発にすることによって社会の効率性を改善できる、信頼、規範、ネットワークといった社会組織の特徴」であると述べ（206）、南北イタリアの地方政府の制度パフォーマンスの違いを、社会資本概念によって説明した。パットナムは社会資本を個人の行動を説明する概念ではなく「市民社会度（civicness）」という社会の有り様の尺度と捉えている。社会資本が蓄積された社会では、人々の自発的な協調行動が起こりやすく、個人間の取引にかかる不確実性やリスクが低くなるばかりでなく、住民による行政政策への監視、関与、参加が起こり、行政による市場機能の整備、社会サービス提供の信頼性が高まることにより、発展の基盤ができるロジックを提示した（佐藤編 2001：14）。本書では、地域という観点からエスニックな資源を捉えており、都市空間における新たな共同性の構築という命題を念頭に置いていることから、パットナムによる社会資本概念を使用することとした。

7)　稲月は、在日韓国人男性の社会移動パターンについて、日本人と比較しながら戦前移住世代、戦後世代、成長期世代、定住世代ごとの世代内移動を分析し、在日韓国人が「自力主義」、「ニッチ」からの出発、家族・親族・同胞ネットワークという特徴によって上昇移動してきた点を明らかにした。その中で若い定住世代に関しては、それまでの世代で日本人に比べ少なかったノンマニュアル職に初職として就く割合が日本人と同様になっている（稲月 2002：568-569）。これをみると少なくとも「在日韓国人」の若い世代に関しては、初職の獲得においてその前の世代ほど地域内の同胞ネットワークへの依存度が高くないことが推測される。

8)　大沼（1993）は、日本は本来雑多な民族ないし種族からなる社会であったにもかかわらず、日本は単一民族からなる社会であるという神話が形成された背景として、アイヌ民族には徹底的な駆逐政策をとったものの、日本が島国で多民族からの侵略を免れ、接触、交流もほとんどなかったため、域内同質化が進んだ点と、比較的高い文化・教育水準のもとで、家、村を構成単位とする文化的に同質的な社会が形成された点、将軍家を頂点とする幕藩体制が約三世紀にわたって存続したにもかかわらず、天皇家が一貫して生きながらえた点を挙げている。その後明治国家の「創設者」たちが、天皇制という伝統的制度を利用し、それを人為的に強化し、完璧に神話化することによって近代国家を創り出そうとした（252-256）。

9)　大沼（前掲書：255）

10) 大沼（前掲書：262）

11) 小熊（1995：394）。また、小熊は同書の中で、台湾・朝鮮、その他の原住民を帝国市民として抱えていた戦前は、混合民族論を基とする日本民族観が主流で、「単一民族神話」は敗戦と共に国際関係への自信を喪失した戦後に定着したものであることを指摘している（363-364）。

12) パク・ギョンテ（2008：32-37）

13) ヤン・ピルスン他（2004）は、在韓華僑が世界で唯一「チャイナタウンがない国」といわれるに至った歴史的経緯について華僑の経済活動から分析している。

14) 本書では、第二次世界大戦以前にホスト社会に流入した外国人を旧来型「移民」と称し、外国人の流入が活発化する1980年代以降に流入した外国人を新来型「移民」と称している。

15) 中筋（2005: 228）は、都市社会学における近年の動向として、1990年代以降の新しい状況に対応する動きが、特にエスニシティと政策領域において活発になってきており、新しいパラダイムの条件として都市社会構造の現代的変容の解明（理論的核心として、個人化した社会におけるエスニシティ-都市下層の連関と家族-ジェンダーの連関、方法的核心としてパーソナルネットワーク論と世代間生活史法の洗練）とそれに対応する新しい都市コミュニティ論、都市社会形成論（理論的核心として、都市社会の共同性の現代的位相の解明）の構築が挙げられると指摘している。

16) 日本、韓国、台湾の社会政策について、グッドマンとペング（1996=2003）は、「『西欧』のパターンとは異なる『東アジア社会福祉レジーム』と呼ぶべきケースとなりえる」ことを示唆している。その特徴として、儒教的精神の共有、つまり個より集団の重視、家族の重視、徳の原理に基づく共同責任とヒエラルキーの受容を挙げ、また3つの国の社会福祉パターンの共通点として、①国家福祉の必要性の多くを否定するようにみえる家族福祉システム、②職業別で、しかもいくぶん残余的な社会保険を基盤としたシステム、③大企業の「中核」労働者を中心とした企業福祉を挙げている。

17) 松本（2011：212）

18) 奥田編（1995：25）

19) 西山（2006：30-31）

20) 西山（前掲書：31-32）

21) 当時、国民生活審議会は「コミュニティ：生活の場における人間性の回復」を発表し、地域共同体の崩壊と高度産業における非人間的な競争と、技術革新にさらされる人々の人間性を回復する取組みとしてコミュニティの形成を政策目標として掲げている。その中でコミュニティ概念は「生活の場において、市民

としての自主性と責任を自覚した個人及び過程を構成主体として、地域性と各種の共通目標を持った、開放的でしかも構成員相互に信頼感のある集団」と規定されている。その構成主体については、具体的な記述はないが、コミュニティの重要な機能として幼児、青年、壮年、婦人、老人等各種の欲求に対応した様々な活動の保障を掲げているものの、その中に外国人住民に対する視点はまだ見られない（国民生活審議会調査部会・コミュニティ問題小委員会 1969：153-185）。国立社会保障・人口問題研究所 HP より（http://www.ipss.go.jp/publication/j/shiryou/no.13/data/shiryou/syakaifukushi/32.pdf, 2015.2.5 検索）

22) 奥田（2004：167）

23) 広田（1995：192-193）

24) 奥田（前掲書：119）

25) 奥田（前掲書：177）

26) 奥田（前掲書：92）

27) 谷（2013：44-45）

28) 奥田（2004：91-92）

29) 谷（2015：71）

30) 谷（前掲書：368）

31) オ・ギョンソクほか（2007：33-38）

32) T. ハンマー（1990 = 1999：27）

33) ホスト社会によるマイノリティ受容には、いくつかのパターンが見られる。たとえば英国では、個人が社会や国民国家の完全なメンバーになる際、宗教的・文化的な違いを維持していても可能であったが、フランスでは、市民として所属する国民は、ナショナル・アイデンティティと異なる文化・宗教集団にもとづくアイデンティティを維持することは許されなかった。ドイツではナショナル・アイデンティティがまず優先され、それとの一体化が市民となる条件となっている。また、植民地社会では、市民の政治的な所属はナショナル・アイデンティティを生み出すものだと考えられており、文化・宗教的に異なるアイデンティティは一時的なものであり、いずれ消滅する（たとえば「アメリカ化」）ものと考えられていた（S. カースルズ 2011：319）。

34) キムリッカ（1995 = 1998：46）

35) キムリッカ（前掲書：147）

36) ポルテス＆ルンバウト（2001 = 2014：466-470）

37) クープマンらは、西欧 10 か国（オーストリア、ベルギー、デンマーク、フランス、ドイツ、オランダ、ノルウェイ、スウェーデン、スイス、イギリス）で全体的には移民のシチズンシップは包摂に向かっているものの、調査対象とする 20 年

で移民のシチズンシップに対して制限的な傾向が見られ、特に極右的なポピュリスト政党の勢力が強いときに起こりやすい点、また、包摂的な移民のシチズンシップ形成への変化は、移民数が有権者として無視できない割合となったときに発生しやすい点を指摘している（Koopmans et al. 2012: 1202-1245）。

38）この「第三の道」は、1979 年 8 月の雑誌『朝鮮人』で飯沼二郎と金東明による対談の中で飯沼二郎氏によってはじめて提唱された（飯沼 1988：21-86 に所収）。

39）金（1999：125）

40）谷（2008：22-25）

41）この調査は、「こりあんコミュニティ研究会」が財団法人ヒューマンライツ教育財団からの委託を受け、民団西成支部が管理する団員名簿を基に、2010 年 6 月現在 65 歳以上の団員 751 名を抽出し、個別面接法で実施された質問紙調査及びインタビュー調査である。筆者は質問紙調査後のインタビュー調査から参加した。関係者の話によると、調査設計の段階では朝鮮総連西大阪支部と民団西成支部に調査協力を得ていたようだが、調査実施において総連西大阪支部の参加がかなわず、民団西成支部のみの調査協力となったとのことである。

42）1948 年の大韓民国の成立にあわせて「在日本大韓民国居留民団」となり、1994年からはコリアンの定住状況を認め、「在日本大韓民国民団」と改称し現在にいたっている。

43）移民の世代区分について、たとえば在日コリアンについては「一世、二世、三世」というような区分が一般的であるように思われる。しかし本書では、言語や文化、アイデンティティの継承という、基本的に家族時間の中で親世代から子ども世代へ、そしてその次の世代へとつながる事象に焦点を当てているため、家族時間を世代で捉えるライフコースの視点から、故郷を離れて新たな国に移民した人々を「第一世代」、その国で生まれた子どもたちを「第二世代」と表現した。

44）「西成エスニックミュージアム構想」とは、地域内に点在する様々な歴史及び産業遺産を発掘して展示し、それらをネットワーク化して地域を生きた博物館として再構成しながら地域再生を図る「エコミュージアム」の発想にヒントを得た試みである。まずそのとりかかりとして西成地区内の沖縄系在日コリアン系住民にかかわる教会、民族学校跡地、エスニック団体、飲食店、食材店等を紹介した「西成エスニックマップ」を作成した（詳細については全ほか（2015）を参照）。

第1章

日本における外国人政策の変遷と在日コリアン

1. 外国人施策と在日コリアン

この章では、まず第二次世界大戦後の日本における外国人政策を振り返り、在日コリアンの法的な位置づけの変化と全国的なエスニック・コミュニティの形成過程について確認する。なかでも在日コリアンの集住地域として知られる大阪市の施策を取り上げ、国としての政策的な支援体制が望めない中で、民族学級を通して地域の中で在日コリアン及びコリアンコミュニティと日本人住民が獲得してきた在日コリアンの文化的権利と、近年新たに同地域に流入してきた外国人の権利の保障との連続性について考察する。

1.1 在日コリアンをめぐる政策の推移

1910年の韓国併合以来、正式に大日本帝国の「帝国臣民」として扱われるようになったコリアンではあるが、日本人同様の処遇を受けていたわけではなかった。日本人とコリアンは戸籍で厳格に区別され、異なる法的管理システムの下に置かれていた。コリアンは1909年の「民籍法」、1923年の「朝鮮戸籍令」を通して日本人同様「戸籍」を基に管理されることとなるが、これは日本の戸籍

法に基づく戸籍とは異なるもので、結婚や養子縁組を除いて朝鮮半島から日本本土への本籍地の移動が認められていなかった。また、1920年代には増え続ける朝鮮半島から日本本土への人の流れを抑制するために渡航証明書制度が導入され、日本本土との往来にコリアンにのみ煩雑な手続きを課して、実質的にコリアンの日本本土への移動の自由を奪う差別的なシステムが設置されている[1]。1910年代の土地調査事業や1920年代の朝鮮産米増殖計画等によって土地を失い、経済的にひっ迫したコリアンは、大阪をはじめとして都市化に伴う工業化の進んだ日本本土を目指すこととなった。しかし、関東大震災時に「朝鮮人が井戸に毒を投げ込んだ」、「爆弾を持って襲撃してくる」という根拠のないデマが流れ、日本の軍隊・警察、日本人自警団などによって数多くのコリアンが虐殺された事件に見られるように、「朝鮮人を侮蔑する反面で危険な存在として警戒し恐れる意識」が日本社会に蔓延していた[2]。コリアンに対する不信や警戒が高まるなか、1934年の閣議決定「朝鮮人移住対策の件」により、在日コリアンの管理・統制・日本社会への同化が改めて大きな課題として掲げられ、1939年には全国組織である「財団法人中央協和会（以降協和会）」が設立されている。この後各地域に協和会が組織されるが、支部は警察署内に置かれ、実際の活動は特高警察が担っていた。協和会は在日コリアンを「皇民化」して、戦争に動員するためのシステムとして作動し、日本本土に住むコリアンに対しても植民地支配の方策が実施されていった[3]。つまり敗戦前のコリアンは、日本人と同じ「帝国臣民」にさせられたとはいえ、日本人とコリアンを厳然と区別し、差別する植民地支配体制下に置かれていたのである。

　敗戦直後、日本には約200万人に上るコリアンが居住していたといわれる。日本の敗戦と米軍の占領統治が日本各地に及ぶにつれ、多くのコリアンが「祖国」への帰還を望み、終戦2か月後の10月初旬には、帰還を急ぐコリアンが下関に20万人も押し寄せた。その結果、コリアンの帰還について、占領軍の具体策（計画送還）が日本政府に言い渡される1946年3月までに、およそ140万人のコリアンが戦地からの引き揚げ船の片航路などを利用して出国していた。そして1946年4月から11月には「計画送還」が実施されるが、引揚者の所持金は1,000円、携行しうる動産が250ポンドに制限された。この措置は、長年日本に住み、資産を蓄えつつあったコリアンにとっては重い足かせとなり、結局帰還者は、徴用や戦時の経済需要に引き寄せられた在日歴の短い人たちを中

心とする8万3千人にとどまり、残りの約55万人が日本に踏みとどまった。その大半は、1920年から30年代にかけて朝鮮半島からやってきて根を下ろした人々であった。また、朝鮮半島に帰った人々の中にも、祖国の政治不安などにより再度日本を目指す人々が現れたが、占領軍は一度本国へ帰還したコリアンの再入国を堅く禁じていたため、「密航」という形をとらざるをえなくなった。この「密航」の太い流れは、日韓条約が締結された1965年頃まで続いた[4]。

　日本におけるコリアンにかかわる施策は、戦後日本に居住することとなったコリアンを主な対象者として繰り広げられていった。日本政府も占領軍も、旧植民地出身者に対し、「日本国民」として日本の司法権の及ぶ範囲であると規定するが、日本政府は、一方でコリアンを参政権から排除していった。1945年に戦後改革の一つの象徴として実現した衆議院選挙法の抜本改正において、「戸籍法の適用をうけざる者」、つまり戦前に「内地戸籍」を持たなかった旧植民地出身者の参政権を停止したのである。コリアンを「外国人」として排除する仕組みがこの頃から本格的に始まった。1947年には「外国人登録令」が公付され、コリアンは、いわゆる「みなし」規定を通じて日本国籍のまま「外国人」管理下のもとに置かれるようになる。この時期の日本は、天皇が各地を「巡幸」し、「人間」となった天皇が国民統合のシンボルとして、平和と民主主義、あるいは貧困からの脱出といった戦後的価値を形作ったときであった。この新しい「日本国民」の誕生を前にして、参政権が停止され、日本国籍でありながら「外国人」とされたコリアンは、民主主義や人権といった戦後的価値観からは排除されていったのである[5]。一方、「南朝鮮」でも戦後より政治的混乱が続いていた。1945年12月に朝鮮半島を米英中ソの4大国による5年間の信託統治の下に置くという信託統治案が発表されると、朝鮮半島はその賛否をめぐって、激しく対立する。日本では、1945年10月に、コリアンの民族主義者や社会主義者等を中心に「在日朝鮮人連盟（以下朝連）」が結成され、コリアンの間で影響力を増していった[6]。この朝連内では共産党の影響が強く、朝連から排除された者、あるいはその方針を不満とする民族主義者や親日派は、1946年に「在日本朝鮮居留民団」を結成した。その後1955年には、在日コリアンを「共和国の海外公民」という立場をとる「在日朝鮮人総連合会（以下総連）」が結成された。祖国の政治的混乱と南北分断によりコリアン内部もまた分裂していったのである。

　1952年には、サンフランシスコ講和条約の発効に際し、日本政府は、法務部

民事局の「通達」によって、旧植民地出身者が日本国籍を失うことを明らかにした。コリアンは「法126」[7]の規定により、当面日本に居続けることが許された。この一方的な措置によって名実ともに「外国人」となったコリアンは、1951年に公布された、国外への退去強制規定が盛り込まれた「出入国管理令」の対象となり、外国人登録証の常時携帯や指紋押捺を義務付けられるようになる。この時期のコリアンは在留資格が保留とされ、1965年の日韓国交正常化によって在留資格が定められるまで、日本社会の中で生きていく身分すら曖昧なまま取り残された。1950年代から60年代中頃まで、コリアンはすでに第二世代が学齢期であったり、社会人として日本社会に存在したりしていたにもかかわらず、住民としては「いないもの」として扱われ、社会保障も含めたあらゆるサービスからも排除されていたのである。

　1965年の日韓国交正常化時には、「日本国に居住する大韓民国国民の法的地位及び待遇に関する日本国と大韓民国との間の協定（日韓法的地位協定）」が締結され、韓国籍を選択した者にのみ「協定永住権」が適用された。その適用範囲は、戦前から引き続き日本に滞在している者、及び1945年8月16日から協定発効の5年以内に生まれた「二世」と「三世」の韓国籍保持者、つまり上記「法126」の子どもで、「朝鮮籍」者は含まれていない。この協定永住の最大のメリットは、第4条で「教育、生活保護及び国民健康保険」について「妥当な考慮を払うものとする」とされている点にあった。なかでも国民健康保険は、日本企業の就職差別の壁が厚く、社会保険からほとんど排除されていたコリアンにとって極めて切実な問題であったという[8]。しかし、この「日韓法的地位協定」は、コリアン社会に分断を持ち込む結果となった。

　韓国籍のコリアンが「協定永住者」となっても、コリアンを取り巻く差別の壁は依然として厚かった。そんな中、1970年には、在日コリアンの青年朴鍾碩氏が、日立製作所を相手に裁判を起こす。いわゆる「日立就職差別裁判」である。3年半に及ぶ裁判は朴氏の全面勝訴に終わった。支援者団体である「朴君を囲む会」には、在日コリアンと共に日本人も入っており、メンバーの一人は、この勝利が、朴氏と同じような境遇の「在日」と、「日本人としての加害者性を自覚し始め『在日』の問題提起を受け止めようとする日本人青年」からなる「市民運動」だったと述べている[9]。また、この時期は、高度経済成長に伴う公害等の環境問題や都市問題に対応し、住民が異議申し立てをして住民自治や住民

福祉というあり方がうたわれ始めた時期である。「住民」という言葉が都市に生きる人々の主体性の表現として重視されたのだ。それは「民族」や「国籍」に基づく差別の論理を切り崩す可能性を秘める言葉でもあった。

　1970年代、日本社会でも地方行政にかかわる大きなうねりが巻き起こる。「革新自治体」のブームである。この時期、東京、神奈川、京都、滋賀などで次々と左派の革新知事が誕生した。川崎でも1971年の市長選挙で伊藤三郎市長が誕生し、革新市政が始まった。1973年には、川崎市独自の取組みである「川崎市都市憲章」が発案された。この中で「川崎市民」の定義として原案の第十三条では「川崎に住むすべての人」（国籍を問わず）となっており、外国人も含めて市民と位置づけられた。しかし、最大会派の自民党の反対にあい、実現にいたらず幻に終わった。また、74年にはコリアン住民と日本人住民が結束して、児童手当と公営住宅入居の国籍条項撤廃を申し入れる動きが生まれている[10]。在日コリアンの処遇が変わる1981年の「難民の地位に関する条約（難民条約）」の批准まで、自治体が国に先行して外国人市民施策を実施し、自治体の取組みが政府を変えるという流れを定着させたところに川崎市の功績があるといえる[11]。また、この頃、国・地方の公務就任権についても議論されるようになった。「当然の法理[12]」によって国籍差別が自明のものとして考えられていたが、「国家意思の形成」に直接かかわらないような専門職や公社職員、地方職員にまで国籍条項が及んでおり、これに対する異議申し立てが出されたのだ[13]。1972年には関西の大学に勤務する在日コリアン教員有志によって「在日韓国・朝鮮人大学教員懇談会」が結成され、外国人教授任用運動がスタートした。1975年には大阪で初めて外国人教員が採用され、その後、兵庫、福岡、東京などでも外国人の採用が始まった[14]。また、1977年には電電公社の国籍条項が撤廃され、1980年には八尾市で公務一般行政職の国籍条項が撤廃された。それと時を同じくして1977年には、金敬得氏が初めて外国籍のまま司法修習を経て弁護士となる権利を勝ち取っている。

　1980年には、東京で韓宗碩氏が指紋押捺を拒否し、コリアンの治安管理の性格が濃厚だった指紋押捺の拒否運動が展開されていった[15]。また、1979年の国際人権規約の批准により公営住宅への入居における国籍要件が撤廃された。続いて1981年の難民条約の批准により、「内外人平等の原則」が適用され、国民年金、児童手当3法から国籍が撤廃されることが決まった[16]。しかし、

1982年に国籍要件が撤廃された国民年金では、撤廃時点で20歳以上だった障がい者に対する救済措置が取られず、1986年4月1日施行時点で60歳を超えていた高齢者は制度の対象外とされた[17]。一方、在日コリアンと同じく制度に加入できず、加入最低期間の25年を満たすことができない小笠原諸島や沖縄の人々、また中国帰国者、拉致被害者は国庫負担によって一定の救済措置がとられている。自らの責任によらず加入できなかったのは同じで、制度から排除していたのもまさに日本政府であった。しかし厚生労働省の見解によれば「沖縄、小笠原諸島の住民、中国残留孤児、拉致被害者は『日本人』だった[18]」ため救済措置がとられたのだ。この差別的な見解は、在日コリアンの居住者としての生活権にかんして何ら関心も持たず、また長年制度から排除してきたことに責任を感じていない日本政府の立場を如実に示している。無年金の問題にかんし、当事者が「障がい者無年金訴訟」、「高齢者無年金訴訟」として、司法に訴えてもいるが、それぞれ2007年、2009年に敗訴している。

　ここまでを見ると、在日コリアンの居住、福祉、就労等のあらゆる権利が、国籍を理由に保障されてこなかったことがわかる。1970年代に誕生した革新自治体により一部是正措置がとられ、住民としての在日コリアンの権利が認められた事例もあったが、大きな流れとはならなかった。1980年代に入り、日本政府は、国際社会からの圧力によりようやく在日コリアンに対する差別的な処遇を改めることになるが、在日コリアン高齢者の無年金の問題等、生活権すら保障されない状況が現在も続いている。また、1990年代に地方公務員採用から国籍条項を撤廃する自治体も出てきたが、「当然の法理」に抵触しない範囲での就労でいわゆる「ガラスの天井」の状態に置かれている。若い世代にかんしても、2010年に成立した「公立高等学校に係る授業料の不徴収及び高等学校等就学支援金の支給に関する法律（高校無償化法）」では、拉致問題等、朝鮮民主主義人民共和国との政治問題の高まりを受け、「外交ルートで教育内容の確認ができない」、「国際的な評価機関の認定を受けていない」などを理由に朝鮮高校は対象外とされた[19]。外交上の問題と在日コリアンの子どもたちが民族教育を受ける権利は別の問題である。一世紀にわたって家族が日本に住み、ともに暮らして納税の義務も果たしてきたにもかかわらず、国籍によって老後の保障からも排除され、政治状況の変化によって日本生まれの子どもたちが制裁を受けているのが現状だ。地域社会の水準では住民としてコリアンの差別的処遇を

是正する動きが見られたものの、国が自主的にコリアンなど旧来型の「移民」を住民として認め、権利を保障していくような体制は現在もとられていない。

1.2　新たな外国人施策の展開

　一方、1985年の「プラザ合意」による円高とバブル景気を契機に日本では外国人労働者が急増した。政府は旧自治省が1987年に「地方公共団体における国際交流の在り方に関する指針」を、1988年に「国際交流のまちづくりのための指針」を、1989年に「地域国際交流推進大綱の策定に関する指針」を発表し、「国際交流」、「国際協力」を柱とした地域の国際化計画が打ち立てられた。なかでも1988年の「国際交流のまちづくりのための指針」では、地方都市に滞在する外国人の増加を背景に、外国人にとっても暮らしやすいまちづくりとその施策が提示されている。ただ、ここでの施策とは、公共サイン、地図、医療、教育、電気、ガス、防災等、生活情報の外国語表示の整備や地域イベントへの外国人の招待、懇談会・交流会の実施等、あくまでも日本社会への初期適応にかんするものである。なお、外国語表示の具体的な言語については明記されていないが、対象とされている訪日外国人が「学術・文化交流・留学・研修・商用等」であること、また施策の実施例として「外国人が閲覧する英文の図書・資料の購入・配備」が挙げられている点を鑑みると、この段階では英語を想定しているのではないかと考えられる。「外国人」居住者の先駆者としての在日コリアン等への施策については全く触れられていない。この時期の認識としては、地域における国際化が、あくまでも外部からの異文化の接触と英語を理解する外国人の地域での適応を想定していたことがわかる。

　その後、1990年の「入管法」の改定に伴い、日系人が「定住者」等の在留資格を得て来日し、就労することに制限がなくなったことを契機に、ブラジル人を中心とする日系人が増加した。また、アジアを中心とする国々からは研修生・技能実習生の受け入れが増加し、国際結婚も増えた。外国人住民の多国籍化が進むのと時を同じくして外国人の定住化が進み、一時滞在者ではない、地域住民としての外国人施策が本格的に模索されるようになった。このような趨勢の中、政府は2005年に「多文化共生の推進に関する研究会」を設置し、多文化共生施策の推進について検討を進めた。その翌年に出された「多文化共生の推進に関する研究報告書[20]」の中で、「多文化共生」は、「国政や民族などの異なる人々

が、互いの文化的違いを認め合い、対等な関係を築こうとしながら、地域社会の構成員として共に生きていくこと」と定義されている。また、多文化共生推進プログラムの検討に当たり、主な検討対象者にかんして次のように述べられている。「定住傾向にあるが日本語によるコミュニケーション能力を充分に有しない外国人住民にかかわる課題を主な検討対象とし、その他の外国人住民及び外国にルーツを有する日本国籍取得者も課題に応じ、視野に入れて検討することとした」。つまり、日系人など新たに来日した外国人を主な検討対象とするが、在日コリアン等、その他の外国人についても適宜検討するということである。これに続いて「特別永住者のうち、高齢者については、日本語によるコミュニケーションが充分にできなかったり、文化的な配慮を必要とする場合がある点に留意するべきである」とあるところを見ると、「多文化共生」の概念に、部分的であるとはいえ、在日コリアンも含まれていることが見てとれる。

ただ、今後必要な検討事項として、在日コリアンにかんする事柄は、「医療・保険・福祉」分野の取組事例で在日コリアン高齢者向け生活支援事業（NPO法人京都コリアン生活センター・エルファ）が紹介されているだけで、「国において検討すべき取組み」に在日コリアン高齢者の無年金の問題も入っていない。在日コリアンの権利の保障等、未解決の問題を棚上げにしたまま、新来型の外国人の適応が地域で取り組むべき問題として急浮上したのだ。ここで在日コリアンの定住過程や地域社会の中で権利を獲得してきた経緯などについては、先行事例としても挙げられていない。この背景には、急激な外国人住民の増加に伴う地域社会での住民間の摩擦の解消が喫緊の課題であったことは想像に難くない。しかし、あくまでも推測の域を超えないが、在日コリアンが外国籍であることを理由に、制度的・社会的差別を受け、公的サービスからも排除されてきた歴史的背景や、その中で地域住民とともに生活権を確保してきた経緯が、たとえばアカデミズムの分野で充分に分析・検討されていなかったことも一因となっているのではないか[21]。朝鮮半島の分断という政治的状況をとりまく在日コリアン社会の分裂と、長期にわたる日本社会の差別構造により、在日コリアンをめぐる処遇に不条理が存在することは明らかだが、あえて日本社会の問題として焦点化しようとはしない雰囲気が醸成されてしまったのかもしれない。その結果、地域の中で日本人とともに生きてきたコリアンの歴史や、地域住民が、「部外者」ではなく、一住民としてコリアンと向き合い、克服してきた実

践も死角へと追いやられてしまったのではないだろうか。

　いずれにせよ、在日コリアンをめぐる地域とコリアンの実践などなかったかのように、新たな外国人施策が発表された。政府は2006年3月に「地域における多文化共生推進プランについて」を発表し、地方自治体における多文化共生施策の指針を打ち出した。そこでは1980年代より地方自治体で進められてきた「国際交流」、「国際協力」施策に加えて「多文化共生」を第3の柱として地域国際化を推進することが明確に記述されている。また、2006年12月には『『生活者としての外国人』に関する総合的対応策」が外国人労働者問題関係省庁連絡会議によって打ち出され、外国人を含めた住民台帳制度づくりが検討された。これは、2012年に始まる新たな在留管理制度を見据えたものであった。この在留管理制度は、これまで外国人登録制度に基づき、地方自治体と入国管理局で行っていた中長期滞在者の管理を入国管理局に一元化するものである。対象者には外国人登録証ではなく在留カードが交付される。そして住民票ではなく外国人登録によって居住地に登録されていた外国人が、住民台帳によって一元管理されることになった。この結果、在留資格がなくても、地方自治体の判断により外国人登録が可能で公的サービスを受けられた外国人が、制度から締め出された。外国人労働者の急増に伴い、施策を充実させていく一方で、外国人に対する管理体制を強化していったのである。また、2009年にはリーマンショック後の世界的な不況と外国人労働者の大量の失業を背景に内閣府内に「定住外国人施策推進室」が設置され、教育対策、雇用対策、住宅支援、帰国支援、国内外における情報提供など、定住外国人に対する当面の対応策が発表されている。これらに見られる通り、政府の外国人施策は、新来型の外国人に焦点化されていった。

　表1-1 は地方自治体の取組みを年代別に整理したものである。この中で、在日コリアンにかんするものは統合政策期である2000年代にある「住民投票条例における永住外国人への投票権付与」のみである。外国籍住民には永住資格があっても地方参政権が認められていないが、近年、地方自治体が実施する住民投票には永住資格保持者の外国人の参加を認める自治体が出てきている。2002年に滋賀県米原市が初めて永住外国人に住民投票権を認めて以来、226 の自治体が主に市町村合併の是非を決める住民投票に永住外国人の参加を認めている[22]。

　また、同じく「統合政策期」に入っている「外国人集住都市会議」とは、

表1-1 地方自治体の取組み

区　分	年　代	内　容	特　徴
応急対策期	1980年代末～ 1990年代前半	・基本的な生活情報の多言語による提供 ・相談窓口の設置	・「短期滞在者型」の施策にとどまり、自治体施策の基本は依然として国際交流におかれている。
支援・参画政策期	1990年代後半～ 2000年まで	・生活全般の諸問題へ対応 　―不就学を含む子どもの保育・教育問題 ・ボランティア・ＮＧＯ・エスニック団体等との「協働」 ・外国人住民の諮問機関の設置（1996年川崎市「外国人市民代表者会議」、1998年神奈川県「外国籍県民会議」等） ・住民投票条例における永住外国人への投票権付与等	・「外国人住民政策」の体系化を模索し始め、「支援」と同時に地域や行政への「参画」が図られる。
統合政策期	2000年～	・地域の企業、経済団体、入管、警察、自治体、エスニック団体等との協力のネットワーク化（豊田市「多文化共生推進会議」、浜松市「地域共生会議」等） ・外国人集住都市会議	・外国人の地域「統合」政策が模索される。

資料：渡戸（2009：177-179）を基に作成

2001年に発足した地方自治体を横断するネットワークである。この会議は、「ニューカマー」と呼ばれる日系南米人を中心とする外国人住民が多数居住する都市の自治体や国際交流協会等が、外国人住民にかかわる施策や活動状況にかんする情報交換を行うなかで、地域で顕在化しつつある様々な問題の解決に積極的に取り組んでいくことを目的として設立された。設立当初は会員都市が13市町だったが、2017年4月現在22 の市町が参加し、毎年一度会議を開いて、情報や意見を共有・交換するとともに・国や県及び関係機関への提言を行っている。この会議では2001年の「浜松宣言及び提言」以来、①子どもの教育、②医療保険、③外国人登録制度を外国人住民にかかわる主要な課題として訴えてきた。なかでも、国がほとんど何も対応しなかった外国にルーツを持つ子どもの不就学の問題にかんしては、会議からの再三の要望により、文部科学省が「不就学外国人児童生徒支援事業（2005～2006年）」を開始し、「帰国・外国人児童生徒受入促進事業（2007年度より）」を、厚生労働省が「日系人就業支援事業（日系人青少年に対するキャリア形成相談）（2004年度より）」等の施策を行うなど、具体的な成果に結びついている[23]。近年は3ブロック体制にわかれて研究が重ねられており、2013年からは「多文化共生社会における防災のあり方―

共に助け合える地域づくりにむけて」、「義務教育及びその前後を含めた支援の必要性について」、「地域における雇用の安定と日本語の習得について」がテーマとなっている。定住する外国人やその子どもたちの処遇について、ほぼ放置していた国に代わり、この地方自治体ネットワークが果たしてきた役割は大きい。しかし、2016年までの会議の報告書を確認する限り、外国にルーツを持つ子どもたちの親の言語や文化の継承が重要なテーマとして論じられたことはないようである。

1.3　大阪市の外国人施策と在日コリアン

大阪は、1920年代より済州島との間に定期連絡船が就航していたこともあり、日本国内でも特に在日コリアンが多く居住している地域である。その中でも大阪市は、2015年現在、全人口に対する外国人住民の比率がおよそ4.4%と、全国平均（1.6%）と比べると非常に高く、外国人住民約11万7千人のうち、およそ6割が「韓国・朝鮮」籍である[24]。そのような歴史的な経緯もあり、自治体による外国人住民施策も在日コリアンを中心に実施されてきた。

大阪では、1992年に「大阪府在日外国人有識者会議」が、1994年に「外国人住民施策有識者会議」が知事、市長の諮問機関として設置された。それぞれの会議には日本人の有識者に加えて、「韓国・朝鮮」、中国、スリランカ、タイなど多様な国籍を持つ在日外国人が委員として参加している。ただ、こうした組織は、外国籍住民の課題やそれに対する行政対応について、自治体が任命した外国人有識者に意見や助言を求める程度であり、具体的に行政に反映できる場として充分に機能してこなかった。ただ、例外的に1996年に川崎市に誕生した「外国人市民会議」は、市長がこの会議の報告や意見を尊重することが基本方針に記されており、外国籍住民の声が市政に反映されている[25]。大阪市はその後、1998年に「大阪市外国籍住民施策基本指針」を策定し、その中で「外国人住民の人権の尊重」、「多文化共生社会の実現」、「地域社会への参加」という3つの目標が掲げられた。指針に「多文化共生」が盛り込まれたのは全国で初めてであった。この中で共生社会について「共生社会とは、多様な価値観や文化を認め合う社会であり、国籍や民族、性別や出身などの違いを理由として不当な社会的不利益をこうむることがなく、一人ひとりが個人として尊重され、相互に対等な関係を築き、その持てる能力を充分発揮しつつ自己実現を目指し

表1-2 「大阪市外国籍住民施策基本指針」における3つの目標と具体的な施策例

外国籍住民の人権の尊重	・行政サービス情報提供の充実 　－多言語ホームページの開設 　－多言語の生活情報雑誌「エンジョイ・オオサカ」の作成・配布 　－ラジオ放送を通した外国語による市政広報等 ・相談体制の整備と充実 　－各区における人権相談 　－在日コリアンを対象とした福祉相談事業等 ・公的年金の広報及び国に対する制度的無年金者の救済措置の要望 　－在日外国人高齢者給付金支給事業の実施等―① ・高齢者・障がい者支援 　－多言語の介護保険制度周知用パンフレットの作成等 ・児童・母子・父子の福祉制度の周知・広報及び多文化共生保育の実践 　－子育てにかんする多言語での相談・情報提供等 ・女性に対する外国人特有のＤＶに対する相談体制・啓発等の充実 　－ＤＶ相談（必要に応じて通訳者を派遣） 　－情報提供の多言語化等 ・保健、医療、防災、住宅、雇用等にかんする情報提供の充実及び支援体制の充実 　－公的医療保険制度等についての多言語での広報 　－滞在外国人医療相談事業 　－各種言語での診療案内の作成 　－災害時における外国人支援ネットワークの整理 　－収用避難所案内板の多言語表示 　－住宅の入居にかんする差別の解消に向けた啓発 　－就職差別の撤廃、公正な採用選考に向けた啓発（中・高校）等
多文化共生社会の実現	・国際理解教育の充実 　－在日外国人基本方針に基づく在日外国人教育の取組み ・在日コリアンの子どもの教育の充実―② 　－「民族クラブ」の設置 ・帰国・来日等の子どもの教育の充実 　－日本語指導、適応指導の充実等 ・中学校夜間学級の充実 ・大阪市外国人教育研究協議会の充実 ・教職員研修等の推進・外国人学校への支援 ・日本語の学習の機会や場の提供 　－識字推進事業（識字学級の開設） ・国際理解・交流の促進 　－各種シンポジウム・講演会等の開催等 ・留学生への支援 ・啓発の推進 　－啓発資料の作成・配布等
地域社会への参加	・地域活動への参加－③ 　－生野区地域福祉アクションプラン推進支援事業（住民と行政等の関係機関が協働して地域の福祉課題の解決を図る） ・市政への参加 　－外国人住民も含む市政モニターの実施等 ・公務員への採用 　－公務員への採用（消防吏員を除く全職種で外国人住民の受験が可能） 　－外国籍教員の任用

資料：大阪市HP をもとに作成[26]

て、社会参加できる創造的で豊かな社会」と定義されている。これは2004年に改定されたが、3つの目標はそのまま踏襲された。

改定版による具体的な内容は表1-2の通りである。表を見ると、3つの目標の中で、在日外国人とは別に在日コリアンのみが対象となっている施策がある。たとえば下線を引いた「在日コリアンを対象とした福祉相談事業等」、「在日コリアンの子どもの教育の充実」である。これは外国人住民の中でも在日コリアンが高齢者福祉や教育面で新来の外国人とは異なる背景やニーズを現在進行形で有していることを行政が認識していることを示している。3つの各領域から、在日コリアンに深くかかわるものを一つずつ紹介してみよう。まず表中、①の「在日外国人高齢者給付金支給事業の実施等」である。これは、在日高齢者の無年金問題に対応して地方自治体が独自で実施しているものである。大阪市が2009年度に行った「大阪市外国人住民のコミュニティ生活意識実態調査[27]」によると、健康保険には約9割の人が加入しているものの、公的年金に加入している人は約5割に過ぎない。その理由としては「保険料が高くて払えない」、「制度に加入できなかった」、「加入する必要性を感じない」等が挙げられている。無年金高齢者に対する救済措置として、大阪市は月額1万円を支援している。しかしそれではとても生活を賄うことはできず、家族に頼るか、生活保護等、福祉的措置を利用しているのが現状で、公的年金を受給している日本の高齢者に比べて著しく経済的に不安定である。②の在日コリアンの子どもの教育の充実にかんしては、次節で詳しく述べる。次に③の地域社会への参加である。2004年に大阪市が策定した「大阪市地域福祉計画」、同時期に大阪市社会福祉協議会が策定した「大阪市地域福祉活動計画」に基づき、各区が地域福祉アクションプランを策定している。その中で、在日コリアンが集住している生野区では、2006年に「生野区社会福祉アクションプラン」を発表した。このアクションプランでは、全国で唯一外国籍区民を策定委員に加えたほか、策定委員会の下に「在日韓国朝鮮人・外国籍住民部会」など5つの部会を設け、生野区の特色である在日外国人住民の権利保障等などを多民族・多文化共生の課題を柱に据えた点で特徴的である[28]。また二階堂（2007）は、在日コリアンと日本人がともにアクションプランを策定する作用を通じて両者の直接的な「出会いの場」が生み出され、接触を重ねる過程で「地域社会の再生」という問題意識が共有されるようになった点を評価している[29]。アクションプランの策定への在日コ

リアンの参加は、地方参政権が認められず、地方政治から排除されてきた在日コリアンが、外国人としてではなく、住民として主体的に地域社会にかかわる一つの方法であるという点でも意義深い。

1.4 民族学級の取組み

大阪市では、朝鮮半島にルーツを持つ子どもたちを対象に、公立小中学校内で民族学級である「民族クラブ」を実施している。梁（2013）は、大阪市内のコリアン集住地で営まれている民族学級について分析し、地域住民とコリアンが民族学級を通して共同関係を構築していった経緯について分析している。梁によると、民族学級は歴史的に見ると大別して①1948年の阪神教育闘争による府知事覚書の民族学級、②1972年長橋小を中心とした自主民族学級、③1980年代から2000年代までに同胞主体の運動によって設置された民族学級、④1990年後半から現在に続く、行政の教育事業としての民族学級の4種類に分けられる[30]。大阪市の民族クラブは、このうちの①にあたる「覚書」による民族学級である。

1945年の解放直後、日本に居住していた約200万人前後の多くは帰国を予定しており、その準備として始めたのが、皇民化政策によって奪われた民族性を取り戻すための民族教育の実施であった。大阪市では、東成区森町で戦後すぐに当時の北中道国民学校の教室を借りて国語講習会＝森町朝鮮初等学校が設置され、子どもたちの民族教育を通して帰国後の国づくりに貢献しようという気運が起こった。これらの動きは、ただちに全国に広まり、民族学校が急速に増設されていった[31]。しかし1948年1月、GHQと日本政府は、「朝鮮人学校」が「教育基本法」や「学校教育法」に抵触するなどを理由に、「朝鮮人学校」を認めないという内容の通知を出した。その後、在日コリアン側の抗議活動が全国で相次ぎ、特に在日朝鮮人が多く居住していた関西地方で「阪神教育闘争[32]」が起こった。その収拾策として、同年の6月4日に、大阪府知事と朝連代表との間で、一般の小学校で放課後または休日等であれば朝鮮独自の教育を受けさせても差し支えないとする取り決めが記された「覚書」が交わされた。これが今後公立学校における民族学級の基盤となった。

しかし1949年10月に文部省が「民族学校閉鎖令」を発令し、大阪では44あった民族学校のうち41校が閉鎖・廃校処分となり、コリアンの子どもたちの大部分が公立学校へ転学せざるを得なくなった。この結果、朝鮮人団体をはじ

め地元の子どもや保護者は、覚書の第4項にあった「朝鮮人児童・生徒の在籍する大阪府下の公立小中学校に於いては、左の条件の下に課外の時間に朝鮮語、朝鮮の歴史、文学、文化、等について授業を行うことができる。1．右授業は当該公立学校長の管理と責任において行うこと。2．右授業を希望する児童生徒が一学級を編成するに足る人数であること……」に基づく民族学級の設置を求める要求行動を行い、府教委が1949年11月の臨時教育委員会で了承することで「覚書民族学級」が成立した。このとき府教委が設置した民族学級は33校で、独自の採用方法に基づき朝鮮人講師を36名配置している。ところが、差別的な学校環境の中で民族講師が辞職したり、祖国への帰国や、1950年代半ばから設立された南北双方の民族学校の講師として勤務するために辞職したりと、民族講師が民族学級から離れていった。府教委はその後任の措置をとらなかったため、民族学級は衰退していった。そんななか、部落解放運動に影響され、「覚書」によらない民族学級が誕生した。この取組みは、1972年の長橋小学校民族学級の開設をはじめとして次々と近隣地域に広がっていった。ところが民族講師の制度保障が進まず、困窮した民族講師がやめざるを得ない状況に陥り、次々と現場から離れていった。1980年代に入ると危機感を抱いた民族講師や第二世代・第三世代の青年たちが保護者や日本人教師に呼びかけて民族学級の存続を求める運動を立ち上げた。そして1984年の「在日韓国・朝鮮人児童・生徒に民族教育の保障を求めるシンポジウム」を契機に民族学級の制度保障を求める「民族教育促進協議会（民促協）」が立ち上げられるに至った。1991年には第2章で紹介する「長橋闘争」が起こり、1992年に民族講師の予算措置として「民族クラブ技術指導者招聘事業」が発足する。そして、2001年には大阪市で「在日外国人教育基本方針」が策定された。

　この「在日外国人教育基本方針」は、民族学級の意義と民族講師の役割、そして「民族的アイデンティティを育む教育」が初めて明記された[33]ものである。内容を見てみると、まず、「（国際人権規約、児童の権利に関する条約等）国際条約やこれまでの諸施策をふまえるとともに、各校園で取り組んできた在日外国人教育の成果の上に立ち、今日的課題に対応するために、新たに『在日外国人教育基本方針』を策定された」ものであることが記されている。すなわち、民族学級をめぐる一連の現場の取組みが、「民族として生きる権利を保障すること」を謳う国際条約の精神に合致し、今日的な価値を持つものとして評価されてい

るのである。そして、在日コリアンの定住の歴史が記され、民族学級の拡充や指導内容の充実をはかり、「民族的アイデンティティの確立」をはかることが基本姿勢として示されている。これは、在日コリアンを住民として長年認知してこなかった日本社会で、コリアンを住民として認め、エスニックな民族性の確立が、行政の役割であることを明言したという点、民族学級という形で結実した地域社会での日本人とコリアンの共同関係が、新たに流入してくる外国人の子どもたちの教育において社会資源となることが認められたという点で画期的であるといえる。

　ただ、民族学級を通したエスニック文化権確立の動きとは反対に、在日コリアンの文化や言語の継承を行政が妨げる動きがあることも事実である。2010年、橋下徹大阪府知事（当時）は、1974年から続けられている朝鮮学校への補助金を削減した。府の助成に当たり、朝鮮学校と朝鮮総連、ひいては北朝鮮との関係を切り離して考えられないというのがその理由だ。その後、大阪府では2011年度から補助金が打ち切られ、これに呼応する形でこれまで朝鮮学校への補助金を認めてきた地方自治体が、次々に支給を停止している。在日コリアンの集住地を多く抱え、地域住民とコリアンがまがりなりにも共同性を築いてきた大阪でさえ、その過程を否定するような施策が打ち出される。この、「移民」をめぐる権利と統制のせめぎあいは、「移民」の存在自体を認めず、経済的な有用性でのみ外国人の受け入れを選別している日本社会の中で、これからも起こり得る問題といえるだろう。

2.　小　結

　この章では、在日コリアンをめぐる政策の推移と日本における移民政策の展開を見てきた。

　はじめに、終戦後、政府が徹底的な外国人排除政策を繰り広げる中で、コリアンが生活にかかわる権利を、日本の地域住民とともに獲得してきた経緯について追った。特に、1970年代は革新自治体のもとで、コリアンを住民としてみなし、差別を撤廃する動きもあったが、全国的な運動として展開することはなかった。政府は、自主的にというよりは国際社会の要請に従うかたちで、やむを得ず公共サービスにおける国籍要件を撤廃していった。しかし住民として向

かい合ってきたとは言い難い。一世紀にわたって家族が日本に住み、ともに暮らして納税の義務も果たしてきたにもかかわらず、国籍によってコリアンの高齢者を年金制度から排除し、放置してきた。また、「北朝鮮」との政治的な葛藤を理由に民族学校を日本の教育システムから排除する等、日本生まれの子どもが民族の言語や文化を学ぶ権利を奪うような政策運営を依然として行っている。これまでの在日コリアンをめぐる政策は、エスニックな言語や文化の保障ばかりか、日本社会で生きていく上での基本的な権利さえ保障するものではなかったのである。

　一方、1980年代後半以降の外国人政策は、新たに流入した外国人、特に日系人を主な政策対象としてきた。依然として在日コリアンに対する制度的差別が残っているにもかかわらず、焦点が日系人に移っており、また日系人に対する施策の中に、在日コリアンの定住の歴史との連続性を喚起させるようなものもほとんど確認できなかった。この理由として、祖国の分断というコリアン側の政治的背景や日本社会の差別構造により、コリアンを住民として地域社会に位置づける作業が各分野で不充分だった点が考えられた。ただ、地方自治体レベルでみると、たとえば大阪の外国人施策のなかでは、アクションプランを通じて、一部には過ぎないが、在日コリアンが住民として地域社会に参画できる仕組みが作られている。また、民族学級の取組みを通して、在日コリアンが住民として発見され、その民族性の確立が、行政が担うべき役割として認識される動きがあった。現在それは、他の外国人のエスニシティの確立にも有効であることが大阪市によって示されている。すなわち、地域住民との新たな共同性の構築と在日コリアンの地域社会への主体的な参加が、エスニックな言語や文化の権利の保障という形で生まれ、社会資本として働いた。この大阪の事例は、エスニック文化権の萌芽であったともいえよう。

【注】

1) この制度は警察の行政的裁量に基づくものであり、法によって定められたものではない。その背景には以下のような日本の内部事情があった。コリアンによる内地への渡航が増えた1920年代後半は日本も昭和恐慌を迎えており、行政当局はコリアンを日本人失業者を圧迫する存在とみなしていた。ただ、政府は1924年の「排日移民法」に見られるような米国の日本人移民の排斥の動きを非難し

ていたため、国際的な世論の影響を鑑み、「帝国臣民」であるはずのコリアンの移住の制限に法的根拠を与えることはできなかったのである（水野ほか2015：25-27）。この制度は、1945年の日本敗戦間際まで維持された。

2) 水野ほか（前掲書：18-22）

3) 協和会の活動内容は、神社参拝、皇居遥拝、国旗掲揚など日本精神の発揚や、日本語常用、和服着用、日本料理の普及など日常生活の「内地化」、勤労奉仕、国防献金募集・貯蓄奨励、金属類供出など戦時体制を支えるものであった（水野ほか前掲書：61-62）。

4) 水野ほか（前掲書：87-94）

5) 水野ほか（前掲書：107-111）

6) 1945年10月15日、16日に開催された朝連中央総本部結成大会では、新朝鮮建設への貢献、世界平和、在留同胞の生活安定、帰国同胞への支援、日本国民との互譲友誼、大同団結などが綱領として採択されている（水野ほか前掲書：95-97）。

7) 「ポツダム宣言の受諾に伴い発する命令に関する件に関する法律」で、コリアンに関しては、「別に法律に定めるところにより、その者の在留資格及び在留帰還が決定されるまでの間、引き続き在留資格を有することなく、本邦に在留することができる」とされた（国際高麗学会日本支部「在日コリアン辞典」編集委員会編2010：229）。

8) 水野ほか（前掲書：162-163）。朝鮮籍の国民健康保険加入は、地方での条例制定運動の結果、1970年代以降に実現していった。

9) しかし、総連などの既存の民族団体や在日の知識人・作家の多くはこの「市民運動」に対して日本の大企業に就職することは同化につながるとして強い警戒感を示していた（水野ほか前掲書：177）。

10) 水野ほか（前掲書：181）。公営住宅法（1951年）には特に国籍要件は明示されていないが、1954年11月建設省住宅局長回答「公営住宅の利用は外国人は権利として要求できず…申込は拒否できる」によって実際入居が拒否されてきた（国際高麗学会日本支部「在日コリアン辞典」編集委員会編前掲書：133）。

11) 富坂キリスト教センターほか（2007：69-70）

12) 1953年、内閣法制局は「公務員に関する当然の法理として、公権力の行使または国家意思の形成への参加に携わる公務員となるには日本国籍を必要とする」という見解を示していたが、これが国・地方の公務員、国立学校の教職員への在日コリアンの採用を阻む根拠とされていた（水野ほか前掲書：184）。1996年に政令指定都市で初めて川崎市が職員採用試験から国籍条項を撤廃している。その際、「公権力の行使」を川崎独自に解釈して職務を洗い出し、「当然の法理」に抵触しない範囲で「門戸を開放」した。しかし、この方式は結局外国人を採

用した後は職務制限をして昇進も認めないという状況を生み出している（朴ほか 2008：155-157）。

13）水野ほか（前掲書：184）

14）公立学校の外国籍教員の採用に関しては、1982年9月の「国公立大学外国人教員任用法」により門戸が開放されるのと抱き合わせで、公立小・中・高等学校の教員は日本国籍を要するという文部次官通達が各都道府県教育委員会に出された。その結果、それまで教員採用をしていた大阪などの都市でも採用を見合わせることとなった。その後1991年の在日韓国人の法的地位に関する「韓日外相の覚書」で「外国人の教員を採用はするが、日本人と何らかの差異を設ける」こととなり、各都道府県では、外国籍教員を採用することになった。しかし、採用されても「教諭」になれず「期限を付さない常勤講師」とされ、これまで教諭として採用された大阪や兵庫などでも実質的に常勤講師待遇に格下げされるなど、いくつかの問題を有していた（国際高麗学会日本支部「在日コリアン辞典」編集委員会編前掲書：139）。

15）指紋押捺制度は、在日コリアンと日本人の粘り強い交渉の結果、1988年に指紋押捺一回制、1992年の特別永住者及び一般永住者の押捺義務廃止などの改定を経て、2000年に外国人登録法による指紋押捺は全廃された。しかし、2007年、「テロ対策」を名目に、入国審査時に特別永住者以外のすべての外国人から再び指紋を採取するようになっている（国際高麗学会日本支部「在日コリアン辞典」編集委員会編前掲書：221-222）。

16）この批准を機に「出入国管理令（入管令）」が「出入国管理及び難民認定法（入管法）」に改訂され、特例措置により申請をしたら朝鮮籍の人々も「特例永住」という形で永住資格を得ることができるようになった。この後1991年の「出入国管理に関する特例法」により、「協定永住者」、「特例永住者」共に「特別永住者」という地位に一本化された（国際高麗学会日本支部「在日コリアン辞典」編集委員会編前掲書：322）。

17）そもそも国民年金は、20歳から60歳の間に25年間保険料を納め、65歳から老齢基礎年金が支給されるのが原則である。そこで、25年に満たない者についても、国民年金制度が発足した1961年時点で50歳を超えていた日本国民には、70歳から老齢福祉年金が支給される経過措置がとられた。（川村千鶴子ほか 2009：216）。

18）中村（2005：18）

19）国際高麗学会日本支部「在日コリアン辞典」編集委員会編（前掲書：134）

20）総務省HP より（http://www.soumu.go.jp/kokusai/pdf/sonota_b5.pdf, 2015.11.20 検索）

21）谷によると、1980年代初頭、人類学・社会学界では院生たちの間で「在日の研

究なんかやってると就職はない」と囁かれていた。在日コリアンをめぐる内外の政治的・イデオロギー的対立がアカデミズムを左右しがちであったことは否定できないにせよ、そのような対立から距離をおく研究者までにも偏見が見られる傾向がなきにしもあらずだったという（2015：38）。

22）民団新聞2011.12.7付記事「鳥取市が住民投票から外国人排除案」（http://www.mindan.org/front/newsDetail.php?category=0&newsid=15265, 2015.2.9検索）

23）渡戸（2009：184-187）

24）「大阪市統計書」より。なおここで言う「外国人住民」とは住民基本台帳による日本の国籍を有しない者のうち中長期在留者、特別永住者、一時庇護許可者、出生による経過滞在者で市町村の区域内に住所を有する者を指している（www.city.osaka.ld.jp/toshikeikaku/page/000016152.html　2018.1.20検索）。

25）たとえば、これまで①外国人への入居差別を禁止する条例の制定、②日本人と外国人の子どもとの相互理解を進めるための教育委員会の体制整備、③外国語による広報の充実などを市に提言した。それに対応し、市は、外国籍住民に対する入居差別の問題を重視し、会議の提言を踏まえて、外国人に対する入居差別を禁じる川崎市住宅基本条例を2000年度から施行している（朴一2005：202-203）。

26）http://www.city.osaka.lg.jp/shimin/cmsfiles/contents/0000270/270449/sisin.pdf, 2016.2.7検索

27）大阪市が、区内に7,000人以上の外国籍住民が生活する市内4区（生野区、東成区、平野区、西成区）のうち、コリアンが集住している東成区と、近年中国からの帰国者やその家族、研修生等を多く受け入れている平野区を対象に、20歳以上の外国籍住民各区300名（国籍別で無作為）、日本国籍住民各区100名（無作為）を抽出し、郵送によるアンケート調査を実施。回答率は外国籍住民36.8％、日本国籍住民64.0％だった（http://www.city.osaka.lg.jp/shimin/page/0000065275.html, 2016.2.7検索）。

28）コリアNGOセンターHP内「『地域福祉アクションプラン』生野版の発表（2006.7.21）」より（http://korea-ngo.org/ngo_01/kyousei/5action%20plan.htm, 2016.2.9検索）

29）二階堂（2007：232-234）

30）梁（2013：245-246）

31）梁（前掲論文：246）

32）GHQ（連合国軍最高司令官総司令部）は、1948年4月、朝鮮人学校の閉鎖措置に反対して、阪神（大阪と神戸を中心とする一帯）地域で起きた朝鮮人側による大規模の抗議活動に対して、武力鎮圧を行った。この過程で、デモに参加していた当時16歳の少年が鎮圧軍によって射殺される事件が発生した。

33）朴（2008：163）

第2章

エスニック・コミュニティの形成と地域社会

1. エスニック・コミュニティの形成とコリアンの生活世界

　本章では、大阪市西成区内にある長橋小学校で、地域住民の働きかけによって民族学級が設立された背景として、当該地域コリアンコミュニティの形成過程を振り返り、コリアンの生活世界を明らかにする。具体的には、地域社会の中でコリアンが仕事や信仰、そして子どもの教育を通じて生活してきた過程を、韓国系の在日コリアン高齢者へのライフヒストリー調査と文献資料を基に記述する。そして、日本人の地域住民とコリアンがエスニックな文化権の保障を通じて共同関係の構築、すなわち「異質性との共存」を実現した事例を紹介する。

　大阪市西成区の北西部、同じ西成区でも労働者の街として知られる「あいりん地区」とは地下鉄四つ橋線を挟んで反対側の地域に、在日コリアンが多く住む一帯がある。被差別部落を含むこの地域には、戦前よりコリアンが居住し、皮革の仕事やナット製造業に携わりながら生活を営んできた。2015年6月現在、西成区には4,323人の「韓国・朝鮮」籍住民が生活している[1]。西成区は外国人住民が区内全人口の約5.8％と高く、そのうちの6割が「韓国・朝鮮」籍住

民である。大阪市は全国的に外国人住民の中でも、「韓国・朝鮮」籍が多いのが特徴であるが、西成区は、生野区（24,308人）、東成区（5,460人）、平野区（4,471人）に次いで大阪市内で4番目に「韓国・朝鮮」籍住民が多い。生野区や東成区と比べ、西成区や平野区は中国籍やフィリピン籍の住民も多いのが特徴である（表2-1参照）。

　西成区内の鶴見橋商店街を歩くと、キムチや餅、韓国のインスタントコーヒーなど、「朝鮮」料理の食材を扱う店やレストランが点在している。商店街から南下すると「在日大韓基督教会大阪西成教会」と「在日」の名が入ったプロテスタントの教会も目に入り、コリアンの集住がうかがえる。またこの地域では、2007年に市内の別の地区に移転してしまったが、「金剛学園」という民族学校があり、在日コリアンの教育の一部を担ってきた。しかし、フィッシャーのいう下位文化が認められるこの地域のコリアンコミュニティについて、これまであまり語られることがなかった。その原因の一つとして、産業構造の変化により、在日コリアンが従事していた産業が衰退し、若年層が地域から流出し

表2-1　大阪市内「韓国・朝鮮」籍住民の上位区域　　　　　　　　　　　（2015年6月末現在）

	生野区	東成区	平野区	西成区
総数	27,615	6,662	7,777	6,862
	(100.0%)	(100.0%)	(100.0%)	(100.0%)
韓国・朝鮮	24,308	5,460	4,471	4,323
	(88.0%)	(82.0%)	(57.5%)	(63.0%)
中国	1,709	720	2,234	1,374
	(6.2%)	(10.8%)	(28.7%)	(20.0%)
台湾	241	57	80	142
	(0.9%)	(0.9%)	(1.0%)	(2.1%)
フィリピン	102	57	230	239
	(0.4%)	(0.9%)	(3.0%)	(3.5%)
ブラジル	19	9	38	42
	(0.1%)	(0.1%)	(0.5%)	(0.6%)
米国	61	48	35	32
	(0.2%)	(0.7%)	(0.5%)	(0.5%)
その他	1,175	311	689	710
	(4.3%)	(4.7%)	(8.9%)	(10.3%)

資料：「大阪市定期統計資料2-3大阪市の外国人人口（大阪市市民局調）[2]」より作成

て、コリアンの定住を支えてきたコミュニティが解体傾向にあった点が挙げられる。また、関西圏の在日コリアン研究も、金（1985）、佐々木（2008）、杉原（1998）、谷（2002、2015）、二階堂（2007）、庄谷他（1997）らに代表されるように、韓国・朝鮮籍住民数が圧倒的に多い生野区及び生野区と東成区にまたがる旧「猪飼野」に定住し、現在も居住しているコリアンに集中していた。

1.1　コリアンの西成への流入と定住

　1923年に大阪—済州島の定期就航船が開通して以来、朝鮮半島からの人の流れが加速化し、大阪を中心とする関西地方にコリアンの多くが流入していった。河（1997）によると、近代日本経済は「二重構造」、すなわち近代工業である資本集約的大企業と、非近代的工業である労働集約的中小企業の矛盾なき両立と成長に特徴づけられるが、大阪ではその傾向がより強く見られた。大阪の工業は、自発的な民間商業資本の主導の下、中小零細企業を中心として発展した。中小零細企業の存立基盤は低賃金労働力であったが、従来この低賃金労働力需要に適応したのは、農村からの出稼労働者や、「部落民」、「琉球人」、奄美

表2-2　地域別「朝鮮人」人口一覧表（1928年）

	男	女	計	人口比割合（％）
北区	2,053	255	2,308	6.6%
此花区	1,523	363	1,886	5.4%
東区	1,252	272	1,524	4.4%
西区	321	23	344	1.0%
港区	3,151	821	3,972	11.3%
天王寺区	562	203	725	2.1%
南区	753	121	874	2.5%
浪速区	2,453	588	3,041	8.7%
西淀川区	1,480	535	2,015	5.8%
東淀川区	3,720	753	4,473	12.8%
東成区	8,053	1,921	9,974	28.5%
住吉区	702	252	954	2.7%
西成区	2,352	535	2,887	8.2%
合　計	28,375	6,642	35,017	100.0%

資料：大阪市社会部調査課（1929：3-4）『本市に於ける朝鮮人の生活概況』（近現代資料刊行企画編『在日朝鮮人関係資料集成3』収録（1996：185-186））より作成。一部合計が合わないがそのまま引用した。

諸島などの国内マイノリティであった。ところが第一次世界大戦による好況以降、工場地帯近隣の不良住宅地域に新たな低賃労働者が堆積した。それが植民地朝鮮から渡来した「韓人移民労働者」である[3]。

大阪市社会部調査課の社会部報告書（1929）によると、1912年末にはわずか248人だった「大阪府在住朝鮮人」が、1928年6月末には45,133人に急増している[4]。なかでも大阪市には35,017人が居住しており、その8.2%にあたる2,887人が西成区に居住している（表2-2参照）。次に1930年の大阪市内のコリアン人口（表2-3参照）を見てみると、その総数がわずか数年のうちに2倍以上に増加している点に驚く。なかでも女性の増加率が高く、男性の約2倍に比べ、女性は3倍以上の増加率となっている。社会部調査では、1928年時の調査結果でも女性の増加率が高いことにふれ、「當初は獨身又は單獨で來た人夫の如き職業のものが多かつたのに年々家族を擧げての移住者が増加したことに原因するのではあるまいか[5]」と分析している。また、1930年代には西成区北部に朝鮮市場が立ち、朝鮮人経営の工場、商店、各種サービス業が集中していた[6]。これらの点を鑑みると、長期滞在を見越したコリアンの居住が、西成でも1920年

表2-3　地域別「朝鮮人」人口一覧表（1930年）

	男	女	人数	1928年比増加率（%）	1928年比増加率(男)(%)	1928年比増加率(女)(%)
北区	4,186	998	5,184	225	204	391
此花区	4,016	1,603	5,619	298	264	442
東区	1,841	624	2,465	162	147	229
西区	645	58	703	204	201	252
港区	6,477	2,507	8,984	226	206	305
天王寺区	1,248	397	1,645	215	222	196
南区	1,214	311	1,525	174	161	257
浪速区	3,818	1,310	5,128	169	156	223
西淀川区	3,348	1,595	4,943	245	226	298
東淀川区	6,002	2,677	8,679	194	161	356
東成区	14,827	7,217	22,044	221	184	376
住吉区	2,190	887	3,077	323	312	352
西成区	4,973	2,155	7,128	247	211	403
合計	54,785	22,344	77,129	220	193	336

資料：表2-2および大阪市社会部労働課（1933）『朝鮮人労働者の近況』（近現代資料刊行企画編『在日朝鮮人関係資料集成5』収録（1996：336））より作成

代後半には始まっていたことがうかがえる。それにしても、なぜ西成にコリアンが流入したのであろうか。

　当時、西成区の中でも、北部の浪速区に接する北開、南開、長橋通り周辺にコリアンの大半が密集していたことが記録に残っている[7]。当地域は被差別部落を抱え、比較的安価なバラックや長屋があったことがコリアンの流入を後押ししたことが推測される[8]。来日当初、コリアンは町工場の「職工」、なかでもガラス、メッキ、ゴムなどいわゆる３Ｋの仕事に就いたり、風呂屋の「三助」、「下足番」、「くず拾い」、商店の「小僧」として、また鉄工所、造船所などで低賃金労働者として働いていた[9]。小説家の鄭承博（2001）の回想録に、西成の1930年代中ごろのコリアンの生活の様子が記されている。

　　「君、こんどの日曜日には、うちへ来ないか。私の住んでいる路地の中は、みんな朝鮮人ばかりで、何の気兼ねなんかいらへん。それに取って置きの朝鮮料理を作って待っているからどうや」

　　と言いながら、自分の名前は朴だということも、住んでいる路地のある道順まで、親切に説明をしていた。

　　どうやら話をよく聞いてみると、北開の一角らしい。この町内の路地はまるで、網の目のように入り組んでいて、複雑この上もない地域である。この地へ新任してきた刑事や新聞記者さえも、よくここへ迷い込んでは、住民に助け出された話が、いくらでもあるぐらいだ。しかし私はよく知っている。あいにく新配達の区域ではなかったが、先生に連れられて、何度かこの町内を巡回したこともあれば、使いに出されることもしばしばであった。

　　しかし彼もやはり、そこらで暮らしている朝鮮人と同じように、汲み取り屋が本業らしい。それが証拠に彼が乗っている船は、そこらの便所から汲み取ってきたものを、まるでタンクみたいに作られたその船倉へ流し込んで、運河の水路から大阪湾へ運び出す屎尿船である[10]。

　文中に出てくる「北開」は、すぐ南に接する「中開」、「南開」とともに「三開」と呼ばれ、現在もコリアンが多く住む地域である。上の記述からは、狭い路地が入り組んだところにコリアンが肩を寄せ合うように暮らしている様子が垣間見られる。この「三開」地区はかつて最大規模の被差別部落といわれた「西浜」

の南側に隣接する地域で、西浜地区の居住地区の人口拡大に伴い、1920年代中ごろ人口が流入した地域である[11]。文中からは当時「朝鮮人」の職業として「汲取り屋」があったことがうかがえる。インタビューの中でも、西成区に限らず、厳しい職業差別の中で、この職業に多くのコリアンが就いていたことがわかる証言があった。

　　韓国から日本へ、もう徴兵でこちらへ来た人もおれば、そのまま日本へ渡ってきてね、もうほんま日本人が嫌がる仕事しかできないんですよ、食べていくためにはそれしかないんですよ。それで昔はね、肥え汲みいうて、みな、車ね、持ってきて、杓で汲んでそれにして。昔はわたしら結婚した当時なんかみなそれでしたんよ。途中でみなホースでね、行ってじゃあっと、こう。そんなんみなもう朝鮮人とか。ほんで結局仕事がないからね、やっぱし生きていくためには、それはもう生きる手段でね。もうそれ仕事なんか選ってるあれじゃなかったわけですよ。もうそれでちょっといいとこなんかは絶対入れないし。本当にもう差別された中でね、もう。それでいくら優秀であってもそのときは、法律家にもなれないし、学校の、公務員にもなれないし。(D氏)

　一方、西成区の特に上記の「三開」の場合、西浜地区で盛んだった皮革産業が人の流れとともに流入し、この地に住むコリアンも多くが部落産業である皮革の仕事に携わっていったことが明らかになっている[12]。その後、西成のコリアンの職種は、婦人靴の製造を中心とする皮革産業と、「三開」よりももう少し南の地区で盛んであったナット製造業に大きく二分されていった。

1.2　西成コリアンの仕事とコミュニティの形成

1.2.1　西成コリアンの皮革産業への参入

① 皮革産業への参入期

　西成に住むコリアンは、正確にいつ頃皮革産業に参入していったのだろうか。それを資料で確認することができなかったが、長年西成で甲革師として製靴業に就いていたＩ氏は、西成のコリアンが製靴業に参入した契機について次のように語った。

　　まあ、昔から、戦争前に、1人、2人が靴屋をやっとったわけですわ。（こ
　の辺でやっていたものを）全部真似てやったという状態ですね。だから、最
　初の人は、失敗したり、革もないし。紙で作った靴みたいなもんですわ。そ
　こもないから段ボールでやったりね。昔やっとったというのは、軍需工場が
　あったわけですわ。軍隊から請け負って、それをやっとった人が2人、3人
　おったわけですわ。【軍人の靴とか？】そうですね。その人がたまたま3人
　ぐらいおったわけですわ。それが歴史ですね。（I氏）

　　上の語りからは、軍の仕事を請け負ったコリアンが見様見真似で靴づくり
を始めた様子がうかがえる。この時期の西成の日本人、その他を含めた皮革
産業工場数、従事者数（図2-1、2-2）を見ると、特に1930年代中ごろから工場
数、従業員数共に増加している。コリアンの参入はこのあたりの時期であろう
か。その後1938年頃、急激に減少しているのは、同年に「皮革使用制限規則」、
「皮革製品販売価格取締規制」、「皮革配給統制規則」が制定されたためである。
1940年には軍靴についての公定価格が決められるなど戦時統制の時代に突入し、
このため、当時、製靴業ならびに製革業に従事していた人たちの約8割が失業
状態に陥ったという。こうした状態は、1950年7月の統制廃止まで続いた[13]。
そんな中、低賃金を武器に皮革産業に従事していったコリアンが、同じく皮の
仕事に就く被差別部落の住民と競合していった。河（1997）は、大阪市社会部
より1939年に出された『本市における密住地区調査』の「西浜栄町地区在住
被差別部落民と韓人の職業比較」及び「三開地区在住被差別部落民と韓人の職
業比較」を基に、コリアン全体の中で「履物工皮革工」に就く割合が、西浜栄
地区（19.5%）、三開地区（23.7%）であること、そして三開地区では、その割
合が、被差別部落住民が当該職業に就く割合（14.2%）より高いことを示して
いる。そして、低賃金という武器に加え、水平社運動を典型とする被差別部落
住民の組織的社会運動の高まりに伴い、雇用主が被差別部落住民の雇用を控え
たことも影響して、コリアンの雇用機会が拡大した[14]。まさにこの点が、家
族を呼び寄せたり家族を作ったりしながら生活の基盤を作る時期にあったコリ
アンが西成にとどまりつづけ、コミュニティを形成した理由であろう。
　　次に、コリアンが皮の仕事に就いたルートについて見てみよう。下記のF氏
の父親は、靴製造事業を手広く行って拡大し、F氏によると革の加工の特殊技

図2-1　西成区内皮革産業工場数の推移（1924年-1938年）

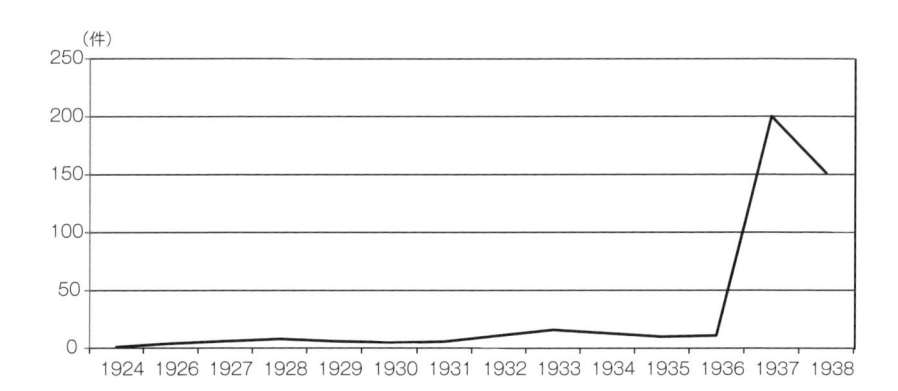

図2-2　西成区内皮革産業従事者の推移（1924年-1938年）

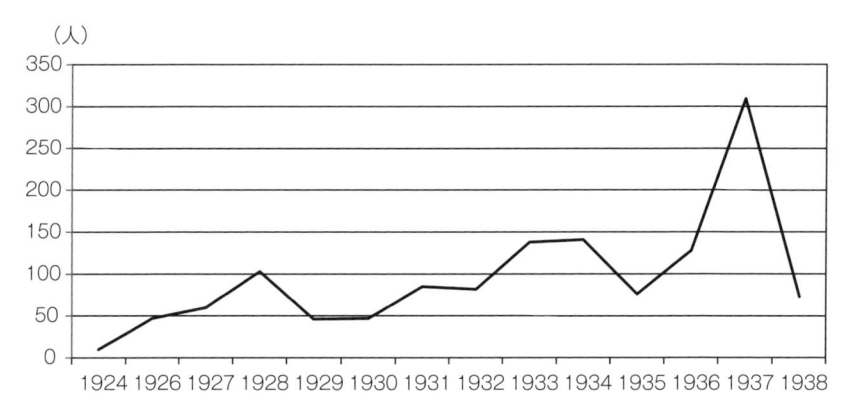

資料：図2-1、2-2 ともに『大阪市統計書』24号〜37号（1925年〜1938年、大阪市役所編）より作成。
事業細目については、1925年（24号）〜1930年（29号）は「皮革製品業」を、1931年（30号）〜1938
年（37号）は「皮革製品製造業」を参照した。

術も開発したという人物である。革に光沢をのせるこの技術が当たって大きく
儲けたときもあったという。大阪大空襲で工場を焼失するまでは、高級草履、
軍靴などの請負をして工場を広げ、商売を通じて得た資金で兄弟を医師に育て
たり、大学に通わせたりもしていた。

　　それから着物の草履。芸妓さんとかね、ああいうのようさんつくってもう

けましたよ。最近までここ10年ぐらいまではK市におるうちの身内の人が
やってたけど、もうやめましたけど、そんな時代がありましてん。もうけた
時代がね。今もう着物もあんまりあれせえへんでしょ。それで草履も高いし
ね、売れない。

　（一番儲かったのは）戦前。戦前ですわ。親父は早いことに、賢い、陸軍のね、
靴の関係のそういうところへもぐりこんでね、仕事もらったからだいぶんち
がいますわ。ああいうときはね。（F氏）

そして、独自に故郷を同じくする人々をリクルートしていた。話を聞いた中
で、皮革産業に従事していた人は現在の全羅道や済州島の人が比較的多く、そ
のほとんどが同郷の知人や親戚を介して西成に来て皮革の仕事に就いていた。

　（父は、皮革の仕事をして）独立して、その独立して自分が自信を持ったから、
こっちの人、（故郷の）うちの親戚の人、汽車賃全部作って呼んで、ようさ
ん働いていました。それで覚えた人よそいく（独立する）しね。（当時日本
人もコリアンも一緒に働いていたが）うちの親父はね、自分の故郷の人呼び
たいいうてね、故郷の人ようさん連れてきてましたわ。それで、教えて、で、
みな独立した人もおるし、日本の人も働いてたけど、うちの親父はもうそう
いう人でしたね。で、普通は秘密、あれも秘密はあるんですね。いうたらエ
ナメルのなめし方、ぴかぴか光るのをどうしたらええか、ああいうのはみん
な教えてやったりなんかしてました。（F氏）

　F氏の語りからは、皮革の仕事で稼いだ資金を使って親族や同郷者のリク
ルートを行い、技術教えて日本で独立させるという、移民の地縁・血縁を介し
たネットワークを垣間見ることができる。このネットワークゆえに、後述する
ナット製造業同様、西成でもある特定の職種に同郷者が集まるという現象が生
じたのである。

② 皮革産業の発展と衰退

　全国的に見た場合、製革業が大きく発展したのは、皮革（革製品）に対する
需要が年々増加していった1945年から1955年にかけてである。この時期は原
皮をなめして売れば多額の利益が得られるような状況で、大きなメーカーで

修行を積んだ職人が、1955年から1965年にかけて独立していった[15]。大阪における靴の製造の発展もその時期と重なる。1955年から1965年は戦後の物のない時代を経て大量消費時代に入ったときで、革靴の製法そのものも大きく変わっていくときだった。機械と接着剤の発達によって革靴製造の工程が簡素化され、革靴も機械で量産されるようになった。革靴が大衆化し、多量に低価格で供給されるようになったのである[16]。全国的に革靴メーカーは小零細企業が多いが、特に大阪はその傾向が強い。そして大阪の革靴メーカーでは、ライフ・サイクルが長くて量産がきく紳士靴を製造する大手革靴メーカーとの競争を避け、ファッション性が高く、ライフ・サイクルが短いため、多品種少量生産が求められる婦人靴の製造に特化していった[17]。

　長年靴の製造に従事し、民団西成支部の要職も務めたY氏によると、西成もまた、皮革業に携わる人のおよそ9割が婦人靴の製造に携わってきた。Y氏によると、1970年代のピーク時には約500件のメーカーがあったようである。図2-4の「西成区皮革及び皮革製品製造業従業員数の推移」をみても、1960年代半ばから右肩上がりに従業員数が増えている。

　また、1969年に実施された表2-4「大阪市長橋小学校児童の朝鮮人父親の就業産業」調査をみると、西成区の長橋校区では、皮革産業に従事している父親の割合が、日本人より在日コリアンの方が高くなっている。長橋小学校区は西成区の中でも北部の浪速区に接しており、もともと皮革産業への従事者が多い。この長橋小学校は、1972年に後述する自主民族学級が誕生した学校であるが、ちょうどその頃、在日コリアンの子どもたちの父親の実に4割強が皮革の仕事に就いていたということになる。この時期は、靴の製造が独占メーカーによって占められていき、多くの靴職人の仕事が奪われ、日本人の従事者が他業種に移っていく時期である。部落解放同盟大阪府連組織局部落解放研究所編集部

表2-4　大阪市長橋小学校児童の朝鮮人父親の就業産業

	皮革産業	重工業	軽工業	建設業	その他
朝鮮人父親の就く産業	44人 (44.0%)	14人 (14.0%)	なし	3人 (3.0%)	39人 (39%)
日本人父親の就く産業	97人 (18.9%)	107人 (20.8%)	18人 (3.5%)	43人 (8.3%)	248人 (48.5%)

資料：部落解放同盟大阪府連組織局部落解放研究所編集部（1974：29）
「特集大阪の部落に住む朝鮮人の生活」より

（1974）によると、1970年代の西成の靴メーカーの7、8割は在日コリアンであるといわれ、この割合の多さは、「部落民が製靴業をやめていったあと、民族的差別によって就職状況の極度に劣悪な朝鮮人がその比率をより大きくしていった」ためだと推測されてい

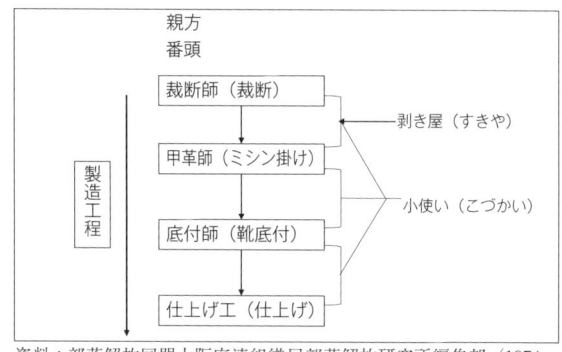

図2-3　極零細靴製造労働の仕組み

資料：部落解放同盟大阪府連組織局部落解放研究所編集部（1974：30）より

る[18]。次に、皮革産業に従事してきた人々の具体的な仕事の内容についてみてみよう。

　図2-3 は、靴の製造工程を表した図である。調査からは、従事していた仕事の内容として、革のなめしや裁断、アイロン、甲革等が見られた。一般的には在日コリアンの場合、「剥き屋」等、機械の購入に資金が必要な部門より、「甲革師」、「底付師」など、労働状況が過酷な部門に従事する人が多かった。下記のE氏の証言にもでてくるが、しばらく仕事を続けていると手の形が変わることがあり、靴の底付けの場合、接着剤に含まれるシンナーのため、神経系統に健康被害をもたらすこともあったようである。また、女性の流産率も高かったという[19]。

　1930年代の中ごろ、先に来阪していた父母を探して済州道から大阪に渡ったE氏は、西成の皮の仕事に就く男性のもとに嫁いだ。夫の死去によって不渡りを出し、経営していた工場が倒産してからは、35年間、自宅で皮のアイロンの工程を請け負いながら5人の幼い子どもを育ててきた。

　　若いときは、昼も夜も（働いていて体の）しんどさもわからんかってん。みんな、この韓国の人らはなんにも保証なしにアルバイトみたいな仕事なんでもせなあかんおもて、やってるところが、みな靴の仕事や。ほんで、アイロンや。革の、靴のアイロンや。難しいねん。ちょっと焼けてても、あん時は革一枚が一万円くらいするやろう。ああいった白い靴とかは、へたに焼い

たりしたらあかんやんか。その靴も 35 年間やってん。昼も夜も。せやから、（夕方）の 5 時、6 時になってきたら、手がこう（固まって）なるねん。うちみたいに苦労した人はあらへん。（E 氏）

　また、結婚を契機に西成に来て、病に倒れた夫の代わりに革の裁断の仕事を請け負うことになった A 氏も過酷な仕事の内容について次のように語った。

　だってちょっとでも 1 ミリでも（ずれたら）だめなのよ。切りしろがいるでしょ。で、間が 1 本ずつ、5 本ずつでその型押ししてるんです。せやからこぶが大きいとこと小さいとこあるじゃないですか、ワニ。それしてるから押さえてもね、よっぽどの力で押さえないと。ちょっとでも動いて狂うたら、もう裁断機にかけたら、斜めなったらだめでしょ。で、高価なものでしょ。ワニはもちろん本物じゃないけど、革押してるから染めてるし、すごいお金がかかってんのに、1 本無駄にして、歴然と本数がわかるでしょ。5 本ずつの 150 枚、わたしやり遂げたあとね、階段も上がれないし、もう体中の筋力を使ったんかしらんけど、うち 2 階でしょ。もうすべて上がり下りせなあかんのに、階段ほうて（はって）1 段ずつあがらな、そんなん言うたってしかたないから、口から一切出さない。平面の革でさえそれ難しいのよ。歯に角度があるでしょ。それをぴたっと当てなければ、ちょっとでもまっすぐにしたらまたね、1 ミリほど狂うしね。そんでも必死になった気持ちはね、人間って力が出るんですね。（A 氏）

　今回インタビューをした方々の中には、結婚などを通じて戦後西成にやってきた女性が多い。皮革の仕事はほとんどが零細の家内工業であったため、女性も子どもも、できることは手分けして何でもしたという。仕事場は、親方の家に通う場合と自宅で仕事をする場合とあるが、いずれの場合も住居の一部を使って工場にしていた。結婚を契機に西成に来た D 氏も自宅の一部を作業場として使い、職人を雇って靴の製造を行っていた。

　【靴のお仕事はずっと自宅でされていたんですか？】家です。それでこの家でね、2 階は 1 つ部屋だけおばあさんが寝たりするとこ、奥を 1 フロア

にしてね。それでそこで甲革、ミシン、革を置いて。うちの人はデザイン切ったり、それで型、そのデザインを切ったやつにね。ほんでまた職人さん、手が追いつかなかったりしてたときは、職人さんにね、甲革師（に頼んで）。それで甲革は、裁断したやつをミシンにね、かける仕事で。それでもう足りないときは自分も入ってしたりね、やってました。そんで下はね、裏、底付けしてる人が5〜6人ね。2階のね、真ん中の部屋に職人さんが6人、7人、来て（底付けの作業を）するんですよ。朝7時になったら来てね。ほんでそのときみな手製でしたからね。早い人は、だいたい4足から5足持ったら（早く帰るんだけれど）、遅い人が夜12時、1時までかかるんですよ。（D氏）

D氏の嫁ぎ先は職人を抱えた「親方」だったようである。居住空間と作業場を兼用していたのは当時一般的で、二間しかない居住空間の広い方の一間を作業場にし、家族5人が狭いところで縮こまって寝ていたという話もあった。徐々に機械製造の靴も出てきている時期ではあるが、インタビューに答えてくれた方は、みな作業場を兼用した住居内で、手作業で靴やベルトを作っていた。過酷な労働の中で先述のF氏同様、技術開発に腐心していた姿も見受けられた。

昔はね、うち、主人がね、人ができないことしたの。もう家のこととか、収入考えんと自分、研究に没頭してたのよ。結婚したとき。なんとか革に模様入れられないかっていう研究をひたすらしてね。赤ちゃん、子ども生んだとき、やかましいって外行けって言われて追い出されるの。ほんだらわたし知らないとこやからね。昔鶴見橋通りに映画館があったんですよ。そこは11時まで明るくて、で、何にもほかのこと考えられない。もうそれ一筋にしてできるようになったんです。すごい、革にのせる塗料をいかにしてね、模様を作るかとか。で、ミシンで縫うたら手間かかるけど、ミシンのような細工がね、筆、色一本でできないかとかね。で、凹凸つけてすうっとしたら、その道具を、はじめは、万年筆がインク入れたら出るでしょ、そういうところから発想してたみたい。そんなふうにするんですけど、お金儲けには縁がないの。（A氏）

A氏は新たな技術を開発しても収入に結びつかなかったと何度も話していた。

当時、皮革の仕事をしていた在日コリアンはどれぐらいの賃金を得ていたのだろうか。ある資料によると、「靴職人は人によって異なるが多くは朝9時から夜の10時まで働く。これだけ働いても一日得る賃金は「土方」のそれよりも（時間数になおして）ずっと低い。さらに付属品の糸、ゴムのり、剥き物の代金をとられる[20]」とある。また、革靴の仕事は、夏など季節によっては仕事量が少なくなり、常時定収入があるわけではない。独立資金、転業資金なども含め、在日コリアンは資金繰りをどのように解決していたのだろうか[21]。調査の中からは、資金繰りにあたって民族系金融機関や、頼母子講を利用していたという話が所々出てきたが、日本の金融機関を利用していたケースもあった。D氏は夫が総連からも民団からも距離を置いていた関係で、それぞれとの関わりが深い民族系の金融機関から融資を受けることは考えなかった。そのため、日本の銀行から融資を受けようとしたところ、下記のような厳しい条件をつけられたという。

　（日本の）銀行もね、絶対でなければ貸してくれませんから、ちょっとやそっとの条件ではね。日本の人には少しの預金があればね。そやけど韓国人の場合は、もし失敗して返せなくても、それだけのちゃんとね、預金してあるとか、定期を買うてあるとか、それがなければそれ以上のものは貸してくれないですね。万が一この人が払えなくなった状態のときはそっから差し引きできると。そやからそれで、そういう面でもすごく厳しかったですよ。条件的にはものすごい厳しいんですよ。もう200万いうたら、200万借りるとしたら、それに代償になるちゃんと（した）預金高がなかったら貸してもらえない、そんな状況だったんです。（D氏）

　そんな中、差別的な日本の金融機関にも、あるいは民族金融機関にも頼らず、手元のお金をやりくりする一つの方法として頼母子講があった。D氏は長年義母がやっていた頼母子講を受け継ぎ、20年以上続けて転業資金や事業資金を調達した。

　（頼母子講は）もうそれでやりくりしてわたしは生きながらえたと思います。信用だけはありましたから。そうでしたね。わたしが商売始めてから、おば

あさんが、やっぱりお金預かっても忘れたりするようになってから、これから商売もするだろうから、わたしにしなさいいうて、わたしにバトンタッチしてくれて、それからその頼母子をその数を増やしていきつつ、それのやりくりしてきたんですよ。それで自分が親になってね。もう5000円とかじゃなくて、1万円、2万円、3万円ね、だんだんその金額を増やしていって。それで利息はもうちゃんと最初から決めといて、1万円はなんぼ、それで結構みんな韓国の方は努力して、お金をみな結構貯めてね、貧しい生活した中でもゆとりを持った生活してはったから信用だけはありましたわ。それで銀行にも行かず、頼らず、わたしはそれでやりくりできて、それなりにがんばってこれました。（参加していたのは）だいたい20人以上でしたね。20人のときもあったし、30人のときもあったし、ですから1万円でもね、30人やったらもう30何万円になるわけですね。それであんまり使う人がいてなかったんですよ。もうそれで使う人いてなかったら、親がその利息を負担せないかんのですよ。ですからそういうのをいろいろやりくりしながらね。わたしはもう本当にその頼母子でね、本当にその苦しい時期をね、上手に回してね。それがあったために、わたしは、人に、銀行行って頭下げなくても、知り合いの人（の所）に行って、お金貸してっていうこともいわずにね、みな協力してくれたおかげで、わたしはほんまに乗り越えられたと思います。（Ｄ氏）

頼母子講は信頼関係を基盤としており、持ち逃げなどによって大きく損害を被ることがあるため、絶対に手を出さないという人もいた。しかし、Ｄ氏にとって、屈辱的な条件をのんで「頭を下げなければ」ならない銀行よりも、同胞間の信頼関係の方がずっと信用に足るものだったのである。

　厳しい資金繰りを繰り返しながら西成の在日コリアンが多く従事してきた皮革産業であるが、西成区全体で見ると、1990年代前半まで従業員数が上昇傾向にあった（図2-4参照）。

　ここで、当時手広く皮革の商売を展開していたＩ氏を紹介しよう。現在も西成に住むＩ氏は、高校を出て以来、靴の仕事を始め、100人の弟子を育てたベテランの甲革師である。時代の先を読んで靴製造の分業体制を整え、隣町のＳ市で100人ほどのパートを雇い大きな利益を得ることができたという。

図2-4　西成区皮革及び皮革製品製造業従業員数の推移（1953年-1990年）

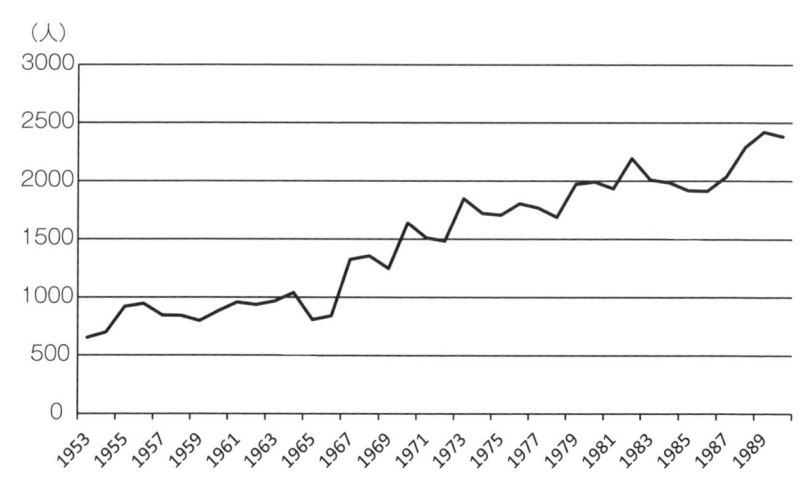

資料：『大阪市統計書』41号〜78号（1953年〜1990年、大阪市総合計画局調査部統計課編）より作成。事業細目については、1953年（41号）〜1957年（45号）は「皮革及び皮革製品製造業」を、1958年（46号）〜1971年（59号）は「皮革・同製品製造業」を、1972年（60号）は「皮、同製品製造業」、1973年（61号）〜1985年（73号）は「なめし皮、同製品、毛皮製造業」を、1986年（74号）〜1990年（78号）は「なめし革、同製品、毛皮製造業」を参照。

図2-5　西成区内なめし皮・同製品製造業従業員数の推移（1991年-2012年）

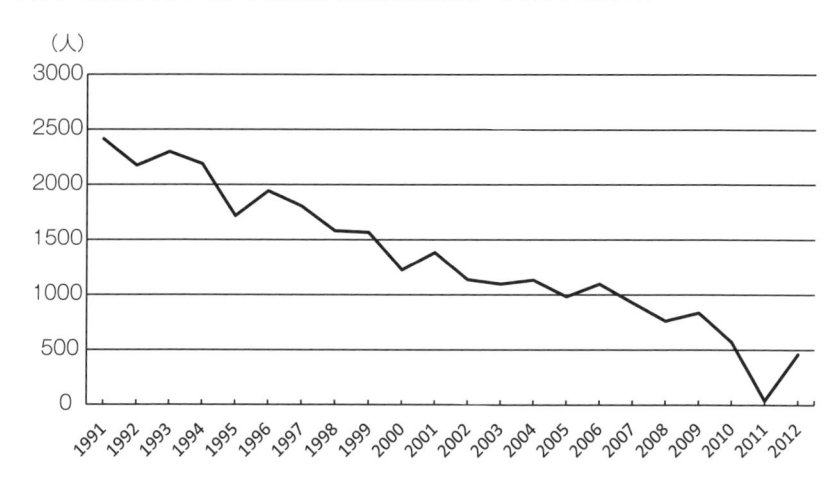

資料：『大阪市統計書』80号〜100号（1992年〜2012年、大阪市総合計画局調査部統計課編）より作成。事業細目については、すべて「なめし革、同製品、毛皮製造業」を参照。

　「時代が変わる時代ですわ、靴屋でも。1人で職人が何でもするようであればこの産業あかんと、ミシンをかける人はミシンだけ。折る人は折るだけ。これで100人くらいを連れてやったわけですわ。1件1件パート探して。何でもそうですわ。これが甘いと思ったら、人が寄るんですわ。あの時分はパート行っても200円くらいにしかならへん。そしたら腕の器用な人を見て、ちょっと教えたら日に1万くらいにはなるわ。なんでもね、内職でも同じようなやつでも。そないして2人程探したらええから、今度はそしたらその人ら探すやろ。その人らそういう具合にして、Uという会社があるんですわ、S市にね。そこの女房連中ををわしがつこたわけ。1つの住宅ですわ。2、300件ある住宅ね。そこへ1カ所いれたら、「次はここへ持っていきや」、「次はここへ持っていきや」いう具合。組み立ては全部大阪へ持っていってここで。せやから、今の靴も同じですわ。1から10まで自分がやる時代と違う。もう賢く回っていかな。(I氏)

　しかしちょうどバブルがはじけた1990年代初頭あたりを境に、流入してきた海外の廉価商品に押され、また新規展開に打って出る活路を見出せない状態で、急速に事業を縮小、または廃業していくこととなった。図2-5 を見ると、2012年現在、従業者数が500人を切っており、往時の5分の1となっている。また、今回は詳細について確認できなかったが、インタビューの中で、近年は日本人、在日コリアンともに従業者数が減少し、かろうじて残っている皮の仕事に新規流入の外国人が就いているとの話もあった。

1.2.2　西成コリアンのナット製造業への参入

① ナット製造業への参入期

　西成のコリアンがナット製造業に参入した契機や、従事してきた足跡について、残っている記録や資料は乏しい。革の仕事に就いてきたコリアンの足跡が、被差別部落にかかわる資料や文献にごくたまに出てくるのに比べ、西成のコリアンと「ナット」の関係にかんしては、不明な点が非常に多い。本章では、当事者や関係者の口述記録やわずかな文献資料を基に、全容とまではいかなくても、部分的にでも当時の様子や実態がつかめるよう試みた。

　まず、いつ頃西成のコリアンがナット製造にかかわるようになったのであろ

表2-5　業態別「朝鮮人」職工数（1930年）

	男	女	計	百分比（%）
窯業	2,866	63	2,929	36.2
金属工業	1,593	61	1,654	20.4
機械器具製造業	264	2	266	3.3
化学工業	631	144	775	9.6
繊維工業	987	306	1,293	16.0
紙工業	37	-	37	0.5
皮革骨格甲羽毛品類製造業	51	-	51	0.6
木竹に関する製造業	476	22	498	6.2
飲食料品嗜好品製造業	60	8	68	0.8
被服身の回り品製造業	121	26	147	1.9
土木建築業	155	-	155	1.9
製版印刷製本業	81	-	81	1.0
学芸娯楽装飾品製造品	19	-	19	0.2
瓦斯電気及天然力利用に関する業	92	-	92	1.1
其の他の工業	26	1	27	0.3
計	7,459	633	8,092	100.0

資料：大阪市社会部労働課（1933：28-29）『朝鮮人労働者の近況』
（近現代資料刊行企画編『日本近代都市社会調査資料集成3』収録（1996：314-315））より作成

うか。朝鮮半島からわたってきたコリアンの多くが、渡日後に前職の農業ではなく、土木建築業や工業労働に従事していたことが明らかになっている[22]。大阪の場合もまた、1930年6月末時点で大阪在住のコリアンの職業のうち職工が18,964人で全体の3割と高い[23]。そのうち、原則として労働者30名以上を使用する工場の業種別人口について実施した調査結果が表2-5である。これを見ると、工場で働く職工のうち、窯業（36.2%）に次いでナット製造も含まれる金属工業（20.4%）が多く、次に繊維工業（16.0%）、化学工業（9.6%）、木竹にかんする製造業（6.2%）と続く。なぜこれらの業種にコリアンが多く従事していたのかについて、下記のような記録が残っている。

　　かくの如く朝鮮人労働者の大多数が申合せたやうに窯業、金屬、化學、繊維、木竹などの工塲に多數働いている事は、硝子、エナメル、琺瑯、鍍金、肥料、製材及びメリヤスなどの幼稚な比較的賃金の低いしかも過激な労働を要する工塲以外ではあまり需要されてゐないことを示すものである。いふまでもな

く内地人労働者がこれら過激不快な工業における労働を好まざるに反し、朝鮮人労働者数は敢へてこの種労働を厭ふでもなく且つ工場主側よりすればたとひ内地語を解せず仕事に不熟練であらうとも結構役に立つことであるから、結局この種工場労働に於いては朝鮮人労働者が次第に内地人労働者の地位に代はりつゝある[24]。

　上記を見ると、過酷な労働条件ゆえに日本人が従事しなくなった業種に、差別によって労働市場から締め出されていたコリアンが入っていったことがわかる。次に、表2-5を行政区別に分類した表2-6を見てみよう。これを見ると、西成区の中では金属工業が工場数14、コリアンの職工数141人と一番多く、次に窯業の工場数5、職工数133人、化学工業の工場数8、職工数109人と続く。この表も従業員30人以上の工場を対象としているため、それよりも零細な工場やそこで働く職工が入っていないものの、1930年ごろの西成区では、相対的に金属工業に携わるコリアンの職工が多かったことがわかる。

　それでは、金属工業の中でも、ナットの製造にコリアンはいつごろから参入していたのであろうか。各種の資料からその情報を得ることはできなかったが、2013年の関係者への聞き取り調査から、「（西成でコリアンがナット業を始めたのは）今からやったら80年程前」（H氏）という証言が得られている。それを基に考えると、1930年代にコリアンがナット製造に従事するようになったと思われる。そもそもナット製造が西成で始まった経緯と、当時のコリアンが従事していった背景について以下のような話があった。答えてくれたB氏は、大阪生まれの第二世代の男性で、中学を卒業後、親族が経営していた西成のナット製造工場に就職して以来、65歳まで50年間ナット製造に従事してきた。

　【西成にナット産業ができたきっかけは？】今宮工業の裏に、（日本人で）Mという人がおってね、その人が大正の終わりごろドイツに行ってね、ドイツからこの機械を、技術を習うてきて、この機械をもらってきたん。それが一番初めに始めた人や。（中略）そのMという人のな、奥さんがな、私が25から26のときかな、うちの主人がな、若いときにこうして向こうに行って、こうして始めたんやいうて、その人がもう、そこは落ちぶれてもうてな、働きにきとったんや。その話を聞いた。（B氏）

表2-6　所在地別業態別工場と労働者

業態別	北区	此花区	東区	西区	港区	天王寺区	南区	浪速区	西淀川区	東淀川区	東成区	住吉区	西成区	計
窯業														
工場数	29	8	1		5			14	7	21	17	4	5	111
職工数	703	277	19		178			279	119	527	653	41	133	2,929
金属工業														
工場数	3	17	1	1	27	1	1	16	16	13	8	2	14	120
職工数	33	191	83	17	370	3	9	254	191	107	250	5	141	1,654
機械器具製造業														
工場数	2	5	3	2	11		1	6	7	9	9	2	7	64
職工数	13	22	20	5	30		3	20	55	43	21	8	26	266
化学工業														
工場数	1	3	1		5		1	1	13	9	18	5	8	65
職工数	1	39	18		71		5	2	118	100	278	34	109	775
繊維工業														
工場数	13	2	1	2	3			2	11	35	7	2	3	81
職工数	182	59	10	18	6			16	230	542	174	26	30	1,293
紙工業														
工場数			1		2		1		2					6
職工数			17		4		2		14					37
皮革骨格甲羽毛品類製造業														
工場数		1						2	2	1				6
職工数		2						26	11	12				51
木竹に関する製造業														
工場数					26				5	3	3		2	39
職工数					344				59	40	43		12	498
飲食料品嗜好品製造業														
工場数	2			1	2	1		1	1				3	14
職工数	10			15	3	6		1	2	18			11	68
被服身の回り品製造業														
工場数	2	1			2			1	6	3	8			23
職工数	22	7			5			10	30	31	42			147
土木建築業														
工場数	4	1			2					2				9
職工数	78	39			5					33				155
製版印刷製本業														
工場数	1		2	1			2	2	2		2	1		13
職工数	1		12	2			10	8	41		2	5		81
学芸娯楽装飾品製造品														
工場数	1								1		1		1	4
職工数	8								9		1		1	19
瓦斯電気及天然力利用に関する業														
工場数		1		1	2									4
職工数		36		3	53									92
其の他の工業														
工場数					3									3
職工数					27									27
計														
工場数	58	39	10	8	90	2	6	45	73	98	74	16	43	562
職工数	1,051	672	179	60	1,096	11	29	616	879	1,441	1,476	119	463	8,092

資料：社会部調査課（1931：7-9）『本市に於ける朝鮮人工場労働者』（近現代資料刊行企画編『在日朝鮮人関係資料集成3』収録（1996：87-89））より作成

（ナット製造は）日本の人は、とにかく油でな、真っ黒やし、汚いからな、こんなんやったら満州行って「百姓」やったほうがええぐらいやいうぐらいな、汚い仕事やし、危険やし、3Kの仕事やったから、韓国の人がようさんやったんや。（中略）今の時代、わたしらの現場でもね、仕事現場、45度ぐらい、夏場やったらね、もう10馬力のモーターが50台も60台もあるとこで、やったしね。熱持ってね。せやから、仕事して終わったらもうこの体のこんなシャツ、この中のこの白いシャツ、ここへ塩がふいとったもんね。これにね、体にね。（B氏）

　上記の証言からは、ナット製造業はコリアンが同胞相手のエスニック・ビジネスとして立ち上げた産業ではなく、もともと西成に存在していた地場産業であったが、日本人が従事したがらないという背景があり、その隙間に日本で職を探していたコリアンが入り込んだ状況がうかがえる。図2-6、2-7 は、それぞれコリアンがナット製造業に参入し始めたと推測される1930年代の西成区内のボルト・ナット・リベット等の工場数、職工数の統計である。本統計もまた

図2-6　西成区内ボルト・ナット・リベット等工場数の推移（1924年-1938年）

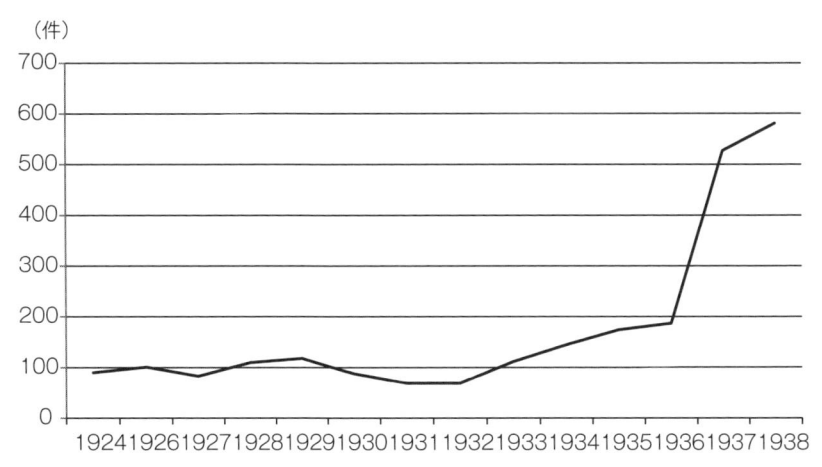

資料：『大阪市統計書』24号〜37号（1924年〜1937年、大阪市役所編）より作成。事業細目については、1925年（24号）〜1929年（28号）は「ボールト等」を、1930年（29号）〜1936年（35号）は「ボールト・ナット、リベット」を、1937年（36回）〜1938年（37回）は「ボールト・ナット・ワッシャー及びリベット」を参照した。

図2-7　西成区内ボルト・ナット・リベット等職工数の推移（1924年-1938年）

資料：『大阪市統計書』24号～37号（1924年～1937年、大阪市役所編）より作成。事業項目については、1925年（24号）～1929年（28号）までは「ボールト等」を、1930年（29号）～1936年（35号）は、「ボールト・ナット、リベット」を、1937年（36回）～1938年（37回）は「ボールト・ナット・ワッシャー及びリベット」を参照した。

コリアンのみを対象としたものではなく、日本人も含めた全体の数であるため、統計内のコリアンの割合をみることはできない。しかし、当時、西成の地域全体で当該産業がどのような状況にあったのか、傾向を捉えることはできるだろう。

　これらを見ると、1930年代に西成のボルト・ナット・リベット工場数、職工数ともに激増していることがわかる。ナット製造では1930年代から40年代にかけて大阪は全国生産額の40％を出しており[25]、軍需産業でもあったため需要が高かった。この意味においてナット製造は、隙間産業で過酷な労働環境ではあったが成長著しい分野であった。

　一方、今回の調査の中で、韓国系の在日コリアンのナット産業への従事者を見るにあたり注目すべきは、朝鮮半島での出身地域に著しい偏りが見られる点である。これは、皮革業と同様に、先に定住しナット業に携わっていた先住者が、産業の発展に伴い同郷者をリクルートしたためである。B氏は父親も西成でナット製造にかかわっていた。父親が西成に来た契機となったのも、同じ故郷の先達で、西成でナット製造業を立ち上げていた知人に誘われてであった。

　（父親が西成に来たのは）こっちなんかのコネであって、知り合いがおって、

そこの前のZさん。Zさんもチンジュサラム（晋州の人）。その人とどっか
で昔知り合うて、同じコヒャンサラム（故郷の人）やからいうてね。で、あ
の人がナット業をやっとったから、で、うちのお父さんもそんでそれやった
らいうてナット業をしたんや。ナット。ナサ。そのときにみな、国におったね、
おじいさんや、おばあさんや、弟や、みなこっち呼んだ。もう。呼んでね。（Z
さんと）お父さんが、昔ちょっとどっか放浪してるときに、知り合うたから
ね。そんでそれを同じチンジュの人やから。それで来て、なんかナット、ナ
サやってね。金は結構儲けたけどね。それはなんで儲けたいうたら、その当
時は軍需産業やからね、ナットいうたらな。もう。利益なんぼいうて、保証
されとったからね。ほんでみな呼んでやっとった。（中略）

　（ナット業に従事していた人は）せやから、みなコヒャンサラム（同郷の人）
の付き合い、知り合いとかな。みなこっち来たらどこで働いてるねんて言う
たらな、こっち来てあれ、みなコヒャンサラム、知り合うてなる人もおるし
な、どういうたらええかな、みな（募集ではなくて）来たら紹介してな、みな。
コネ、つてでな、縁故頼って頼って縁故でな（中略）もう履歴書もないから、
もうコヒャンサラムやから雇うたり、そのときの、いろいろや、様々や。（B氏）

　そして同郷者をリクルートしていった結果、慶尚道の中でも晋州という地域
と漆谷という地域の出身者が西成で多く従事することとなった。正確な資料が
ないので確認がとれなかったが、関係者の証言によると、当時、ナット従事者
の6割ぐらいがコリアン系であったもののどれも零細で、大きなメーカーは日
本人が占めていたという。また、皮革産業に従事していたコリアンとは、出身
地域もさることながら、居住空間も漠然と異なっていた。皮革産業は西成北西
部でも浪速区に近い「三開」や鶴見橋が中心であるが、ナット製造業従事者は
それよりもう少し南の地域に固まって居住していた。

② 　ナット産業の発展と衰退
　関係者への調査によると、戦後すぐ、西成にはコリアン系の「ナット屋」が
70件ほどあったという。また、他の産業と同じく、1950年に勃発した朝鮮戦争
による朝鮮特需によってナット製造業も大きく発展する契機を得た。図2-8 を
見ると、従業者数が60年代前半にピークを迎え、80年代には大きく減少して

図2-8　西成区内金属製品製造業従業者数の推移（1953年-1990年）

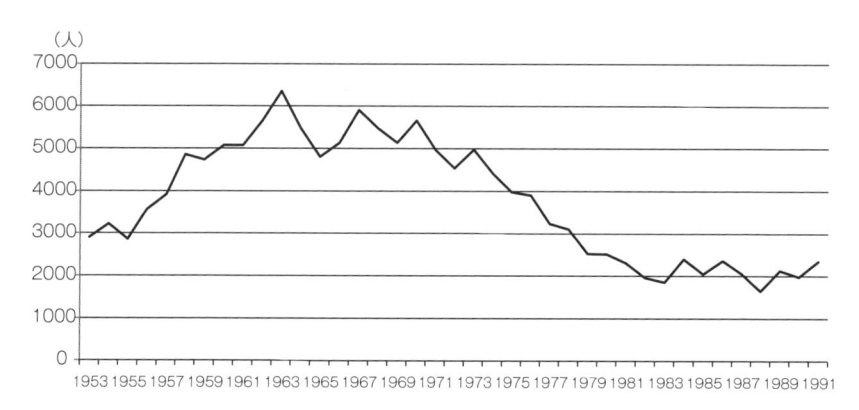

資料：『大阪市統計書』41号〜78号（1953年〜1990年、大阪市総合計画局調査部統計課編）より作成。
なお、41号より産業分類に「ボルト・ナット・リベット」または「ボルト・ナット・座金及鋲製造業」
という細目がなくなり、「金属製品製造業」に統合された。

いることがわかる。

　長年ナット工場で働いていたB氏は、1950年代から60年代にかけてのナット業界の景気のよさを次のように語っている。

　（この辺にナット関係の工場が）多いよ、ものすごく多かった、ここは。やっぱり昔、正確にはわたし、日にちとかわかれへんけどね、日本のねじ関係の６割は朝鮮人、韓国人関係がやっとった。ということは、もう、このほかの産業の鶴橋とかね、神戸とかあちこち朝鮮の人、地方も含めてようさんあるけどね、わたしの知ってる範囲では、ねじ関係者は、ナット関係の人は（帰国事業のときに）帰ってない、北朝鮮に。なんで言うたら日本がこれから通産省あたりが、高度経済成長やっていく過程においてね、ねじいうのはどないしても産業の一部分として必要やからね、せやから帰ってもうたら困るいうん。【それはなんらかの形で政府とかが関与していたということなんですか？】関与はせえへんけど、銀行が、金、融資したりね。銀行の金を、銀行に言うてな、金を工場設備投資するのに、金がいったら、金を融資しやすいよう、そういう以心伝心でやっとったんちゃうか。そういう文面で、書類では残ってないけどな。せやからあんまり帰ってないわ。わたしらねじ関係の

　人はよう知ってるけど、皮革関係の人は（どうだったか）知らんけどね。（B氏）

　上記の語りに出てくる「帰ってない」というのは、1958年から1959年の間に集中的に展開された、在日コリアンの北朝鮮への帰国運動を指す。総連と北朝鮮、そして日本政府の支援によって1984年まで続けられたこの帰国事業で、在日コリアンと日本人妻合わせて約9万3,340人が北朝鮮へ渡った[26]。インタビューの中でも、厳しい就職差別や生活苦により家族が北朝鮮に帰国して以来、今に至るまでずっと会うことができないでいるという話が幾度か出てきた。西成の在日コリアンの中でも切実な現実であったであろうこの帰国事業の際、ナット関係者は帰らず、むしろ引き留められたという話は、当時のナット業界の勢いと、それに携わり、日本に残って生きていくことを決めたコリアンの覚悟をも物語っているようである。

　西成のナット製造業界の場合、1955年に設立されたM協同組合が現在西成に残っている唯一の協同組合であるが、加入団体の経営者であるJ氏に聞いたところによると、2014年11月現在、加盟18社のうち、実に16社がコリアン系企業で、そのうちホームページ等で確認できた9社は1930年代から70年代にかけて起業している。また韓（2010）は在日コリアンの起業にあたり、1950年代より次々に設立された民族系金融機関の果たした役割について分析しているが、それ以前の資金調達にあたり、西成のナット製造業界の場合、特別な資金融資ルートがあった。インタビューに出てくるH氏は、結婚と同時にくず鉄業に携わり、経営手腕を見込まれて先代より会社経営を譲り受け、現在も会社を運営している人物である。

　ここ（H氏が経営する会社：筆者注）の先代にみな世話になっているねん。工場を始めるときに先に前借りを借りるわけや。それで仕事をして、金ができたら返していくねん。返済していく。だからしやすかってん。銀行から借りたんじゃできへんよ。貸してくれへんもん。だから、次回、金入れるから金貸してくれってみな頼みに行くわけ。社長が気よく貸してくれたんや。それでみな商売して、ちょっと金儲けて返済して。（H氏の友人・同業者）

　このH氏がナット関係者へ資金を融通していたという話は、西成でナット製

造業を営む在日コリアンにとってはよく知られていることらしく、前出のＪ氏からも詳しく聞くことができた。鉄が高価だった戦後すぐ、ナット製造の際に出る鉄くずをすべて納入するという約束で、くず鉄業者が手広くナットで起業する同胞に融資していた。利子はなく、返済期限が決められたものでもなかったが、鉄くずの納入だけでもくず鉄業者にとっては融資に余る利益を得られたという。また、デイビッド・李（2012）は、同じようなくず鉄業を営むコリアンが、工場を開き経営規模を拡大するにあたって頼母子講を利用したことについて記述している[27]。日本の金融機関による厳しい差別があった時代、このような同胞間の資金の融通が、コリアンのナット製造業の発展を下支えしたことは想像に難くない。また、現在でこそナット業者は職住分離で工場を構えているが、「昔は全部一般の住まいをばばっとつぶして、この柱の下に桁を入れて補強して、その下に旋盤を入れたり小さい機械を入れて工場にしたもんです。（Ｈ氏）」というように、工場といっても零細なものだった。1954年生まれのＪ氏も、子どものころ、ほとんどの同胞が長屋の家屋内に機械を置き、ナットを製造していたのを鮮明に覚えている。なお、比較的大きな工場で働いていたＢ氏は、コリアンのみが居住する住込みの寮があったことを記憶している。

　戦前より成長産業として大阪を支えたナットをはじめとする金属製品加工業も、安価な海外製品の流入に伴い、産業としては下降傾向にある。全盛期には6,000人に上った従業員数も、1990年末には1,500人を割り、2012年は748人とおよそ全盛期の８分の１となっている。多くのナット製造業者が廃業したが、西成から事業拡大とともに他県に移り、成功を収めた在日コリアンナット製造業者もいる。また、現在前述の協同組合に加盟している（Ｊ氏いわく「事業として成り立っている」）会社のおよそ９割が韓国系であり、その中の半分ほどは後継者が決まっている。Ｊ氏によると、この協同組合のメンバーはほとんどが幼馴染であり、親睦会的な性格が強いということであるが、このほかにもナット製造に多くかかわっていた慶尚道Ｓ出身者による「Ｓ友会」など親睦団体[28]があり、西成に居住する韓国系在日コリアンの仕事を通じたエスニック・コミュニティが現在も存在することが確認された。

1.2.3　他のエスニック・コミュニティとの関係
　次に、西成の在日コリアンと日本人、あるいは他のエスニック・コミュニティ

との関係についてみてみよう。

　今回話を聞いた在日コリアンがまさに差別の中を生きてきた高齢者ということもあり、地域内の日本人と個人的に親しい関係を結んでいる人は多くはなかった。先述のナット関係者のＢ氏は、中学１年生の頃、近所のナット工場に勤めるコリアンの青年が日本人女性との恋愛を両親に反対され、他県に駆け落ちして無理心中をはかった事件を鮮明に記憶している。

　　（二人が心中した話を聞いて）私ら怖かったな。で、大きなって考える。そのときはわからへんけど、そういうこと頭にあるからな、日本の子でも、若いとき好きやと思うてもな、言われへん。やっぱり。今やもう普通、うちの息子でもな、日本の嫁さんもろうてるようにな、そんな別に向こうの親もな、そんなあれへんかったけどな、わたしらの時代はそういう差別はあったな。親もものすごい反対しよったもんな。で、死んでから一緒にしようか言うたってな、遅いわな。で、またええのはな、二人ともきれいな体やっててて。せやからな、あんなん見たら怖かった。（Ｂ氏）

　この話は、地域内での差別の話をしている際、「そんなんよりな、終戦後にな、」とやや興奮気味に出されたものだった。何十年も前の出来事であるのに、詳細にいたるまではっきりと覚えていた。Ｂ氏にとって、異性に興味がわく多感な時期に遭遇した身近な同胞の事件は、大きな衝撃だったことは想像に難くない。Ｂ氏は、小学校を金剛学園の前身に通い、中学校は１年だけ同じく民族学校である建国学園に通った後、経済的理由で地元の公立中学校に編入している。その後、大阪市内の公立高校の定時制を卒業した。もちろん上記の出来事だけが影響したわけではないが、日本の学校に通っても、今まで深くつきあえる日本人の友だちはできなかったという。

　　私、ここ（西成）にほとんど5、6歳で来てな、育って今までおるけど、日本の人と友達なったん、ないわ。（意識的にではなく）うん、自然にな。自然にそう。学校にはみな一緒に行ったりな、したけどな、それ以上は親しなったことない。遊びに一緒に行ったり、そんなんはあるけどな、長続きしたり、深く付き合ういうことないわな。話したりな、心許してな、話したり

……（するには）やっぱりちょっと距離あったな。（Ｂ氏）

　Ｂ氏が中学を卒業後に就職したナット工場は、従業員の６割ほどがコリアン、４割ほどが日本人で、コリアンは工場近くの寮で住み込み、日本人は通勤していた。就職してからも日本人との接触はあったが、深い信頼関係を築くまでには至らなかったようである。また、西成で生まれ、父親がナット製造工場を経営していた60代の在日コリアン男性にも話を聞く機会を得たが、両親が親しくつきあうのはコリアンばかりで、自分自身も民族学校に通っていたこともあり、日本人との接触がほとんどなかったとの話があった。

　一方、製靴業に従事していた先述のＩ氏の場合、Ｂ氏とは少々異なる関係を日本人と結んでいる。Ｉ氏はもともと大阪市内の別の地域で育ち、日本の高校に通っていた。高校生のとき、西成に住む同郷者を頼って父親が移ったのに伴い、西成にやってきた。高校を卒業後は日本の電気機器メーカーに就職するが、「サラリーマンが性に合わず」西成に戻ってくる。そこからしばらく工業高校出を買われてナット工場で働いたりもしていたが、最終的に、靴の仕事に落ち着いた。当時靴の仕事はナットの仕事より賃金が高かったという。靴の仕事を見つけたのは、「たまたま目に入った」ところに飛び込んでいったのがきっかけであった。インタビューをした人のほとんどが何らかの形で同郷者ネットワークを通じて仕事をみつけていたのに比べると、Ｉ氏の事例は少々異色である。

　いや、私はね、人に義理かんだら、紹介して義理かむ。その人の顔、泥塗られへんから（紹介はしてもらわなかった）。（靴の仕事を）やっているところへ２、３日遊びに行って、「おっちゃん、これ、おもしろいな」いうて３日行ったらやめて、３日行ったらやめて、３日行ったらやめて……。せやから、ふた月ほどで結構ものにはできたわけですわ。あとは自分でなんとかやっていったからね。言った通りにしたら、５年も10年も行ったら、往生しますがな。全然知らないところにいってね。【同じ出身の全羅道の人のところですか？】日本の人に習ったこともあるし、あっちの人に習ったこともある。必ずしも同胞ではなくて、日本の人が経営するところも。飛び込みですわ。幸か不幸か手が早かったんですわ。技術がいいから、すぐ「来てくれ」、「来てくれ」言ってくれて。５年もぼーっとしているわけにいかないし。だから２か月程

で嘘ついて「一人前や」と言って。【それで独立？】独立というか、ずっと親方ね。下手ですわ、最初は。下手でもふた月もしたら立派なもんですわ。弟子を一人ずつ。一人で仕事できんのですわ。一人ずつ教えて、100人くらいは教えたんちゃうかな。（Ｉ氏）

　上の語りに出てくる弟子は、地域内の在日コリアン、日本人を始め、他県から修業に来た日本人、韓国からの出稼ぎ者等、様々だった。仕事にかんしては厳しくとも高い技術と先見性を持ち、面倒見のいいＩ氏を頼って、引退した今も同業者が意見を求めに来る。Ｉ氏は在日コリアンだけでなく日本人の友人も多くおり、「（日本人の友達も）ようけおるけどね。またこれも甲斐性なしばっかり。というのも、ずぼら。根性なし。『朝鮮』の人もね、みなよう似たもんですわ」と笑う。ただ、言葉とは裏腹に、大人だけではなく通学途中の地域の子どもにも、「おはよう」、「気をつけていきや」とまめに声をかけるＩ氏は、地域内で自分のことを知らない人はいないというほどに、日本人、在日コリアンを問わず地域住民と良好な関係を結んでいるように思われる。

　　わし、鶴見橋歩いたら、みな頭下げてくれるで。貧乏人であろうと、金持ちであろうと、「おはようさん」って子どもまでわしに挨拶してくれるよ。（「韓国」、「朝鮮」の人とも）わしは話しますよ。なんぼでも。「兄さん、こんなんや、あんなんや」、「そうか、そうか」。わしはいつでも話はのってあげますよ。腹の中で考えることは、どんなやつも同じやないかと。（Ｉ氏）

　靴の仕事の親方として日本人、在日コリアンの双方と接触を持ち、「腹の中で考えることはどんなやつも同じ」という考えを持つＩ氏のような存在が、地域内で断絶しがちだった被差別部落の日本人住民と在日コリアンを結ぶ細い糸となっていたことが推測される。
　しかし、その一方で、夫とともに皮の仕事に従事し、事業をたたんでからは、キムチの販売を地域内で手掛けていたＤ氏は、被差別部落の住民と在日コリアンの間に溝があったことを述べている。

　　ここは「部落」の指定地区になっているでしょ、ここ西成はね。ほんだら

「朝鮮人」と「部落」、「部落人」（がされているの）と同じような感覚で、「部落」の人が「朝鮮人」をものすごく差別するんですよね。ほんでそれは異質というか、もうその「部落」の出身の差別と、われわれ「朝鮮人」の差別と、全然質が違うって、うちの主人が声を大にしてね、PTAからもう幼稚園からね、PTAに入って、それを声にしてきたんですよ。もうかえって、その自分らが差別されることを。「部落」の人が異常にまた「朝鮮人」を差別する。そういう環境の中で、それでもうね、子どもたちが胸を張って、少しでも環境、ちっさい力でもね、そういう学ぶ場所で差別を受けないで勉強できるような環境を作れたらって、ささやかな気持ちでしたけどね、もうそれで一生懸命、なにしてました。【差別の質の違いというのは？】「朝鮮人」はね、昔からね、日韓併合で37年間（ママ）という長い長い月日で、それはもうこないだにも新聞出てましたですけどね、本当にそれ異質なんですよ。「部落」の人はね、その身分差別でしょ。身分のね、違いだっていうこと。そやのに、ただ「朝鮮人」はもうそういうような見方、自分らよりもまだ地位が低いっていうような見方してるわけですよ。この辺は特にもうほとんどの人がね、そういう人が住んではるんですよ。（D氏）

　D氏は、日本社会から差別を受けてきた被差別部落の人々が、在日コリアンをさらに差別する構造について指摘している。ただ、在日コリアン側もまた、地域の日本人住民に対してマイナスなイメージを持っていることがインタビューを通して確認されてもいる。しかし、D氏の夫は、日本人住民と対立するのではなく、相手方の陣地に自ら積極的に入っていくことによって、日本人との関係性を変えようとした。D氏の夫がPTAに入っていたのは、子どもが小学生の時というので、1960年代後半から70年代である。隣の長橋小学校で在日コリアンに対する差別がようやく地域の問題として捉えられる前後であろうか。D氏の夫がPTAに入ったときは、まだ在日コリアンに対する理解も差別にかんする意識も高かったとはいえない時期である。

　（子どもが）小学校に行きだしてからね、そのクラスの先生がおっしゃるには、同じ点数とったら日本人とるって言うわけですよ。ね、入試にしたかって、就職試験にしたかって、どんな場合でもまだ依然としてそういう差別がある

なかで、同じ勉強するんだったら、日本人が90点で合格しても、「朝鮮人」は95点、100点とらな入らへんぞっていう、そういう現実的な問題に、うちの人がもうそのPTAで出入りしているなかで、その先生といろんなことを話し合って、先生は本当にその現実は厳しいということを、子ども、もう1年、2年生のときから直接ね、「とにかく努力してがんばりなさい」というような言い方をしてくれましたね。(中略)(夫は)PTAの役員をしましたし、幼稚園から中学校、中学校を卒業したら今度ね、OB会いうのまでつくりましてね。(D氏)

D氏の夫はすでに亡くなっているため、具体的に教師や学校とどのような話し合いをしてきたのかを直接聞くことはできなかった。しかし、D氏の夫は、子どもが幼稚園から中学校までPTAの委員、時には役員も務め、中学校を卒業したらOB会まで作って子どもの教育にかかわってきた。PTAの役員とは、学校によって違いはあるものの、一般的に、会長、副会長、書記、会計監査等を指す。谷(2015)によると、1980年代に生野区の在日コリアン集住地の小中学校を訪問調査した際、PTAの委員に在日コリアンがいても、役員になっている在日コリアンの保護者は皆無だったという[29]。それを考えると、1972年に長橋小学校に民族学級が誕生する前に、学区は違っても同じ地域の公立学校で、民族差別にかんして学校が取り組む問題として捉え、実際にPTAで長年活動をしたD氏の夫のような保護者が存在していたこと、そして在日コリアン保護者をPTAの役員として認めるような背景が地域に存在したことは特筆すべきである。

ほんでこの町会の役員、もう会長に、自分は韓国人やから日本の社会で役員にはならないということを言っていたんですけど、その以前の会長さんがもう病弱で、もう病気でどうしてもやれないからということで、うちの人も受けられないということで断ったんですけどね、どうしてももう周りの人が頼むから、引き受けてくれいうていわれたんでね。(中略)会長さんは日本の方で、(夫は)周りをサポートして、もうそやから実質主人が一生懸命するからその方もあれですか、もうこの西成って、M地区でね、N町会いうたらもうすごいみんなが評価してくれはってね、で、とにかく熱心に取組みま

したから、そやからそういう点ではほんとうに誇りに思っていますけど。(D氏)

　D氏の夫は、PTAのみならず、町内会でも長く活動を続け、最後の一年は地域の人々に請われて町内会長も務めている。D氏の夫もまた、学校組織や地域内の自治組織を通して在日コリアン住民と日本人をつなぎ、のちに民族学級の設立という一つの「共同関係」を結ぶ礎となったといえるだろう。しかし、D氏は、地域のために尽くし、日本人の住民からも信頼された夫を誇りに思うと同時に、日本人との付き合いにくさについても語っている。

　ほんでね、日本の人は表面的にはものすごい親しくしても、ある一定の線までその中に入れないんですよ。日本の人、そういうとこあるんですよ。もう、ですから何でも話できて、するんですけどね、それが、わたしらの国はね、もう早い話がどういうんですか、食事中でも、お客さんが来はったりしたら、まあまあ上がって、あるもんでもどうですかってそれが普通なんですけど、日本の方はもうその生活、あれがぜんぜん違いますから、それはいいんですけど、いろいろ私らもお付き合いしてるけど、そっから中へは入れない人もいてます。そやからやっぱり、意識してはんのか、それとも私らがそれ以上に親しくなれるだけのものに欠けてるのかなと思うたりしてますけどね。(D氏)

　D氏に地域の中での差別体験を聞いたところ、日本人であれ、在日コリアン同士であれ、悪いことは悪いとはっきり言う夫に守られたこともあり、個人的に何かをされたという経験はないものの、「全体的に見ると、依然としてある」と述べた。D氏夫妻の場合、子どもの教育という、親にとってこの上なく切実な問題を契機に、圧倒的に不利な状況の中で異議申し立てを行い、一定程度は日本人の信頼も勝ち得ている。しかしD氏自身は、現在も地域の日本人が在日コリアンを見下す雰囲気を感じ取り、自分らと日本人とは何かが違う、ひいては自分らに何かが欠けているのだろうかとも思わざるを得ないような違和感をぬぐいきれないでいるのである。もちろん、年齢や民族学校への通学有無、家族や本人の就労状況等によって、日本人との関係が一様ではないのは当然であるが、B氏やD氏の場合に限っていえば、生活世界の中の一部分、たとえば仕

事や教育を通じて日本人住民とそれなりに良好な関係を築いたとしても、依然として目に見えない壁が存在しているのは事実のように思われる。

　一方、日本人以外のエスニック・コミュニティとの関係はどうだろうか。西成区で在日コリアンが多く居住している地域には、沖縄県出身者のコミュニティがある。中西（2015）によると、戦前期にサトウキビ生産に依拠するモノカルチャー経済下にあった沖縄は、度重なる台風被害などで慢性的な経済的窮状に苛まされていた。とりわけ、1920年代に起こった国際的な糖価の暴落が沖縄経済に壊滅的な打撃を与え、沖縄から多くの出移民が起こり、その多くが底辺労働力として大阪をはじめとする日本本土の労働市場に吸収されていった。大阪は沖縄との定期航路もあり、多くの沖縄出身者が来阪し、定住していく。被差別部落出身者や在日コリアンなど様々な出自を持つ新たな都市移住者の受け皿となった今宮界隈（現西成区）は、沖縄出身者の受け皿としても機能していった[30]。河（1997）が、「大阪中小零細企業の存在基盤は低賃金労働力である。従来、この低賃金労働力に適応したのは、農村からの出稼労働者や、部落民、琉球人、奄美諸島出身者などの国内マイノリティであった[31]」とあるように、差別の中で低賃金労働力として利用されるという点において、沖縄出身者とコリアンには類似した労働状況があった。また、西成区に沖縄出身者が定住した背景の一つに、1951年まで西成区津守にあった大日本紡績（現ユニチカ）の工場の存在がある。ここでは沖縄出身の女性が多数雇用されていた。先述のB氏も、沖縄の女性が列をなして町を歩いていた光景を鮮明に覚えている。

　　こっからな、地下鉄の花園町の駅からな、津守、これ鶴見橋通りがどっかこれやと思うねん。ずっとね。ここにな、大日本紡績の会社があってん。紡績工場が。紡績工場があってな。このときにな、大正のぐらい、昭和のはじめぐらいまであってな、それで、沖縄からのな、言うたら、紡績女工さん、女工さんがな、ものすごいおったわけや。せやからその人らが春1回な、遠足、花見行くいうたら、その津守からな、そこの津守から花園町まで、鶴見橋通りずっと通っていくねん。なら、端から端まで、いっぱいいうぐらいやのにからな、5,000 から6,000人はおったんちゃうか。せやからそれでな、鶴見橋通りいうのができたんや。せやから沖縄の人がこの辺多いのはな、その大日本紡績の女工さんの関係で多いねん。（B氏）

西成区に住んでいたコリアンと沖縄出身者のかかわりについて、資料に残っているものは非常に少ない。ただ、ナット製造を通して、在日コリアンと沖縄出身者がつながっていた。中西（2015）は、調査を進める中で、西成の沖縄県出身者がナット製造会社を立ち上げる際、同じ地域に住む韓国人同業者とつながりがあったことを明らかにしている。

> ナットってわかりますか、メネジ、あの業界の人やけども、ほとんど韓国の人、多かったよ。ほんで、主導権持っとったのも韓国の人。……ほんで、うちの仕事始めて、始めて間無しに、素人やったもんやから、うまく軌道にのせられんかった、そのときに力になってくれたのが、この先にH精機っていうて、今も看板残ってあるけどね、Oさんていうてね、韓国の人。この人はうちらの力になってくれたの。（S・H氏、80歳男性）
>
> 資料：中西（2015：44）から再引用

ここでいう「力になってくれた」というのは、具体的には製品の販売ルートにかんする斡旋、紹介のことであり、このH精機を経営する在日コリアンの市場を介した協力によってS社はその後の経営基盤を確立していったという[32]。中西は同時に、エスニック集団を超え、同業者組合を通した交流があったことを指摘している。確かに先述の西成のナット業界唯一の協同組合であるM協同組合の名簿を見ると、上記S・H氏が経営する会社も数少ない在日コリアン系以外のメンバーとなっている。本来ならば競合相手となる、しかも自らとは違うエスニシティを持つ人々を支援することによって生まれた関係性が、何をきっかけに生まれ、その後どのように発展したのか、また何らかの葛藤を抱えていたのか、今回の調査で明らかにすることはできなかった。しかし、当該地域が、日本人住民と在日コリアン住民のみならず他のエスニック・コミュニティも存在する入り組んだ構造になっていたこと、そして、ナットの仕事を通じて、その三者にかかわりがあったことが確認できた。

1.3　信仰を通したネットワークの形成

前節では、主に就労や日本人との関係を中心に、韓国系の西成の在日コリアンの定住やコリアンコミュニティの形成過程について考察した。調査を進めて

いく中で、仕事や地域活動を通じたネットワークに加え、同胞同士のネットワークが存在していることに気づいた。「教会」である。この教会とは、同地域内に今も存在する「在日大韓基督教会大阪西成教会（以降大阪西成教会）」を指す。調査中、両親や嫁ぎ先の家族が熱心に通っていたため、自身も教会に通うようになった、あるいは通うように姑から強く勧められたという方に何人か出会った。教会や信仰は、定住にあたり、どのような役割を果たしたのであろうか。

　在日コリアンの宗教活動については、飯田（2002）に詳しい。飯田は、在日コリアンの宗教活動について、巫俗儀礼、儒教式祖先祭祀、韓国仏教、キリスト教、日本の仏教、新宗教、民俗宗教など様々な形態を挙げ、それぞれの機能と構造について分析している。その中で、全体から見ると信者数は少ないものの、在日コリアンのキリスト教信仰の中軸をなす組織がこの「在日大韓基督教会」である。この団体は、2016年現在、全国に98の教会及び伝道所等をもち、約6100名の信者を有する在日社会で最大のプロテスタント教会組織である[33]。飯田は、戦前の朝鮮人留学生のYMCA活動に端を発し、1908年に設立されたこの団体に関し、フォーマルな組織形態を一貫して保っている点が他の在日宗教活動に見られない顕著な特質であること、そして、「かなりの割合の信者家族が二、三世代にわたって継続し、家族―親戚ネットワークとフォーマル組織性とが重なって」いることを述べている[34]。大阪西成教会もまた、この「在日大韓基督教会」に属する教会であるが、インタビューに答えてくれた方の中には、後述の通り、信仰のみならず、転業の機会を教会の人脈によってつかんだり、頼母子講をしたり、地域内の日本人との交流を支えたりと社会資本として機能しているケースも見られた。

1.3.1　大阪西成教会の歴史

　1920年代、朝鮮半島から海を渡り、西成に居を構えたある篤実なキリスト教信者が、住居の2階を礼拝場所に定め、家族ら数名の参席のもとで礼拝を行ったのが大阪西成教会の始まりだといわれている。家庭礼拝から始まったこの教会は、その後今宮教会、大阪西成教会と名前を変え、およそ90年にわたって地域の在日コリアン信者の心の拠り所となってきた。

　『大阪西成教会八十年史』によると、当初は家族のみが参加していた家庭礼拝であったが、その後地域の参加者が増え、1927年には玉出地区の信徒と合流

して教会を創立するまでにいたった。今宮教会である。しかし会堂を持たない今宮教会は、1948年に専用の教会堂ができるまで、信徒数の増加に伴って礼拝場所を転々とすることとなる。1928年には当時唯一の在日の教育機関であった幼稚園が開園した（1937年閉園）。1930年代には主日学校で朝鮮語ができない子どもたちが現れ始め、子どもたちに朝鮮語を教える夜学が開講した。1936年の今宮教会の平均礼拝出席者は150名、婦人会員数が50名と、関西の在日教会の中でも有数の信徒数を誇っていた。その当時より教会に通っている信徒は、「言葉も通じない異国での生活になじめず、涙を流す憂うつな日々を過ごしていたところ、長橋通りに小さな教会があると教えられて行ってみた。礼拝は韓国語で行われ、信徒たちも韓国語で語り合っているのを見て、とてもうれしい気持ちになり、憂うつな気持ちも消え去ってしまった」と振り返っている。1930年代のこのような今宮教会の諸活動の展開には、カナダ人宣教師をはじめとするカナダ長老教会による支援と協力が大きかった[35]。

　調査の中で、A氏は、幼いころ、敬虔なクリスチャンだった母と、聖書を使って母に文字を教えていた父の姿を鮮明に覚えていると語った。

　　うちは母がずっと敬虔なクリスチャンでしたから、それに自分の心を託してたんちがいます？　つらいこと言えないじゃないですか。家族は多いし。嫁は1人やしね。あと小姑やらいっぱいおるから、その心のつらいことを、と思いますよ。どうして教会通うようになったかは知りませんけど。で、子どものときは正月なったらみなね、教会へ行ってましたけど。母がクリスチャンなったのは、日本で。せやからつらかったから、逃げ道だったんでしょうね、心の。癒しに、その口に出せない立場でしょ。昔は嫁、姑いうたらすごいでしょ。皆さん。「非人間的」な。すごいじゃないですか。今はそんなことないですよ。それでね、母が聖書読みたいから、学んでないから読めないじゃないですか。そしたらうちの父がね、もうすっごい温厚であれだけの家族でね、大きい声出したことないしね、ちゃんとわたしら（を）姿で教育してくれたからね。だから母にも文字みな教えたから、母が韓国語の文字も覚えて韓国の聖書読んだりね、それから日本語をまた勉強、教えてね。かまどでね、母がご飯炊いてるときに、聖書持ってかまどしてたら、父で横しゃがんでね、教えてました。（A氏）

　A氏の母親は先に日本へ渡った夫に呼び寄せられ、乳児だったA氏やA氏の兄弟を連れて1930年代前半に渡阪している。母親は、義両親や義兄弟も合わせ、常時15〜16人がいたという家族の世話を一手に引き受けていた。そして言葉も通じず苦しい生活の中で、「聖書が読みたい」一心で煮炊きをしながら言葉を覚えた。港の荷揚げなど土方の仕事を「人の2倍、3倍」もしながら一家を支え、妻を思いやった温厚な父親の姿と共に、A氏の記憶には、信仰に「心を託してた」母の姿が焼き付いている。

　ところが、コリアンの心の支えになっていた在日教会も、日本が戦時体制下に入るにつれ、厳しい圧力を受けるようになる。「在日朝鮮人」教会は日本の教会への加入が強要され、今宮教会も、存続自体が危うい状態となっていた。1938年には在日本朝鮮基督教会が、同系統の長老派の日本基督教会との「協調」「合同」を決議する。この条件には、日本基督教会の「信条」への服従、布教における日本語の使用と、コリアンにとって屈辱的な内容が含まれていた。一方、その頃、礼拝堂の確保に窮していた今宮教会は、信徒数が減少していた日本基督教教会難波教会と合同し、西成教会となった。しかしこの西成教会も1945年3月13日の大阪大空襲で焼失してしまう。また信徒、牧師ともに戦火が激しくなるにつれ、疎開や帰国で四散してしまった。

　第二次世界大戦直後、西成に残った信徒宅で礼拝が再開された。この信徒は、食糧事情がきわめて悪い中、自宅の畑で育てた野菜を用い、礼拝出席者に食

新しく建てられた教会堂
写真：『大阪西成教会八十年史』より

事を振る舞いもてなしたという。その後、募金とカナダ長老教会の援助により、1948年、ようやく現在の場所に念願の教会堂が完成する。ところが、1950年には朝鮮戦争が勃発し、第一世代の多くの人々が抱いていた祖国への帰国願望が挫折してしまった。それと同時にコリアンの日本への定着が決定的となり、言語的にも意識的にも一世とは大きな違いを持つ第二世代への対応が在日教会において最重要課題となっていった。

　当時は主日礼拝で日本語を一切使用しておらず、言葉のわからない第二世代世たちは、礼拝後に聖書を日本語で読む会を自主的に始めるなど、独自で信仰を深める努力をしていたが、1962年からは説教の日本語の要約が週報の一部として作成されるようになった。これは現在も続けられており、1970年代終わりからは同時通訳のシステムが導入されている。さらに1997年には主日の午前に日本語の礼拝が行われるようになっている。

　戦後すぐに建てられた教会堂は、材料難の中であるものを寄せ集めて建てられたため、10年もすると痛みが目立つようになった。新築の早期実現が望まれたが、特別な資産もなく、土地も借地だった当時の教会には困難な状況だった。そんな中、5階建ての建物の下3階をアパートとして使用し、上階2階分を教会に使うという案で銀行からの融資が受けられるようになり、1969年に起工式が挙行された。アパートと礼拝堂の混在という現在の一風変わった教会建物の形態は、財政難からもたらされた窮余の策だった。新教会堂が1971年に竣工されるまで、信徒は民団西成支部の2階を借り、礼拝を捧げていた。

　1970年代は初めて第二世代の信徒が長老の役につき、教会の世代交代が進められた時期でもある。第二世代の女性や、韓国から新たに来日してきた若い女性を対象とした若婦人会の発足、青年会活動の充実、そして青年会主催の「アンニョン子供会」の発足と、若い世代を対象とした様々な活動が試みられた。

　この頃の様子について、調査中、次のような話が出てきた。長年革の仕事に携わり、熱心な信徒だった前出のD氏は、義母のいいつけもあって西成に嫁いだ時から教会に通っている。

　　わたしはお嫁に来て、お母さんから、もううちへ嫁に来たら、必ず教会行って、教会の奉仕もし、自分のあとを継いでほしいって、それが念願だったんですけど、わたしはもうやっぱり家と店とで、親から命令されたら、それに

逆らうわけにいきませんから、必ずわたしは日曜になったら出席してね、それでそこで執事いうね、毎年そのときは投票で決めたりして決めるんですよ。執事女性何名、男子何名って、それでそれに選ばれたら、教会の奉仕がものすご多いんですよ。もういろんな、ほんで各教会から総会があったりすると、各教会からみな集まって100人、150人で食事をしたり、ほんでいろんなそれで家庭訪問ね、ちょっと休んで来られなかったりすると、行ってお祈りしたり、もうそれが奉仕なんですけどね。（D氏）

　語りの中の「執事」とは、教会や他の信徒のために奉仕する信徒職である。D氏は稼業が忙しいこともあり、義母ほどは熱心ではなかったが、教会には通っていた。そして韓国から勉強のために来日した牧師から韓国語を習うよう義母に勧められ、それにも参加していた。

　それで昔韓国からね、韓国の教会で牧師された先生が、1年間日本のK大学の神学部へ勉強しに来られた先生、牧師さん2人がおられたんですよ。その方が1年半ほど西成教会で泊まって、それでうちのお母さんが食事のね、そのとき接待係やってはったんですよ、お母さん若いから、何人かで組んで、それでお母さんが本当に朝と夜の食事を、うちのお母さん1年半、ずっと特別なごちそうできなくても、そのグループの中でお金出す人はお金出して奉仕するし、身を持ってそういう食べるものする人、みなみな分け合ってね、そないして、うちのお母さんは1年半、その先生の面倒見たんですよ。ほんで来て、ほんでその先生が1週間ハングルを教えるから来なさいいうことで、わたしたちは一応、ちっさいときに父親からも教わり、ちょっとあれしてて、読んだり書いたりはできましたけどね、お母さんが行きなさいいうことで、その先生いらっしゃるときに、1週間に1回ないし、2回、2時間ぐらい教えていただいたんですね。
　で、そのときに、教会来ておられる、わたしらの年代比較的若い人でも、10人寄るときもあれば、7人寄るときもあるんですけど、そのときはじめてわたし教会の中の団体っていうか、そういう人どうしが集まってしてても、そこでわたしがもう人間的にそういう、人間性っていうものわたしはじめて見させてもらったんですよ。そやからいくら信仰の場であっても、わたしら

特別に信仰心もなければ、これだけ言うだけの資格はないんですけど、人間性ってそういうとこでわたしはじめて目覚めたっていうか。それ、わたしはもういいと、結婚しても外へ友だち付き合いなんか、もう考えも及びません。もう子どもできたら、子ども子育て、子ども生まれて、はじめ長男が生まれて、はじめて外へ出たがるので、もうやむなく連れて、外へ出て、それで近所も同じ年代の子どもがいてて、それからお母さんどうし、嫁に来てね、そうですね、結婚して1年半ぐらいで長男が生まれたんですけど、はじめて近所の人と話もしたり。それまで外へ出たこともないんですよ。（D氏）

　D氏は結婚してから教会に行き来する以外、家の外で特別な人間関係を持つ機会がほとんどなかった。上記の韓国語の学習を通して同年代の同胞と出会い、教会のことも深く知るようになったが、失望することもあり、必ずしも教会に対して肯定的な意見ばかりを持っていたわけではない。しかし、現在も教会へ通い、「教会来ておられる方はわりかた親しくしていましたね。年代もみな似たり寄ったりの年代でね。ほんでもう何十年って教会へ通うてますし」とも言っている。また、D氏は家族で携わっていた皮革業を廃業し、不動産業やキムチの製造販売業に転業しているが、転業に必要な情報も教会の人脈を通じて入手していた。D氏にとって教会は、嫁として自由に外に出ることがままならない生活の中で、同胞と交流し、祖国の言葉を習い、様々な情報を仕入れる社会資本としての機能も有していたことがうかがえる。

　さて、1980年代ごろの大阪西成教会では第三世代の活躍も見られ、世代交代がさらに進んだ。またこの頃より韓国からの駐在員とその家族が教会に来るようになり、世代、文化背景ともに多様化も進んだ。また、80年代半ばから始まった指紋押捺の拒否運動は、日本のキリスト者の連帯を生み出したが、西成教会でも第三世代の青年がこの運動に率先してかかわり、教会もそれを支えた。信徒数は順調に増え続け、1990年代前半には主日の午前礼拝の年間平均出席者数がおよそ150名に上っている。2012年現在、信徒数は102名、礼拝には常時70名ぐらいが参加しており、その内訳は在日コリアン（第二世代から第五世代）が半分、あとの半分は新来の外国人と日本人である。

　在日コリアンとこの大阪西成教会の関係を見た際、教会が移民としてわたってきた第一世代の心の拠り所となると同時に、第二世代以降の民族教育にも深

くかかわっていたことがわかる。1928年には幼稚園を開園し、1930年代にはいちはやく第二世代のための「朝鮮語」夜学講習も開講している。1980年代には教会の正式な機関として語学教室も開講した。この語学教室では、2002年に閉講するまで、韓国語はもとより、韓国から新しく来た人々や駐在員を対象とした日本語教室、また英会話教室、ドイツ語教室なども開講され、信徒のみならず、地域の人々も利用していた。教会が第二世代の言語の継承に寄与するのみならず、語学を通じ、地域の日本人や新たに流入した外国人、そして在日コリアンの文化交流の場としても機能したのである。

2. 西成コリアンの教育とエスニックな文化権を通した共同関係の構築

2.1 西成コリアンの教育

西成区内の在日コリアンの民族教育は、第二次世界大戦直後に公立学校内に作られた「朝鮮人小学校（通称西成ウリハッキョ）」にはじまり、2007年に港区に移転した金剛学園、1960年から1968年の一時期に総連西成支部事務所内に設置された港朝鮮学校の分校、そして公立小学校である長橋小学校内に開講した民族学級に分けられる。金剛学園は、西成のコリアンによって作られ、のちに韓国と深いかかわりを持つようになった民団系の学校である。港朝鮮初級学校は、金剛学園と同じく朝鮮人小学校にルーツを持つ、総連系の民族学校である。長橋小学校民族学級は、1948年の「覚書」に基づかない、地域住民の働きかけによって作られたものである。本章では、長期間にわたり、地域内でコリアンの民族教育を担いつつ、日本の学校教育法に定められた正規の課程に則った日本の普通学校に変容していった韓国系の金剛学園と、地域社会における移民のエスニックな文化権の萌芽としても捉えられる長橋小学校民族学級について取り上げる。

2.1.1 民族教育の始まり

調査時、インタビューを進める中で、西成で戦後すぐ、「このへんの子は松宮小学校を借りてた『ウリハッキョ』行ってたで」という話が出てきた。解放

に沸くコリアンが全国各地で地域の小学校や個人宅などで民族教育を行っていたことはよく知られているところであるが、西成もまた同様であった。ナット業に長年携わってきたB氏は、1947年から通った「ウリハッキョ」で習った内容や、京都からきた朝鮮半島出身の留学生の先生が熱心に様々なことを教えてくれたことを鮮明に覚えている。

　授業は、「アヤオヨ（筆者注：日本語でいう『あいうえお』）」なろうたり、数学なろうたり、それから、あの、「ニコニコ先生」いう先生はね、ギリシャのことよう知っとったね。哲学者、あのう、【ソクラテスとか？】そう、ソクラテスとか、アリストテレスとか、今でも覚えてるわ。民主主義はここから生まれたいうて。ものすごう頭よくて、なんでも聞いてくれいうて、今でも覚えてるわ。（B氏）

　上記の語りからは、長年の植民地支配から解放された当時のコリアンが、新しい世界、すなわち民主主義を作るために次世代を担う子どもたちに熱意を持って教えていた姿がうかがえる。この「西成ウリハッキョ（私たちの学校）」と呼ばれていた小学校は、コリアンの熱意と協力により、「金剛学園」へと発展していった。『金剛学園40年誌』によると、日本の敗戦直後、廃墟の中に焼け残った日本人小学校を借用して行われた「寺子屋式授業」が金剛学園の始まりである。ようやく祖国が解放され、いつの日か祖国へ帰ることを切望していたコリアンにとって、日本で育った子どもたちの言葉や民族意識の涵養は重要な問題であったのだ。

　終戦直後、解放に湧くコリアンはいち早く「在日朝鮮人連盟（朝連）」を結成し、西成区でも「在日朝鮮人連盟西成支部」が結成された。一方、その頃、西成区の天下茶屋地区一帯ではコリアンが石鹸の製造と販売に従事して繁盛させ、空前の好況を呈していた。この朝連西成支部が中心となり、成功したナット製造業者や石鹸業者から寄付金を募って始められたのが、区内の松宮小学校と千本小学校の一部を借用した「朝鮮人小学校」である。この後、朝連から脱退したコリアンによって結成された「在日本朝鮮居留民団（現在の在日本大韓民国民団）」及び団員の有志を中心に「西成朝鮮人小学校建立期成会」が結成され、校舎の建設に向けた取組みが始まった。

　新校舎建設に向け、同胞に寄付を募ったところ、当時コリアン業者による石鹸景気がますます好況であったのも影響し、募金開始後1か月もたたないうちに230万円あまり（今日の20億円相当）が集まったという。1948年には、同胞の寄付により、民団事務所近くの工場跡地に校舎が完成した。巨額の現金のほかに建築資材の材木、セメントなど、物資を現物で寄付する篤志家もおり、当時の民族教育に対するコリアンの情熱がうかがわれる。この頃は、「左右いずれにも偏しない厳正中立な教育を実施する」という合意のもと、民団系のみならず朝連系の教師、保護者もともに運営に携わっていたが、1948年の南北両国家成立を受けて在日コリアン社会にも分断の影響がもたらされ、1949年頃には、両者間の軋轢が深まり断絶が決定的となった。西成朝鮮人学校はその後韓国の文教施策を順守する教育を実施することを宣言し、韓国系の民族学校として再出発した。また、同年10月には、「朝鮮人学校閉鎖令」の影響を受け、金剛学園も閉鎖を余儀なくされるという重大事態が起こった。民団西成支部と学園側は、財団法人校として学校を再開することを当局に申請し、1950年に文部省より正式に認可された。このとき、校名を「西成朝鮮人小学校」から「金剛学園・金剛小学校」へ改称し、「財団法人金剛学園」として新たに出発した。そして学園内に保育園も併設し、その後、1954年には中学校が、1960年には高等学校が相次いで開校している。1960年からは、韓国文教部から3名の派遣教師が赴任し、生徒の教育に携わった。

　一方、金剛学園から出ることとなった朝連系のコリアンの子どもたちはどこ

1960年頃の金剛学園
写真：金剛学園提供

へ行ったのだろうか。『大阪民族教育60年誌』(2005:96-99)によると、1946年の「ウリハッキョ」の後、1947年4月に270名の児童生徒を集めて「西成朝鮮人初等学院」が開設され、1949年には「西成朝鮮小学校」と名称を変えている。また、1949年10月の「朝鮮人学校閉鎖令」によって「西成朝鮮小学校」が閉鎖された後、「西成地域の同胞たちは港朝鮮学校に子どもたちを通わせた」とあることから、朝連系（のちには総連系）の子どもたちは、1949年4月の決別以降、一定程度は朝鮮学校に吸収されていったのではないかと思われる。この後、1960年には朝鮮総連西成支部事務所の2階に港朝鮮学校分校が作られ、1968年には「西成朝鮮初中級学校」が設立された。この「西成朝鮮初中級学校」は、1994年に中級部を「東大阪中級学校」と統合し、校名を「西大阪朝鮮初級学校」と改称した。2004年には「堺朝鮮初級学校」と統合し、2010年には泉州朝鮮初級学校と統合して現在「南大阪朝鮮初級学校」となっている。戦後、祖国が解放され、言葉や文化を取り戻した喜びと、いつの日か帰国し、祖国を新しく作り直すことを夢見て、子どもたちの教育に情熱を傾けたコリアンであるが、朝鮮半島の分断という政治的状況を前に、教育の場面でも分裂を深めていったのである。

　さて、韓国系の民族学校として再出発した金剛学園ではあるが、1950年代より慢性的な財政難に悩まされ、時には教員の給与支給にも窮する状態であった。前出のB氏が勤務していたナット会社の社長は設立当時から民族教育に熱心で、B氏が「従業員の給料は払えんでも、学校の先生の給料は払っとったわ」というほど、民族教育に熱意を持っていた。度重なる財政難を、地域のコリアンの協力をあおぎながら、乗り越えてきた。当時の理事長が個人的な資金を活用して、学校運営を続けたこともあったという。1954年には韓国政府から1万ドルの支援も受けるも財政難が解消することはなかった。なお、本国政府からの援助はその後も続いている。また、1963年には学園に隣接している化学工場からの出火により、校舎の大半が焼失してしまう事件も起きた。1968年には「金剛中学」を「大阪韓国中学校」に、「金剛高等学校」を「大阪韓国高等学校」にそれぞれ変更する。1972年には、数年にわたり本国に要請していた本国からの派遣校長が就任し、以後、学園の校長は本国から派遣されている。

　1980年代には、学園が新たな局面を迎えることとなる。日本の一条校[36]としての認定である。これまでは文部省認定の一条校ではなかったため、受験資格がないということで、学園の中学校から日本の高校への進学、同じく学園の

高校からの日本の大学への進学が難しく、文部省や自治体による私学助成金も受けられなかった。それが学園の発展と運営を妨げていると判断した理事長の決断により、初めて一条校への認可申請を行った。その結果1985年に認可が下り、それに伴って校名を現在の名称である、「学校法人金剛学園、金剛学園幼稚部、金剛学園小学校、金剛学園中学校、金剛学園高等学校」に改名した。ここで、金剛学園は、日本の学校教育制度に則りながらも、民族教育を志向するという形態を選択したのである[37]。

　2007年に、校舎の一部が道路拡張の予定地にあたることから、西成区より現在の住之江区に校舎を移転することとなった。旧校舎跡は現在、道路の一部と「スーパーライフ西天下茶屋店」になっている。2016年現在は幼稚部が休園となり、教職員約50名の下、小学校、中学校、高等学校合わせて約250名が学んでいる。韓国政府が認定する在外韓国学校の一つとして、日本の学習指導要領に従いつつ韓国の正規学習課程をもある程度組み込んだカリキュラム編成となっている。2012年に学校関係者にインタビューをする機会を得たが、それによると、授業は基本的には日本語で行われるものの、日本語での授業理解が難しいニューカマーの韓国人の生徒には「分班」という形で別途韓国から派遣された教師があたっている。金剛学園は、元来在日コリアンを対象として作られた学校ではあるが、在日コリアンの子ども数自体が少なくなっており、在日コリアン生徒のみでの運営は難しい。現在、在校生は、大きく分けて在日コリアン、韓国からの駐在員等の子ども、（朝鮮半島にルーツを持たない）日本人、その他の国籍に分けられる。近年は韓流ブームの影響もあり、朝鮮半島にルーツを持たない日本人が、保護者あるいは本人の希望で入学してくるケースが増えつつあるのが特徴的である。また、日本人の生徒の中には、金剛学園が力を入れているクラブ活動を目的に入学し、入学後に韓国語と出会い、取得した韓国語を一つの資源として活用し、他の言語圏に留学をするケースもあるという。一方、大阪港が近い工業地帯に立地しているという土地柄もあり、日韓以外の文化背景を持つ外国人の子どもも共に学んでいる。

　このように、戦後、西成のコリアンがいつか祖国に帰る日を夢見て始めた民族学校は、長い年月を経て日本社会に根付き、結果的に日本人やその他の国の子どもたちも共に学ぶ場となった。そして、共に学んだ子どもたちが、日本社会、韓国、そしてまた違う国へと巣立っている。金剛学園の場合、民族学校であり

ながら日本の学校教育法に則った正規の教育機関でもあるということが、必ずしもコリアン当事者の望んだ姿であったのかどうかについての判断は一様ではないだろう。しかし、移民の、とりわけ定住歴が長く同化が進みつつあるマイノリティの民族教育の長期的な保障と、時代の変化に伴うホスト社会側のニーズの充足という側面から考えたとき、一つの効果的な形態となっていることは間違いない。

2.2 長橋小学校民族学級の設立

2.2.1 長橋小学校の教育実践

　一方、公立学校内での民族教育に関し、大阪市による在日コリアンの子どもたちを対象とした特徴的な取組みとして「民族クラブ」事業[38]がある。大阪府の措置によるものは「民族学級」という名称であるが、両方ともに一般的に「民族学級」で知られている課外授業である。大阪の民族学級は、第1章でみた通り、歴史的に見ると大別して①1948年の阪神教育闘争による府知事覚書の民族学級、②1972年長橋小を中心とした自主民族学級、③1980年代から2000年代までに同胞主体の運動によって設置された民族学級、④1990年後半から現在に続く、行政の教育事業としての民族学級の4種類に分けられる[39]。その中の②にあたる自主民族学級がまさに本書で扱う西成区の在日コリアンが多く居住する地域に存在する公立の小学校である。

　もともと前節で見た通り、長橋小学校の校区には戦前より多くのコリアンが居住し、皮革業を中心に日本人住民と共に暮らしてきた。ただ、D氏の語りの中で「『朝鮮人』と『部落』、『部落人』（がされているの）と同じような感覚で、『部落』の人が『朝鮮人』をものすごく差別するんですよ」とあったように、日本人住民と在日コリアン住民とは、良好な関係を築いていたとは言い難い側面があったようである。そんな状況で、なぜ地域の公立小学校内に民族学級が生まれることとなったのだろうか。その背景にあったのが部落解放運動だった。

　1970年代、大阪の学校現場では部落解放運動の高まりに乗じて、同和地区内の公立学校が同和対策事業の一環である「同和教育推進研究指定校」となり、人権教育の推進がはかられていった。校区の全地域が同和地区に指定されている長橋小学校でも、部落解放教育が進められていった。しかし、その中で、コリアンの子どもたちに対する教育のあり方が見直されるようになった。実際に

長橋小学校で在日コリアンの子どもたちへの教育実践にかかわった太田（1974b）は、そのきっかけとして、次の出来事を挙げている。まずは、1959年の市営住宅への入居をめぐる出来事である。1959年、解放同盟西成支部の前身である住宅要求期成同盟が住宅要求闘争を繰り広げ、市営住宅を獲得した。この際、在日コリアン住民も闘いに参加したのだが、大阪市行政は、在日コリアンは「外国人」であるという理由で入居を認めなかった。また、当時の総連西成支部も、在日コリアンの市営住宅入居が、朝鮮への帰国運動へ支障をきたすという理由で入居に対して否定的だった。その後解放同盟の働きかけにより在日コリアンも入居できるようにはなったものの、両者間に一定のしこりを残すこととなった。ただ、この58年時点で、解放運動内で、「在日朝鮮人の解放なくして部落民の解放もあり得ない」という原則がつくられていた[40]。

　次に同和対策特別就学奨励費と同和対策補充授業からのコリアンの排除をめぐる出来事である。長橋小学校の教員たちは、日本政府の同化政策、本国政府の棄民政策の中にある在日コリアンの子どもたちの学習権は、民族教育を受ける権利であると規定し、①なるべくなら民族学校で学ぶこと②長橋小学校に入学して学ぶにしても、本名を名乗り、在日コリアンとして生きていく展望を持つことをコリアンの生徒や保護者に訴えかけた。そして「朝鮮人の子どもたちの学習権が保障されていないかぎり、部落の子どもたちも解放されない。真の意味での解放教育というのは、朝鮮人の子どもたちの問題、部落の子どもたちの問題を統一的に考えていく[41]」と気づいていった。それと同時に、自らの学校の中にある差別的教育内容の総点検を始めたのである[42]。部落差別を教える教育はしていたけれど、在日コリアンに対する民族差別は教えてこなかったという教師たちの反省は、部落差別と民族差別は本質が異なり、同じ対応では解決できないという結果を導き出した。それがのちに在日コリアンの子どもについては補充学級への入級ではなく、民族学級への入級へ向かわせる根拠ともなっている。

　そんななか、当時5年生だった一人の少年が、一学期の児童会選挙で声を上げた。

　　僕は朝鮮人で、みなみひとしこと、ナム・インです。長橋小学校では、部
　　落差別をなくし、部落解放のために、いろんなことをしていますが、僕は朝

鮮人差別の問題が忘れられていると思います。僕も３年のとき「チョーセン」と言われて差別されました。僕は朝鮮人差別をなくしていきます。清き一票をナム・インにお願いします[43]。

　そしてナム君は、３、４年生の教室を回って「お前チョーセンといわれたことはないか？」と聞いて歩き、その聞き取りを児童会ノートに記録し、学級担任に訴え、学校の変革を要求した。この背景には、在日コリアンの児童も含めた教育実践のなかで、国語の教科書に載っているアルフォンス・ドーデ作の「最後の授業」という作品を、「『国語愛、愛国心を育てる』といった徳目主義授業ではなく、『反戦・民族差別政策への怒り』として主題を捉える[44]」など、在日コリアンの児童の心にも訴える授業を作り直し始めた教師たちの取組みがあった。日本人側の教職員への告発ととれるナム君の訴えは、教師たちをさらに動かしていった。しかし、ナム君の訴えは、学校のみならず、結果的に地域にも向けられている。この出来事は、差別に苦しむ被差別部落の住民さえも、同じように差別にあえぎながら地域に住む在日コリアンを一人の隣人としてみなすことなく、長年その差別を「放置してきた」地域の現実を表している。前出のD氏が言うように、部落の人がさらに朝鮮人を差別する状況において、在日コリアン住民の主体性やエスニックなアイデンティティ、文化は、「放置」どころではなく、日本社会からの、そして被差別部落住民からの二重の差別によって「抹殺」されていたと見るべきであろう。

　この後、長橋小学校では児童会活動の一環として「朝鮮問題研究部」が設けられ、1972年には「朝鮮人の先生を呼んでほしい」という在日コリアンの子どもの要求に応え、財団法人朝鮮奨学会関西支部長（当時）の曹基亨氏が講演に招かれた。そしてまさにその日、共同通信により、曹氏に、7.4南北共同声明を伝える電話が入ったのである。統一の気運に湧く講演会の中で、子どもたちは、「僕たちの国は統一されるんだ、そのためにことばを返せ[45]」と強い気持ちを持っていった。この南北共同声明は、これまで民族学級の開設を渋っていた在日コリアン児童の保護者をも動かした。

　在日コリアンの児童は補充学級ではなく、民族学級へという教師側の論理は、最初からコリアン児童の保護者に受け入れられたわけではない。教師が家庭訪問をし、本名を名のり、「朝鮮」の学習をさせたい旨を話すと、「本名を名のっ

て、差別されたら、どないに責任とってくれるのや。朝鮮の勉強なんかいりま
へんね。ワシら、日本で商売して、日本に骨うずめますのや。そんなことより、
補充学級へ入れて、しっかり日本の勉強させったくなはれ」と一蹴されたとい
う[46]。それが共同声明以後、民族学級開設の前の「朝鮮人父母懇談会」では、
「共同声明も出されたこっちゃし、ワシらの国も、ようやく統一されそうですわ。
国語の一つでもおぼえといたら損もしませんやろ。先生、よろしゅう頼んます
わ」、「子どもらが、僕らの補充が新しくできるかもしんねん。それは、民族学
級ゆうねんてえ。そないゆうてえらいはりきってますねん。朝鮮人になんで生
んだんや、ゆうて泣かれたときはえらい困りましたが、この頃は、うちの子も
えらい変わってきましたわ」という意見が出された[47]。前出のD氏が、子ど
もが小学校に入ったとき、教師が「同じ点数とったら日本人をとる……とにか
く頑張りなさい」と子どもを励ましてくれたと回想しているように、それまで、
コリアンの身になって考えてくれる教師がいたとしても、前提として差別があ
ることと、コリアンであることが絶対的に不利であることは温存したまま、生
き残りたければ日本人より秀でろと、差別を受ける側に一方的に責任を転嫁す
るばかりだった。それが、「補充学級へ入れて、しっかり日本の勉強させった
くなはれ」という保護者の希望につながっている。ところが、悲願だった祖国
の統一に向けて大きな一歩があり、同時に、まさに日本人に差別され、常に否
定されてきた原因である民族性に学ぶべき価値があると、日本人側、しかも学
校の先生から言われたのである。上記の語りで「子どもら」とあるところをみ
ると、きょうだいがいるのだろうか、保護者が話す子どもたちの様子からは、「僕
ら」の存在がそのまま認められたという喜びと胸の高鳴り、そして自分にも何
かできるのかもしれないと弾む気持ちが伝わってくる。

　1972年11月21日、ついに、長橋小学校に「覚書」に基づかない、自主的な民
族学級が誕生した。民族講師は、民団・総連の両方から同数3名ずつの理事を
出して運営している朝鮮奨学会に依頼し、3名の民族講師が送られた。開講式
には予想をはるかに上回る151名の在日コリアン児童が参加した。これを受け
講師を5名に増やして長橋小学校民族学級が始まった。これは、当地域に住む
在日コリアンと日本人が、差別という痛みを媒介に、同じ地域に住む住民とし
て向かい合い、歩み寄った画期的な出来事であった。

2.2.2　長橋小学校民族学級をめぐる政治闘争と行政のかかわり

　しかし、民族学級は 11月29日、12月1日、12月5日の3日間開講したのみ
で中断され、大きな試練に立たされた。もともとこの民族学級は「7.4南北共
同声明」の精神を基調としており、統一的立場で運営されていた。しかし5人
の民族講師のうち、2人の朝鮮籍者が含まれていることを理由に、韓国民団・
韓国総領事館が抗議したのである。当時、韓国民団と韓国総領事館は朝鮮籍者
を「共産主義者」と呼び、「そのような人を民族講師として配置するならば、人々
を動員してでも停止させる、民族学級に子どもを入級させた家庭にはパスポー
トを発行しない」などの言動まで飛び交ったという[48]。この圧力によって朝
鮮奨学会からは講師が派遣できなくなり、民族学級は子どもたちの希望とは裏
腹に停止に追い込まれた。これを見ると、被差別部落であるという地域的な差
別的構造に加え、在日コリアンの場合は本国の政治状況もまた子どもたちの教
育に影響している。このように長橋小学校の民族学級は、様々な住民層が入り
くんだ中での実践であり、地域内で共同性を構築することの難しさがうかがえる。
そんななか、教師らは大阪市教委に直接民族講師に委任状を送ることを求めて
交渉を行い、難局の打破を図った。4回にもわたる大団交の末、大阪市教委は
これまで民族学級に対する大阪市教委の姿勢が弱かった点を認め、「5人の先
生方には、1月9日より民族学級講師として指導していただけるよう職を賭し
て取り組む」ことなどを確認する、いわゆる「確認書」を発行した[49]。とこ
ろが実際にはそれはかなわず、その後、日本人講師やテープレコーダーを使っ
た授業が行われていたが、地域の13名のコリアン青年を招いた1973年のサマー
スクール以降、再び民族講師を呼び戻し、1973年9月からは民族講師の指導に
よる民族学級が再開した。

　1974年時点で、在日コリアン児童251中、180名が民族学級に参加し、そのう
ち130名が授業中、本名を名のっている。また本名を名のれる学級集団づくり
のために、朝礼のときは「日本人の、みなさん、おはようございます・朝鮮人
のみなさん、アンニョンハシムニカ」といったあいさつをし、給食時には「モッ
ケッスンミダ（いただきます）」と言うようになるなど、コリアンの児童が存在
することを意識した変化が学校内で見られている。また、保護者の中に、民族
学級に通う子どもの母親が、忙しい中を「オモニハッキョ[50]（母親学級）」に通
うなどの変化が見られた。また、日本人の保護者も変容を見せ、学級懇談会の

席上で、「民族学級はどんなことを勉強しているのか」と関心を示したり、「朝鮮人の子どもたちが、本名を胸を張って呼び合っているようすに感動しました」と言ったりする意見も出てくるようになっている[51]。長橋小学校民族学級の実践は、周辺地域にも影響を及ぼし、1973年には、隣接する鶴見橋中学校で民族学級が開講し、1972年に鶴見橋中学校の分校として新設された梅南中学校でも、1975年に「朝鮮文化研究会」が誕生している。なかでも梅南中学校の初代校長は本名を呼び名のる教育を提唱した人物である。前出のD氏も子どもが梅南中学校に通った。そのときのことを次のように回想している。

　　小学校は通名で、子どもら行かしてたんですよ。それ中学入って、新しい校長先生がこっちへ赴任されてきてね、もう即どうして本名名のらさないんだっていう校長先生、そういう提案がありまして、そやからもう躊躇なくね、すぐ本名に変えさせて、子どもたち、そやからもう中学、高校、大学、おかげで孫も今本名で大学に2人行ってますけどね。もう、その校長先生のすごく韓国に対する理解っていうか、もう堂々と本名を名のって、子どもたちにそうするべきだっていう、その校長先生がね、そのようにおっしゃってくださって、ほんでそこまで、やっぱりそういう差別の中で通名で行ってても、韓国人であるということみんなわかっててもね、できたらっていう気持ちでしたけど、その校長先生がね、もう即どうして本名で名乗って学校来るようにさせなさいということで、もう即決めてね、本名で学校に行くようになったんです。（D氏）

在日コリアンに対する理解がある校長の存在は、「できたらっていう気持ち」で躊躇していたD氏家族の背中を押した。子どもたちは高校、大学も本名で行き、現在D氏の孫も本名を使っている。先述の「オモニハッキョ」に通い始めた保護者と同様、在日コリアンのアイデンティティや文化的な権利を認める活動が、世代を超えて影響しあっている。もちろん、民族学級に対する保護者の思いは一様ではないだろう。皮革の仕事に就いていた前出のI氏は、子どもが長橋小学校に通った。しかし、長橋小学校の民族学級に対して肯定的とはいえない。

　　ここにおる以上は、民族学級とかはね、長橋小学校にあったわけですよ。

小学校にあっても、自分らが進んでするのはいいけど、おれが「せい」とか「すな」とか言ったことはないですわ。子どもらは政治的に色つけたら絶対にあかんという考えが（あって）。（I氏）

　I氏の子どもたちは、まさに民族学級誕生の前後に長橋小学校に通っており、子どもが学ぶ場所での政治的な争いを目の当たりにしている。民族教育そのものについてどう思っているかは聞くことができなかったが、民団にも総連にもかかわらず、政治的には「無色透明」というI氏にとって、民族学級をめぐる一連の出来事は違和感を覚えざるを得なかったのだろう。しかし、民族学級を求める気運は止まるところを知らず、1972年には大阪市内の矢田南中学校、1975年には淡路中学校、そして同じく1975年には大成小学校と、次々と自主民族学級が始まっていった。

　しかし、この「覚書」に基づかない自主民族学級の嚆矢は、行政から一切の援助を受けることもなく、ボランティアのまま据え置かれた。この後、行政予算ゼロからのスタートを余儀なくされたボランティアの民族講師の多くは生活に困窮して、やむにやまれず去っていった。長年民族学級の設立と発展に尽力してきた金容海氏は、「まず、みんなが協力して身分保障を求めていかないことにはどうにもならんと思いましたね。生活が不安定だと授業の準備のための時間も充分にとれませんし、民族学級に専念できないですから[52]」と回顧している。その後金容海氏は民団の文教部長として活動する中、この自主民族学級の制度保障を求める行政交渉を活動の一つの柱としていった。そして、民団、民族教育促進協議会（民促協）、大阪市教組、保護者が連携しながら民族講師の身分保障を求める闘いを続けた。そして1991年には、決起集会や市役所を囲むデモを行うなど、民族講師の身分保障を求める闘い、いわゆる「長橋小学校確認闘争（長橋闘争）」を大々的に展開した。これは、1972年に大阪市教委が、「確認書」の中で、民族講師の確保に責任を持つことを約束したにもかかわらず、その内容を反故にし、19年にもわたって民族講師を無報酬のまま放置した責任が追及されたものである。その結果、1992年に「民族クラブ技術指導者招聘事業」の制定による予算措置により、わずかながら手当が出るようになった。その後、1997年には初めて民族講師への教育委員会からの業務委託という形で人的措置がとられるようになった。そして、ついに、2001年にはこれらの取組みが、「在

日外国人教育基本方針」として制度化する。なお、2007年からは、国際理解教育委推進事業において「大阪市国際理解教育推進事業非常勤嘱託職員」として教育委員会直接の準雇用という身分が保障されるようになった[53]。

　一方、長橋小の民族学級では、統一の視点に立つことを原則に、南北双方の国籍から２名ずつ民族講師が招聘された。その後、その体制が「長橋民族講師団」に引き継がれていき、同和教育推進校を中心に市内で自主的民族学級が取り組まれていった[54]。在日コリアンの民族講師は、制度的な保障のない中で民族講師の養成や教材研究を進めたり、生活保障の一環で物品販売や文化公演を行ったりするなど、各校の教職員組合分会をはじめ同和地区を擁する地域教組を中心に連携を展開していき、当時、人権教育領域の一部門としてあった「在日朝鮮人教育」の一翼を担っていくことになった[55]。

　そして、長橋小学校では、90年代初期に中国人の子どもの転入があった際、教員たちはまず中国語を学び始めた。対象児童が一人であっても、その問題意識は民族学級で培った経験に基づくものだった。学年の取組みでは中国の保護者を招いた食文化学習や、被差別部落、中国、「朝鮮」、沖縄にかかわる祭り、校内菜園で収穫した野菜でそれぞれの国や地域の食べ物を作った収穫祭などを実施するなどの取組みを行ってきた[56]。2000年代に入ってからは、民族学級に加え、フィリピンにルーツを持つ児童のためのフィリピン学級が誕生した。2014年にはそれ以外の国や地域の児童の増加に伴い、多文化共生学級が誕生し、７つの国や地域のルーツを持つ子どもたちが学んでいる。民族学級を通して培った教員や学校の意識は、コリアン以外の外国人の流入が著しい現在も受け継がれている[57]。

　また、1970年代には、西成と同じく被差別部落にコリアンが多く住む地域である八尾市でも、在日コリアンと日本人による市民運動である「トッカビ子ども会（現、特定非営利活動法人トッカビ）」により、民族差別の解消と民族教育を求める動きが本格化している。トッカビ発足の契機は「民族差別から逃げることしか知らない高校生が（略）部落差別を学び、そこから差別全体の構造、その不当性とたたかうことの必要性を知り、自らのおかれている朝鮮人としての民族的・社会的立場にめざめ」たことであるという。そして在日コリアンが地域で生きるための諸困難の解決と差別の解消を行政に訴え、部落解放同盟や労働組合などの日本人の支援を得て運動を進めていった。トッカビのロジック

は、「外国人」がいずれ帰国する人々ばかりではなく、日本に暮らす住民であるとするものであった[58]。当初は、部落解放運動に影響を受け、在日コリアンと被差別部落住民とを同一化することによって、被差別の対象としての「朝鮮人」を言説化していった[59]が、「トッカビ」の活動や言説を通して、在日コリアン運動と部落解放運動の各々の取り組む課題が異なることが認知されていった[60]。これらの運動の中で、「民族差別をなくすのと民族教育を切り離してはならない」という保護者の願いを、トッカビは市に暮らす住民の問題、すなわち八尾市「市民」の問題と捉え、市の行政に働きかけていった。その結果、1981年には同和施策の一環として行政施策上に位置づいて在日コリアン教育に対する公費支出が行われることとなり、長年の要求から2002年には一般施策化した[61]。

　西成、八尾の事例はともに、部落解放運動やそれに伴う解放教育のなかで、在日コリアンに対する民族差別が学校現場や地域で「発見」され、部落差別と同様に、地域の問題として認識された過程であったといえる。その背景には、同化を強要するばかりの日本の学校教育に身を置いてきたことに対する現場教師らの猛省があった。そして、重層的な差別構造のなかで、対等な関係を築いてこなかった在日コリアンと被差別部落の日本人が、民族学級をめぐる一連の出来事を通じて初めて正面から向き合ったのである。しかしその過程をみると、様々な住民層が入り組んだなかでの共同性の構築が非常に難しいものであったことがうかがえた。民族学級自体は、朝鮮半島にルーツを持つ地域の子どもたちに「朝鮮」の言葉と文化を教えるという、明快な目的を持つ実践ではあるものの、その受け止め方、立場は複雑であった。たとえば、その当事者となる在日コリアンでさえ一様ではなかった。本国の分断という政治状況のなかで、民族講師の選定一つとっても在日コリアン内で合意を得ることが難しかったのである。また、在日コリアン住民と日本人住民との関係も、「『部落』の人が異常にまた『朝鮮人』を差別する」という語りに象徴されるように、良好とは言い難い側面があった。一方、学校の教師らにかんしても、民族学級の設立の根底には、それまでの学校教育や同和教育に対する反省という、日本人側の事情があった。このように、様々な思惑が入り乱れる中で、行政を巻き込みながら、それぞれが妥協を重ねるかたちで民族学級の存続が決められていったのである。

　しかし、民族学級をめぐるこれらの過程を通し、民族的な母語や文化の継承

が、固有のエスニック集団が持つ権利として地域社会内で位置づけられ、「異質性との共存」が実現されていったのも事実である。行政は、国と同じく自らが積極的に在日外国人の権利保障のために動くことはほとんどなかったが、地域住民やコリアン当事者からの異議申し立てに対応し、住民の自主的な活動を財政的に支え、制度化して一部保障するという形で貢献した。様々な課題が残されているとはいえ、行政が在日外国人を地域社会の住民としてみとめ、わずかでもその権利を保障した意義は、次の「移民」への影響という面からも大きい。たとえば西成では、新たに流入して、定住したフィリピン人の学級が作られ、八尾市でもまた地域内の小学校で民族学級としてのベトナム学級、中国学級が誕生し、出身国の言葉や文化を子どもたちが学んでいる。在日コリアンを通してまかれた種が地域で育てられ、新たな「移民」の受け入れという課題に対応することのできる地域力を高めている。また、八尾市の場合、当時「トッカビ」で活動していた大学生が、現在八尾市の教育現場で活躍しているという。実際に見学させてもらったベトナム学級、中国学級開設校の校長も「トッカビ」活動の経験者だった。住民の多様性を前提とした新たな共同性を地域内で構築するに当たり、そのような人材が地域にもたらす影響が社会資本として機能する可能性が高く、西成や八尾の事例はその点でも特筆されるべきであろう。

3.　小　結

　本章では、西成北西部に集住する韓国系の在日コリアンのコミュニティの形成過程や生活世界を、労働、信仰、教育を中心に分析し、地域の中に残してきた足跡を辿った。その結果、次のことがわかった。

　一つ目は、労働にかんすることである。西成北西部のコリアンコミュニティは1930年代に形成され、コリアンが従事する職業が、婦人靴やベルト等の皮革産業とナット製造を中心とする金属加工業に大きく二分されていた。それぞれ朝鮮半島での出身地を基にしたネットワークによってリクルートされ、ナット製造は慶尚道出身者、皮革産業は全羅道や済州島出身者によるコミュニティが存在していた。また、ナット製造を通して、同地域に集住する沖縄出身者とのネットワークも形成されていた。また、移住第一世代の在日コリアンによってコリアンのための「在日大韓基督教会大阪西成教会」が作られ、ネットワー

クの結節点になると同時に、異国での生活の拠り所となっていた。またこの教会を通じたネットワークが次世代にも継承され、転業や資金調達における社会資本として機能していた。教会では第二世代以降に韓国語を教えるのみならず、他の言語教室も開いており、教会が地域住民とコリアンを結ぶ場ともなっていた。ただ、日本人や他のエスニック・コミュニティとの関係性をみると、文化的な背景の差異のみならず、被差別部落の日本人住民が同じく被差別部落に居住するコリアンを民族差別するという重層的な差別構造があったり、沖縄出身者というまた別のアイデンティティやネットワークを持った住民が入り組む形で居住していたりと、同じ地域に居住しているということ、それのみで共同性を構築することの難しさがうかがわれた。しかし、なかには、労働や子どもの教育、地域の自治組織を通して、日本人や地域社会と深くかかわっていたコリアンもいた。彼らのような存在が、のちのコリアン住民と日本人住民との共同関係の構築を下支えしたであろうことがうかがわれた。

　在日コリアンの教育については第二次世界大戦後、西成のコリアンによって地域内に「金剛学園」が設立、運営され、民族教育の拠点となっていた。また、部落解放運動の影響を受け、1970年代に地域内の公立小学校である長橋小学校内で、被差別部落住民と在日コリアンにより、自主的な民族学級が誕生した。これは、差別という共通体験を通じて、在日コリアンが、被差別部落の日本人住民とはまた異なる状況に置かれていることに教師らが気づき、自らの問題として捉え直したものであった。在日コリアン住民の子どもたちのエスニックな文化と言語の継承が在日コリアンの持つ権利として公立学校内で実践され、権利の保障と制度化へ向けて、日本人教師のネットワーク、地域住民組織、そして当事者たちがともに行政へ働きかけた。それは、被差別部落の住民と在日コリアンが、初めて同じ地域に住む「住民」として向かい合った出来事であったといえる。在日コリアン、日本人ともに、それぞれが置かれている立場により見解が異なり、多くの葛藤をはらむものではあったが、エスニックな文化権が獲得される過程を通して、在日コリアンが「住民」として地域社会の中で位置づけられていった。また、八尾市でもまた、民族差別の撤廃と民族教育の確立を掲げる市民団体「トッカビ」の活動により、地域内の在日コリアンをめぐる問題を、「外国人」の問題ではなく、八尾市の「市民」の問題として捉える視点が、行政内にも確立していった。現在は、西成、八尾共に、在日コリアンと

地域住民が行政を巻き込みながら築いてきた民族教育をはじめとするエスニックな文化権の保障が、新たに流入する外国人住民をも包摂する地域の資源となっている。

　一方、行政は地域社会や当事者からの異議申し立てに対応するという形で制度化を進めており、結果的に「移民」のエスニックな文化権が部分的に保障されたが、積極的に「移民」にかかわろうとする姿勢はほぼ見られなかった。それが、「移民」の権利の保障と制度化の歴史が地域の事例水準にとどまり、現在に通じる課題として全国的な広がりを持てない理由の一因となっているともいえるだろう。今回の事例は、西成と八尾という被差別部落を有する地域を対象としており、また、韓国系の民族団体を通して得られたデータを基に分析しているため、地域や調査対象者に偏りがあるという限界を持つ。今後さらなる調査が必須ではあるものの、「異質性との共存」という点で、地域社会内におけるエスニック文化権の萌芽という端緒を見出せた点は重要であると考える。

　それでは、日本とは反対に、「移民」に対する制度や政策が地域社会での実践より先行する場合、「移民」の地域社会への包摂や共同関係の構築はどのような様相をみせるのであろうか。次に、「移民」をめぐる制度化が進み、エスニックな文化的資源を積極的に活用する動きが本格化している韓国の事例をみるにあたり、まず韓国の華僑をめぐる政策について考察する。

【注】

1) そのうち在日コリアンの在留資格である「特別永住者」が何名いるのかの資料を入手することができなかったが、大阪市市民局の調べによると、2015年12月末現在、西成区内の「特別永住者」の資格保持者が3,629名いるとのことである。この情報をもとにすると正確ではないが「韓国・朝鮮」籍の8割程度が在日コリアンであると思われる。

2) http://www.city.osaka.lg.jp/toshikeikaku/page/0000020912.html, 2016.2.5検索

3) 河（1997：130-132）。なお、河は資料からの引用以外、「朝鮮人」を「韓人」と呼んでおり、韓人、在日韓人、韓人移民労働者、韓人労働者、韓人無計画渡日者など文脈に応じて使い分けている。

4) 大阪市社会部調査課（1929：2）（近現代資料刊行企画編（1996：184）収録）

5) 大阪市社会部調査課（前掲書：2）

6) 外村（2004：149-150）

7) 大阪市社会部調査課（前掲書：6-7）。長橋通り6丁目742、749に904人、北開3丁目449、459に1,302人、南開3丁目に470人と、合わせて2,676人が居住しており、西成区内における密集状況がうかがえる。

8) 河（前掲書：89-90）は、京阪神の被差別部落にコリアンが流入した理由について、理由をいくつか挙げている。まず、被差別部落には、資金を持たないコリアンが保証人なしで借りられる廉価な「借家」が存在した。そして生存のために最低限必要な食料品を廉価で購入することが可能であった。次に被差別部落内あるいは近隣にコリアン労働者を吸収する下層労働市場が存在した。身元保証書、誓約書、履歴書がなくても、また読み書きができなくてもいつでも容易に雇ってくれる職場があったのである。

9) 部落解放同盟西成支部編（1993：47）

10) 鄭（2001：89-90）

11) 部落解放同盟西成支部編（1993：18）

12) 河（前掲書：96）は、三開地区の皮革産業に低賃金を武器とするコリアンが参入し、被差別部落の同業従事者と競合していたことを明らかにしている。

13) 部落解放同盟西成支部編（前掲書：14）

14) 河（前掲書：92-98）

15) 片岡（1993：30-31）

16) 片岡（前掲書：36）

17) 片岡（前掲書：36-37）1993年時点で大阪の革靴メーカーで紳士靴を作っているのは8％にすぎなかった。

18) 部落解放同盟大阪府連組織局部落解放研究所編集部（1974：29）

19) 部落解放同盟大阪府連組織局部落解放研究所編集部（前掲書：30）

20) 部落解放同盟大阪府連組織局部落解放研究所編集部（前掲書：30-31）

21) コリアンの経済活動及び起業において、民族系の金融機関が大きな役割を果たしてきた経緯については韓（2010）に詳しい。

22) 河（1997：26-27）

23) 大阪市社会部調査課（1933：28）（近現代資料刊行企画編（1996：314）収録）

24) 大阪市社会部調査課（前掲書：29-30）

25) 大阪市役所編（1954：460）

26) 帰国運動の背景としては、様々な見解が出されているが、当時の日本政府が在日コリアンを財政及び治安上の負担としてみていたこと、在日コリアンのほとんどが厳しい生活苦に直面したこと、若い世代の教育や就職での差別という現実が存在していたことなどが挙げられる（国際高麗学会日本支部『在日コリアン辞典』編集委員会編：88）。

27）デイビッド・李（2012：157）

28）高（1998）は、在日済州島人の地縁的結合である村親睦会に注目し、済州島出
　　　身者のコミュニティにおいて果たしてきた機能を分析している。それによると、
　　　済州島人的地縁結合はソシアルサポートであり、移動性生活と現地の生活適応
　　　のために、済州島の村共同体から日本で支え合う絆へと変容している。地縁結
　　　合の機能には、済州島人アイデンティティの保持及び強化があり、国家（国籍）
　　　アイデンティティを超えるものとして捉えられる（270）。

29）谷（2015：121-122）

30）中西（2015：32-33）

31）河（1997：132）

32）中西（前掲論文：44）

33）文化庁編（2017：82-83）

34）飯田（2002：49-50）。また、民族教会としての自己規定をし、差別撤廃運動を積
　　　極的に推進してきたという点で、在日コリアンの諸宗教活動の中でも最も注目
　　　すべきものの一つであるとも述べている（飯田2002：264）。

35）在日大韓基督教会大阪西成教会（2003：8-23）

36）学校教育法第一条において「学校とは、幼稚園、小学校、中学校、高等学校、
　　　中等学校、特別支援学校、大学及び高等専門学校とする」とあり、ここで規定
　　　されている学校を便宜的に一条校と呼んでいる。民族学校のうち、大阪の学校
　　　法人白頭学院、学校法人金剛学園、学校法人京都国際学園が一条項として許可
　　　されている（国際高麗学会日本支部「在日コリアン辞典」編集委員会編（2010：
　　　29）。

37）日本には韓国の在外学校の認可を受けている学校が4校あるが、そのうちの3
　　　校が近畿に集中している。学校法人京都国際学園中・高等学校、学校法人白頭
　　　学院建国幼・小・中・高等学校、そして金剛学園である。そのうち、金剛学園
　　　と京都国際学園は1961年に、白頭学院は1976年にそれぞれ認可を受けている。
　　　（韓国教育部「2016年在外韓国学校現況」）（https://www.moe.go.kr/boardCnts/
　　　view.do?boardID=336&boardSeq=63508&lev=0&searchType=null&statusYN=
　　　W&page=1&s=moe&m=030211&opType=N, 2017.2.5検索）を参照）。

38）国際理解教育推進授業の一環として行われているものである。クラブは、保護
　　　者からの要望があり、常時5名以上の参加が確保できる場合、学校からの申請
　　　に基づき、教育委員会と協議のうえ設置することができる。クラブでは、放課
　　　後週1回、1時間程度、韓国・朝鮮の言葉や風習、民族楽器などの文化や地
　　　理・歴史などの学習を行っている（大阪市HP より http://www.city.osaka.lg.jp/
　　　shimin/page/0000321350.html,2017.2.11 検索）。

39) 梁（2013：245-246）

40) 太田（1974b：165-166）

41) 西岡ほか（1974：39）

42) 太田（1974b：66-67）また、1970年代初めには、大阪市立中学校長会の配布した「研究の歩み」のなかで、部落差別や民族差別を生み出している矛盾から目をそらし、むしろ差別意識を助長する内容が記載されていたのをきっかけに、「日本の学校に在籍する朝鮮人児童・生徒の教育を考える会（現在「全朝教大阪（考える会）」）が発足した。当時、日教組はコリアンの児童を「民族学校の前まで連れて」いくことこそが日本人教員の役割だと考えていたが、考える会では、むしろ本名を呼び名のる取組みなど、公立学校の教育実践の中で目の前にいる子どもたちに日本人教員ができることが何であるのかが提起された。このような、日本の学校教育に対して課題意識を持つ日本人教員の連帯が民族学級の誕生と発展を支えた（朴2008：47-49）。

43) 朴（前掲書：30-31）

44) 太田（1974b：70）

45) 西岡ほか（前掲文：41）

46) 太田（1974b：67）

47) 太田（1974a：72）

48) 朴（前掲書：34-35）

49) 朴（前掲書：36）

50) 在日コリアン一世・二世などの女性を対象に行われている識字学級（学校・教室）。神奈川県、大阪府、福岡県などの在日が多く居住する地域で開かれている。学級名は様々で、学級により運営形態も異なるが、週に1～3回程度の開講で、この多くはボランティアにより運営されている（国際高麗学会日本支部『在日コリアン辞典』編集委員会2010：54）。

51) 太田（1974b：168-169）

52) イルムの会編（2011：110-111）

53) 岩山（2012：49-50）

54) コリアNGOセンターHP内「民族学級の略史：民族教育が歩んだ50年」より

55) 梁（前掲論文：249）

56) 朴（前掲書：210）

57) 長橋小学校では「一人ひとりを大切にする教育」を継承し、その象徴として民族学級、フィリピン学級、多文化共生学級等を挙げている（長橋小学校HP内「平成27年度学校関係者評価報告書（案）」（http://swa.city-osaka.ed.jp/weblog/data/e761760/g/0/746588.pdf,2016,5,15検索）より）。

58）鄭（2015：58）より再引用

59）鄭（前掲論文：77）

60）鄭（前掲論文：81）

61）トッカビをはじめとした市民による主な実践として、次のものが挙げられる。1979年八尾市一般職採用試験の国籍条項撤廃運動、1981年「八尾市に住む韓国・朝鮮人児童・生徒のためのサマースクール（「オリニマダン」、2003年より「多文化キッズスクール・オリニマダン」）開催、同年国民体育大会参加資格の国籍条項撤廃運動、1982年「フェスティバル韓国・朝鮮の歌とおどり（現「民族文化フェスティバル・ウリカラゲモイム」）開催、1983年郵政外務職採用試験における国籍条項撤廃運動、1987年「民族教育基本方針」策定を求めた八尾市庁舎前座り込み行動、1991年「八尾市民民族祭り（現「八尾国際交流野遊祭」）開催、1994年「国際交流親子の集い」開催、1996年「ベトナム人児童・生徒のためのサマースクール」開催、1998年「祝八尾テト」開催、2004年「外国人市民相談事業」開始（2008年より行政事業化されトッカビが受託）（鄭前掲論文：60）

第3章

韓国の移民政策の変遷と在韓華僑

1. 朝鮮半島における華僑の定住

1.1 華僑の定住と戦後

　この章では、韓国における外国人政策を振り返り、移民政策へと転換する過程で華僑がどのように位置づけられてきたのかについて考察する。現在多文化政策を展開し、国内における定住外国人の統合が社会的な課題となっている韓国であるが、グローバル化の波に伴って外国人が流入してくるまで、外国人といえば華僑を指していた。19世紀末、清国の軍隊とともに港湾都市仁川に降り立った数十名の軍役商人が、朝鮮半島に住む華僑のはじまりだといわれている。その後、華僑は元山、釜山をはじめ、朝鮮半島各地に根を下ろし、人口が1930年には華僑人口が9万人に上っていた[1]。表3-1 を見ると、華僑人口のおよそ65％が朝鮮半島北部、現在の北朝鮮に居住していたことがわかる。朝鮮の地に生活の場を求めた朝鮮華僑は、本国とのネットワークを駆使し、東アジアをまたにかけた経済活動を行っていた。表3-3 を見ると、1930年当時、華僑有業者の中では商業活動（34.0％）に従事する人が最も多く、その次に工業

表3-1 郡部別「中華民国人」人口一覧表（1930年）

府部	京城府	8,275	郡部	京畿道	5,079
	仁川府	3,372		忠清北道	1,295
	開城府	242		忠清南道	2,760
	群山府	718		全羅北道	2,579
	木浦府	416		全羅南道	2,358
	大邱府	792		慶尚北道	1,660
	釜山府	737		慶尚南道	1,134
	馬山府	102		黄海道	6,185
	平壌府	3,534		平安南道	4,354
	鎮南浦府	887		平安北道	14,509
	新義州府	9,071		江原道	2,587
	元山府	1,218		咸興南道	9,296
	咸興府	667		咸興北道	6,554
	清津府	1,402		計	60,350
	計	31,433	合　計		91,783

資料：朝鮮総督府編（1935：266-268）『朝鮮国勢調査報告昭和5年全鮮編第2巻記述報文』より作成。

（27.4％）、農業（17.0％）となっている。李（2012）は、当時、商業界において華僑織物商が、日本人織物商及び朝鮮人織物商を圧迫する勢力を形成していたこと[2]、製造業にかんしては、中国国内で民族産業として発達し、朝鮮に移植された靴下製造業と鋳物業について、前者が1920年代に朝鮮人の靴下製造業に脅威を与える存在となっていたこと、後者が朝鮮釜の生産では独占的な位置を占めていたこと[3]を明らかにしている。また、農業分野では、華僑農民が朝鮮近代都市部の需要野菜の供給において高い比重を占めていたこと、また山東省から移住してきた農民が山東省産の野菜種子と栽培技術を持ち込み、朝鮮人農民に商業的野菜栽培への刺激を与えると同時に、朝鮮人農民の野菜栽培技術の発展に貢献したことを明らかにしている[4]。

　第二次世界大戦直後、米軍政庁は、日本統治からの解放を迎えた朝鮮が、経済的にも速やかに日本との関係を断ち切らせるため、貿易を統制して日本との貿易を排除するとともに、中国・香港との貿易を拡大していった。そんななか、政治的には連合国民待遇であった華僑には経済的制裁が一切加えられず、植民地時代の商業基盤を活用した対中貿易を行い、大盛況の時代を迎えていた[5]。

　しかし、1948年の大韓民国樹立前後から、華僑に対する経済的警戒心が強化されていった。当時の華僑経済の中心は貿易で、韓国政府が警戒するのも主に華僑の貿易商人だった。この頃、李承晩政権によって最も重視されたのは韓国国民による「民族資本の確立」であった。これは「輸入代替工業化」という具

表3- 2 「中華民国人」職業小分類（1930年）

	人数	比重（％）
農耕業主	3,457	4.7%
作男・作女	5,575	7.6%
農業手助	2,219	3.0%
伐木夫	663	0.9%
採炭夫	710	1.0%
石切出夫	527	0.7%
鋳物師・鋳造工	712	1.0%
編工・組工	634	0.9%
製材工・木挽職	580	0.8%
建具職・家具職・指物職	883	1.2%
菓子・麺麭・水飴製造工	880	1.2%
大工	2,791	3.8%
石工	1,279	1.8%
土工	6,480	8.9%
物品販売業種	5,311	7.3%
店員・売子	9,048	12.4%
商業手助	1,559	2.1%
露店（屋台店を含む）行商人・呼売商人	1,984	2.7%
料理店・飲食店・貸席業・置屋業主	1,635	2.2%
旅館・料理店・飲食店・貸席業の番頭・客引	1,550	2.1%
料理人	2,349	3.2%
理髪師・髪結・美容師	534	0.7%
舵夫・水夫	1,018	1.4%
舟夫	776	1.1%
仲仕・荷扱夫・運搬夫(担軍を含む)	2,635	3.6%
主人の世帯に在る家事使用人	565	0.8%
雑役夫	1,121	1.5%
日傭（単に日傭と申告したる者）	5,041	6.9%
五百人以下の有業者	10,434	14.3%
総　数	72,950	100.0%

資料：朝鮮総督府編（1935：179-180）『朝鮮国勢調査報告昭和5年全鮮編第2巻記述報文』より作成。

表3- 3 「中華民国人」職業大分類（1930年）

	人数	比重
農業	12,406	17.0%
水産業	68	0.1%
鉱業	2,589	3.5%
工業	19,963	27.4%
商業	24,833	34.0%
交通業	5,749	7.9%
公務・自由業	329	0.5%
家事使用人	589	0.8%
其の他の有業者	6,424	8.8%
総　数	72,950	100.0%

資料：朝鮮総督府編（1935：173）『朝鮮国勢調査報告昭和5年全鮮編第2巻記述報文』より作成。

表3- 4 韓国における華僑人口(1945年-2015年)

年度	人数	年度	人数	年度	人数
1945	12,648	1974	32,255	1995	22,190
1948	12,578	1975	32,434	1996	22,157
1949	21,885	1976	32,436	1997	22,137
1952	17,687	1977	31,751	1998	21,987
1954	22,090	1978	30,562	1999	22,043
1955	23,988	1979	30,078	2000	22,083
1956	22,149	1980	29,623	2001	21,818
1957	22,734	1981	29,220	2002	21,629
1959	23,318	1982	28,717	2003	20,913
1960	24,723	1983	27,131	2004	20,735
1961	23,975	1984	27,662	2005	20,482
1962	23,575	1985	25,008	2006	20,156
1964	26,176	1986	23,432	2007	18,410
1965	28,927	1987	24,512	2008	17,951
1966	29,939	1988	24,098	2009	19,885
1968	30,810	1989	23,417	2010	19,657
1969	31,243	1990	22,842	2011	19,151
1970	31,918	1991	22,631	2012	18,702
1971	32,605	1992	22,563	2013	18,327
1972	32,989	1993	22,485	2014	17,704
1973	32,841	1994	22,271	2015	17,216

資料：1945〜1984：パク・ウンギョン（1986：118、210）1985〜2015：出入国管理局『出入国管理統計年報』各年度（1985〜2001 までは居住資格者（F-2）、2002 は居住（F-2）・永住（F-5）・永住配偶者（F-2-3）の合計、2003〜2015 は居住（F-2）・永住（F-5）の合計）

体的な政策として実施された。輸入品を制限し、輸入品を代替できる工業を育成し、国内で必要な物資は国内で生産し充当すると同時に、輸出を振興したのである。この政策は華僑の貿易活動を衰退させるのに効果的に働いた。また関税政策も華僑に不利に働いた。1949年に出された関税法により、韓国国籍がない者は保税倉庫を設営することも、輸入品の税関貨物取扱人になることもできなくなったのである。この法の執行により、華僑の保税倉庫は事実上封鎖された[6]。一方、1948年には「国籍法」が制定され、国民の範囲が「純潔な朝鮮民族の血統」と定義づけられている。「朝鮮民族の血統」を受け継いでいない華僑が韓国の国民となることは許されず、帰化をする際にも厳格な要件があった[7]。その後、1950年に勃発した朝鮮戦争とその後の反共政策、厳しい華僑排除政策の中で、「中国人」である華僑は社会・経済・政治的に韓国社会より排除されていった。

　1961年の軍事クーデターによって政権を握った朴正熙大統領は、経済開発と国家の近代化、反共体制と国家安保の確立、腐敗の一掃と民生の安定、友邦国家との協力強化を国策として挙げ、なかでも経済発展を最優先課題として掲げた。まず土地が国家領土の一部として公益に直結する価値と重要性を持っていると判断した韓国政府は、1961年に「外国人土地法」を制定し、外国人の土地取得を制限した。1962年には「外国人土地法施行令」が発布され、外国人、外国法人に土地の権利取得を禁止し、あらゆる制限が加えられた。これにより、当時のソウル・仁川・大邱など、すべての道庁所在地を含めた華僑居住地のほとんどが制限地域に指定された。これらの地域においては外国人が土地を取得するには、改めて国防部長官の許可を受ける必要があったが、華僑の土地取得は事実上封鎖されたという[8]。その後、1968年の改正で、華僑は居住を目的とする660㎡（200坪）以下の土地は事前申告で所有できるようになった。また、明文規定はなかったものの、そのほかに商業目的の土地（店舗用土地）165㎡（50坪）も所有できるようになった[9]。この土地制限は1998年まで続いた。この「外国人土地法」により、農地を所有し、野菜栽培に多く従事していた華僑は土地を失っていった。また、規制によって商業規模も小さくならざるを得ず、華僑の経済力が成長する機会が封鎖されていった。そして、1970年代には独裁政権による再開発事業の影響を受け、ソウルを始めとして各地に形成されていたチャイナタウンがことごとく解体された。現在、韓国内で華僑はソウルに最も

多く居住しているが、「チャイナタウン」という形で集住が認められるのは仁川と釜山のみである。

　また1962年に作られた「住民登録法」は華僑にも大きな影響を与えた。「住民登録法」の対象は韓国国民であり、原則として出生申告時に住民登録番号が付与され、一定の年齢になると住民登録証が発給される。韓国国籍を有していることが大前提となるため、華僑等、外国籍を持つものは登録できない。だが、住民登録がされないということは、韓国社会の中で様々な不利益をこうむることと直結していた。韓国の住民登録制度は非常に強力な管理制度で、すべての国民に強制された居住地登録制度、すべての国民に固有・普遍の番号を与える固有番号制度、すべての成人に強制的に発給する国家身分制度を含めているという特徴を持つ。住民登録証とその番号は、国民の各種の公的・私的活動における身分証明の手段として使用されるようになり、もはや国民認定装置としての役割を果たすようにもなっている。すなわち、住民登録を所持しているすべての韓国国民が「正しい身分」であると認定する反面、住民登録証を持っていない者は容易に「身分不正者」の烙印を押してしまうのである[10]。このシステムは、現在も相変わらず機能している。住民登録制度に基づく住民登録番号の有無は生活のあらゆる場面に影響しており、華僑に対するインタビューでも、住民登録番号がないことによる不便及び不利益が、外国籍であることの生活上の問題として真っ先に挙げられた。たとえば、携帯電話の新規契約、大小含めたウェブサイトでの取引きからインターネットゲームへの加入に至るまで、住民登録番号での身分確認や入力がまず求められる。別途外国人登録番号などを通知するなどの手続きを踏めば可能な場合もあるが、いずれにしても迅速さが利点であるサービスが受けられないという点が、当事者に大きなストレスを与えることは確かであろう。

　一方、華僑の国籍についてであるが、華僑のほとんどは現在の中華人民共和国の出身であるにもかかわらず、中華民国籍となっている。それには、分断国家である韓国の政治的状況が影響している。朝鮮戦争以来、厳格な反共体制を敷いてきた韓国において、1992年に中華人民共和国と国交を結ぶまで、中華人民共和国の勢力の進入は完全に封鎖されていた。在韓華僑が中華人民共和国と接触する道は韓国政府によって遮断され、中華民国による在韓華僑の取り込み政策の強い影響もあり、華僑の中に反共体制と反共イデオロギーが内面化され

ていったのである。そのため、日本では、中華人民共和国との国交正常化によって、華僑の国籍選択が中華民国と中華人民共和国に分かれていったのに対し、韓国では、中華人民共和国との国交正常化後も、華僑が国籍を変更することがなかったという[11]。中華民国による華僑の取り込みにおいて重要な役割を果たしたのが、華僑学校である。統計を手に入れることができなかったが、インタビューからは、華僑のおよそ8割は華僑学校（小・中・高）に行っているのではないかという話が出てくるくらい、華僑の華僑学校の選択率は高い。

　韓国における華僑学校は、中華民国による華僑政策に基づき、中華民国大使館の指導の下で1945年から1950年代にかけて急増し、韓国全土に普及していった。その基盤になったのがのちの「華僑協会」である。この「華僑協会」は、1961年の発足以来、中華民国大使館を補助し、領事館の業務の一部を担当してきた。華僑であれば自分の意思とは関係なく「華僑協会」に登録され、また脱退することも不可能である。「華僑協会」が戸籍業務を担当しているので、華僑は結婚・離婚・出生にかんしてはすべて「華僑協会」で手続きをとらなければならない。結婚証明書、出生証明書、身分証明書の発行なども「華僑協会」が担当している。また、韓国政府との折衝も「華僑協会」を通して処理できるように外務部門が設置されている。「華僑協会」は、このように領事業務を代行する権限によって、一般的な華僑団体とはことなる独自の地位、つまりすべての華僑団体の頂点としての地位を有しており、華僑社会における影響力は非常に強力である[12]。

　この「華僑協会」とセットで華僑学校が設立され、1968年には「華僑協会」が全国に50か所、華僑小学校が47校、華僑中学校が5校運営されていた。中華民国政府は、華僑学校建設の補助、教師と教科書・教育課程の支援、職業教育支援等を通じて華僑学校に深く関与している。華僑学校の教育課程では、週2、3時間の韓国語の授業以外はすべて中国語で授業が行われ、中華民国から送られた教科書を使用し、中華民国とほぼ同じ教育が行われてきた。こうした教育内容もまた、華僑の目を韓国社会より中華民国に向けさせる一因となった。職業差別により、韓国内の大学に進学しても韓国社会でエリートになることが望めなかった華僑は、その多くが華僑学校を出た後、中華民国の大学に進学することを望んでいたという。実際に、1994年まで、華僑の台湾の大学への進学者数は、香港・マカオ、マレーシアに続き、第三位を維持していた[13]。王（2008）

は、第二次世界大戦後に形成された東アジアによる冷戦体制が在韓華僑の中華民国に対する「祖国」意識形成の土壌を作り、その後勃発した朝鮮戦争によって華僑が中華人民共和国を敵として認識し、中華民国政府に帰属意識を持つようになった経緯について明らかにしている。その過程で少なからず華僑側に影響を与えたのがこの華僑学校であったのである。

　一方、1988年のソウルオリンピックの開催を契機に、韓国人が嫌がる業種に外国人労働者が従事するようになった。好景気と中小企業の人手不足に対応する形で、韓国政府は、1991年にそれまで海外投資企業を対象に制限的に運用していた研修生制度を緩和し、1993年には対象を一般企業まで広げ、受け入れ枠を次々と拡大した[14]。しかし、実質的には労働者であるにもかかわらず、在留資格上は「研修生」であるという立場上、市民権、労働権ともに認められず、深刻な労働被害や人権侵害が多く報告された。このような矛盾を解消すると同時に、それまで合法的に受け入れることを拒んできた非熟練外国人労働者を、労働市場の状況を踏まえながら受け入れる枠組みが創設された。2007年に外国人労働者の受け入れ制度として一本化された「雇用許可制[15]」である。すなわち、1990年代からの韓国における外国人政策は、外国人労働者をめぐる施策が主流だったといえる。

1.2　多文化政策と華僑政策

　1998年になると、前年のアジア通貨危機で打撃を受けた韓国は、外国からの投資を誘発するために外国人の土地所有制限を解除した。この頃から定住する外国人に対する法制度が整い始める。2002年には在留資格に「永住」資格が新設され、2005年には、19歳以上の永住資格所持者で永住資格を取得してから3年以上経過する者に対し、地方参政権が付与された。この頃、メディアを始めとする様々な場面でも、多文化社会の到来が話題となっていた。政府レベルでも2006年12月に行政自治部（省）が「韓国は急激に多人種・多文化社会に移行しているという理解の下」部署内の行政目標を設置したと発表している。また、2006年4月には、国政議会で「多人種・多文化社会の進展は逆らうことのできない大きな流れである」と盧武鉉大統領が発言したのを受け、政府各部署による「移住者を統合するための多文化主義政策」の開発と立案が本格化した[16]。政府がその際に多文化政策の対象として想定していたのは、急増していた国際

結婚移住女性家庭であった。その中で、2006年の「居住外国人支援標準条例案」、2007年の「在韓外国人処遇基本法」、2008年の「多文化家族支援法」の３つは、外国人住民に対する支援を目的に策定され、移民統合政策を積極的に推し進める政府の基本方針を表している。また2010年の国籍法の改定では、国内で外国籍を行使しない誓約をする限りにおいて、限定的に重国籍が認められるようになった。

　韓国内の多文化政策の進展に伴い、華僑をめぐる政策も変化していった。1998年に、長年華僑の経済活動を抑制してきた外国人の土地所有制限が、外国からの投資誘致を目的に解除され、2002年の永住資格の新設を契機に、華僑の社会的・経済的生活も漸次向上していった。2003年に大統領に就任した盧武鉉大統領は、移民や外国人労働者にかんする法制度を次々に整備し、現在の韓国の多文化政策の基礎が完成した。表3-5 を基に詳しく見てみよう。

　多文化政策の基本方針を示す一つ目の「居住外国人支援標準条例案[17]」は、

表3-5　多文化政策と華僑政策

年度	多文化政策への流れ	華僑政策の流れ
1950		倉庫封鎖令
1953		第１回貨幣改革
1961		外国人土地法
1962		第２次貨幣改革
1968		外国人土地法改定
1970		外国人土地取得及び管理に関する法
1970年代		ソウル都市再開発事業によるチャイナタウンの解体
1993	産業研修生制度の施行	
1998	外国人土地所有制限の解除	
2001		仁川市中区北城洞、善隣洞、新浦洞一帯が、文化観光部により観光特区に指定される。
2002	永住資格の新設	
2004	雇用許可制度の施行	
2005	永住資格保持者に対する限定的地方参政権の付与	
2006	①居住外国人支援標準条例案の策定	
2007	雇用許可制への一本化　②在韓外国人処遇基本法の施行	
		仁川市中区北城洞、善隣洞、港洞一帯が産業資源部により「チャイナタウン地域特区」に指定される。
2008	③多文化家族支援法	
2010	「国籍法」の改定	

地方自治体における外国人政策の指針となるものであるが、支援対象として①外国人、②韓国国籍を新たに取得した者、③その他、韓国語など韓国文化と生活に慣れていない者を掲げている。条例中の「外国人」とは「大韓民国の国籍を持っていない者」、「居住外国人」とは「○○市管内に90日以上居住しながら、生計活動に従事している外国人」と定義されているので、華僑も定義上は支援対象に含まれる。支援内容は、韓国語及び基礎生活適応教育、苦情・生活・法律・就業などの相談、生活便宜の提供及び応急救護、外国人支援施策に対する諮問員会の開催等である。ただ、本条例に先立って出された「居住外国人支援指針[18]」の中で、地方自治体の支援対象となる外国人について、「外国国籍を有する同胞、勤労者、留学生、海外に養子に行った者など国内に居住する韓国国籍を持っていない外国人と、国際結婚移住者（その子ども）を始めとする韓国国籍を取得した外国人等、韓国文化と生活に慣れていない者を含む」と定義されており、これらを総合すると、華僑も支援対象に含まれないわけではないが、実質的には韓国文化に慣れていない新来の外国人が支援対象者の中心となっていることがみてとれる。

　二つ目の「在韓外国人処遇基本法[19]」では、この法令で対象となる「在韓外国人」について、「大韓民国の国籍を持っていない者で、大韓民国に居住する目的のため合法的に在留している者を指す」と定義している。華僑ももちろん在韓外国人の範疇に入る。また、「多文化」の範囲については、第18条の「多文化に対する理解増進」という項目で、「国家及び地方自治団体は国民と在韓外国人が互いの文化及び制度を理解し尊重できるよう、教育、広報、不合理な制度の是正やそのほかに必要な措置をとるために努力しなければならない」としているように、在韓外国人全般が想定されており、国際結婚移住女性に限定しているわけではない。また、永住資格の保持者については、国家と地方自治体が、韓国の利益を害しない範囲で韓国への入国・在留または韓国内での経済活動等を保障することが明記されている。

　一方、三つ目の「多文化家族支援法[20]」では、その名の通り「多文化家族[21]」を対象に、国際結婚移住女性への韓国語・韓国文化適応教育、職業訓練等の実施、DV被害者の保護・支援、子どもへの教育支援、多言語の行政サービスの提供、多文化家族支援センターの設立等の支援施策が策定されている。これは明らかに国際結婚移住女性とその子どもたちを対象としているため、華

僑は対象外となっている。すなわち、政策立案の段階で、華僑は多文化政策の対象になることもあるが対象外にならないこともあるという、非常に曖昧な位置に置かれていることがわかる。

1.3　永住資格と重国籍

　次に華僑ともかかわりの深い永住資格と重国籍についてみてみよう。永住資格とは、2002年に改定された「出入国管理法施行令」に基づく「永住」資格という在留資格を指す。この永住資格新設に先立ち、2001年に「長期滞在外国人の永住権取得とその法的地位に関する法律案」が国会に提出され、主に華僑を対象に、長期間の居住経験を持ち、これからも韓国で居住し活動する意思を持つ長期滞在外国人に出入国・土地取得・金融取引・学校教育において韓国国民と同様な権利を付与することが発議された。しかし、この法案を審査した「法制司法委員会」は、長期的に見たとき、「朝鮮族」の中国人による大規模な永住権取得申請が殺到する潜在的な可能性[22]、いわゆるアメリカ式の永住権制度を導入する過程で「国民的共感性の差異によって発生する派生的問題点」を考えると「時期尚早」であると結論づけ、廃案としている。結果的に法案として華僑の「永住権」は導入されず、その代わりに「出入国管理法施行令」が改定され、「永住」資格が新設された[23]。資格取得後は査証の更新が不要となり、一定の制限付きで地方参政権が与えられた。しかし、実際の生活面において、「永住資格」を所有していても韓国籍がなければ韓国人住民と同等の行政サービスが享受できるわけではない。漢城華僑協会のK氏によると、華僑の「永住権」の獲得は華僑協会でも数度にわたって政府に請願書を出していた悲願でもあったが、実際に制度の内容を知ると非常に失望したという。

　　私たちが一番望んでいたのは、まず高齢者福祉です。もちろん（一世の場合は）韓国で生まれてはいないのですが、ずっと前に韓国に来て商売をしながら税金を沢山納め、韓国経済の発展にも寄与してきた人たちです。（高齢者福祉に対して）たとえば、テグやプサンは無料乗車券が発給されますが、ソウルはだめ[24]。せめて永住権を持っている満65歳以上の高齢者には（韓国人の高齢者と同じように）無料乗車券をくれと言うために保健福祉部にも行ってみたのですが、地下鉄の経営主体がいくつにも渡るので無理だと言

われました。永住権を持っていても無理です。ソウルに住む65歳以上の華僑は400名から500名ほどいますが、実際はあまり外に出る習慣がなく保守的です。無料乗車券をもらったからといってそんなに利用するわけではない。障がい者に対する保障もありません。医療、車いすはもちろん障がい者手帳ももらえない。今国会で外国人でも受けられるように法規が変わるかどうか審議中です[25]。（政府は）外国人の中でも華僑の歴史が長いからと言って華僑だけ特別扱いはできないといつも言います。でも華僑に永住権をやるというのであれば、永住権を持っている人たちだけでも福祉を受けられるようにしてくれと言っているのです。永住権は華僑の60％以上がとっています。最初永住権の話が出たとき、「准国民にしてやる」ということだったのでとても期待していました。しかし、ふたを開けてみたら、ビザの延長をしなくてよくなったのと、地方参政権を得られただけ。高齢者が今更地方参政権を持っていたところで何の力になりますか。「准国民」という地位はいったい何ですか。（K氏）

　もちろん、永住資格や地方参政権の獲得は、華僑の地位向上という意味で大きな転機となるのは間違いなく、これまで定住外国人の権利についてほとんど放置してきた韓国政府の対応としては大きな一歩である。また世代によっても受け止め方が異なることは推測できる。しかし、長年、華僑に対する排除政策の中で必死に生きながらえ、異国で老いていくことの現実を目の当たりにしている世代の華僑にとって、これらの政策は現状に即したものとは言い難かったのであろう。

　その他、外国人労働者や国際結婚移住女性を中心とする外国人の増加や急激な少子高齢化に対応し、2010年の国籍法の改定では、国内で外国籍を行使しないと誓約する限りにおいて、限定的に重国籍が認められるようになった。韓国の国籍法はもともと父系血統主義であったため、華僑男性と韓国人女性の間に子どもが生まれた場合、韓国籍を得ることができず、自動的に父親の国籍である中華民国籍となっていた。しかし1997年の国籍法の全面改定により父系血統主義から父母両系主義となり、韓国人の母と華僑の父を持つ子どもに、いずれはどちらの国籍を選択するか決めなくてはならないが、韓国国籍が認められるようになった。2010年の国籍法の改定では、海外で遠征出産した者以外で、

両親のどちらかが韓国人の子ども、韓国人の配偶者と婚姻維持状態にあり、韓国に一定期間以上居住している国際結婚移住女性、外国人で韓国に特別の功労がある者、または国益に寄与すると認められた優秀な者等に重国籍が認められるようになった。ただ、男性の場合、韓国籍と外国籍を同時に所有するには、兵役義務を遂行することが条件となる。華僑との関連で見ると、本国籍法の改定にあたり、改定前年に韓国法務部が行った立法予告では、華僑も国内長期居住外国人として重国籍の認定対象に入っていたが、兵役義務を履行しなくてもよいなど無条件で重国籍を認めるのは「時期尚早」ということで除外されてしまったという[26]。重国籍についても華僑協会が望んでいたものとは違っていた。

　重国籍が議論され始めた当初、高齢者福祉や障がい者福祉問題も、華僑に重国籍が与えられたらすべて解決されると思い、担当部署に通いつめて、華僑も（重国籍の対象として）入れてくれと請願を出していました。韓国人になったらすべて問題ないじゃないですか。最初は華僑も入っていたんです。華僑にも重国籍が認められると。しかし様々な過程を経る中で、華僑は省かれてしまいました。そうか、華僑にはくれないのか、それならば仕方がないと思っていたら、韓国人の母親を持つ子どもには韓国籍をくれるという。しかも強制的に。でも韓国籍を持ってしまったら、（韓国の場合法律上）外国人学校である華僑の学校に入れなくなることもあるし[27]、（華僑学校から韓国の大学に進学する際に受けられる）外国人学生としての特例入学もできなくなってしまう。それでは困るので、韓国の国籍はいらない、放棄するので手続きを教えてくれと担当官に聞いたら、法が執行されるまで、あと何日かは韓国内でできるが、それ以降は台湾の韓国大使館でやってくれというんです[26]。その時点で5日しか残されていませんでした。誰もそのことについては知りませんでした。広報も何もなく、他の華僑に知らせる時間もありませんでした。台湾に戸籍も、親戚も、家も何もないのに、どうしろというのですか。強制的にくれるものをいらないというだけなのに、飛行機代やホテル代を自腹で払って手続きをしなくてはならないというのですか。この重国籍制度には問題があるように思われます。（K氏）

在韓華僑は、先述の通り、政治的な韓中関係の推移の中で台湾国籍となって

いるものの、そのほとんどは大陸出身者であり、台湾に戸籍があるわけでも、住所があるわけでもない。また、華僑の生活一般にかかわる行政業務を台湾代表部より委任されている「華僑協会」の担当者でさえ、法が執行される直前になるまで実質的な内容を知らされていなかった点を鑑みると、当事者への広報が充分とは言えなかったのも事実のようである。

　また、実際に重国籍の対象者となる華僑と韓国人の間に生まれた子どもにとっても、この制度は理解しがたい側面があった。手続き上の不備によって、兵役義務を果たしたにもかかわらず、韓国国籍をはく奪されたＪ氏の事例である。Ｊ氏は、1986年生まれの第三世代で父親が華僑、母親が韓国人である。このようなケースの場合、国籍の選択にかんしては、次の３つの選択肢がある。①韓国国籍を選択して外国国籍を放棄、②韓国国籍を選択し、外国国籍不行使誓約を行う、③韓国国籍を離脱し、外国国籍を選択。①の場合、原則として女性は満22歳を迎えるまでに、男性は兵役義務が解消（兵役免除処分を受けた場合も含む）後２年以内に国籍選択申告を行わなければならない。この期間が過ぎた場合は、法務部から１年以内に１つの国籍を選択するよう命令（国籍選択命令）を受けるが、国籍選択命令を受けても履行しない場合は韓国国籍を喪失する。②はいわゆる重国籍のことで、男女ともに満22歳になるまでに韓国国籍も所有することを選ぶ場合は、外国国籍放棄の代わりに、韓国国内では外国国籍を行使しないという外国国籍不行使誓約を行わなければならない。男性は満22歳を過ぎていても、兵役を終えたら（兵役免除処分を受けたものは除外）外国国籍不行使誓約を行うことのできる期間が２年間（兵役服務を終えた日から２年）追加される[27]。ここで紹介するＪ氏は、華僑と韓国人の間に生まれた第三世代で、生まれながらに台湾国籍と韓国国籍を持っている。Ｊ氏は両方の国籍をそのまま維持する②のパターンを選び、入隊して兵役を終えた。しかし、手続き上の問題により韓国国籍を取得することができなかった。

　　私は、韓国国籍をそのまま維持しようと軍隊に行ってきました。ところが、（重国籍を維持するためには）軍隊に行ってきた後、２年以内に軍隊に行ったということを法務部や出入国事務所に申告しなければならないそうです。申告をしないと軍隊に行っても韓国国籍が失われます。でも、ちょっとどうかと思うのは、このことについて国から（申請をした）個人宛になんの通知

も来なかったんです。私は軍隊に行ったならば当然重国籍になるものと思ってじっとしたのですが、２年以内に申告をしなくてはならないということを国が通知もしてくれない。法務部に電話して聞いてみたところ、国が通知する義務はないんだそうです。また、韓国に住んでいる華僑は多いのに、自分たちがいちいち発送して通知する余裕もないともいわれました。でも私のようなケースはそれほど多くないはずです。充分に国が調査して通知を送れる部分なのに、言い訳のようにだめだとばかり言うので、自分としてはありえないと思っても、どうしようもありません。国籍はく奪通知は来ました。国籍がはく奪されるという予告もなしに、はく奪されてから通知がくるんです。笑わせるでしょう。今もう一度（韓国国籍取得の）申請をしているのですが、私の場合軍隊に行ってきてすべての兵役義務を終えている状態で申請をしているので、もう重国籍は許可されないそうです。今、もともと持っている台湾国籍を放棄しろと言われている状態です。法的にちょっとおかしいと思います。私はもう韓国人と変わりないんじゃないかいなと思っていました。だけど、このようになってしまうと、やっぱり外国人扱いをうけるんだという疎外感を感じざるを得ません。（Ｊ氏）

　Ｊ氏の語る「軍隊に行ってから２年以内に申告」というのは、必要書類の中に兵役関連証明書類が含まれる「外国国籍不行使誓約」のことのように思われる。また、兵役を既に終えているから重国籍が許可されないというのは、国籍はく奪通知が届いたのが2011年の夏ということだったので、その時点で既に22歳を越えており、「外国国籍不行使誓約」の延長期間である兵役を終えてから２年間という条件にも該当しないためで、今行っているのは帰化申請になる。もちろん重国籍の取得法について韓国政府は案内を出してはいるのだろうが、当事者への周知が充分だとは言い難い側面があったようである。Ｊ氏は幼少期から家庭の事情で韓国人の母方の親戚に預けられ、父親が華僑ではあるけれど韓国人の中で育ち、自分は韓国人と何ら変わることはないと思っていた。しかし、国籍の選択という大きな節目にあたり、韓国社会側は自分を積極的に受け入れようとは思っていないらしいということを知り、以前は持っていなかった韓国に対する否定的な感情を持つようになったという。その中で、Ｊ氏にとって何より納得がいかなかったのは、自らが被った不利益や対処方法についてを相談

できるところがどこにもないという事実だった。

　（韓国国籍がはく奪されたと知ったとき）本当に頭にきました。でも正直言って、この話をするところがどこにもないんです。華僑協会に話すべき問題でもないです。なぜかというと、はく奪されたのが華僑の身分ではなく韓国の身分なので、事実上華僑協会とは全く関係のない問題です。単純にこの問題は韓国の法務部のせいです。といっても上の人たちが作ったものなので、下の人は、こうなっている以上どうしようもないというだけです。ほんとに責任のなすりつけにかんしては、この人たちはすごいです。満18歳になると、これは通知が届くのですが、早く（国籍の選択を）しろと言ってきます。この申請期間でしかできませんと。でも（韓国国籍も選ぶとして）やむをえない事情で私が軍隊に行けない状況に陥ることだってあるかもしれないじゃないですか。そのような状況が生じたときにどうするのかの備えが全くありません。なので相談しようと思ったのですが、相談するところがないんです。いったん軍隊の問題だから兵務庁と思って聞いてみたら、韓国国籍にかかわる問題だから法務部に聞いてみろといわれ、法務部に電話したら軍隊にかかわることだから兵務庁に聞けといわれ、たらいまわしにされました。自分は間に立って本当にどうしたらいいのかわかりませんでした。そんなことがあって、本当に腹立たしい気持ちで軍隊に行ったんです。でも行って帰ってきたらこれで、さらに腹立たしいのに、この悔しい思いを訴えるところがありません。国が決めたので我慢しろということでしょう。法務部に電話したときにも、「法で定められているのにどうしろというのか？」と言われました。たとえ少数でも被害を受けるような事例が生じているのに、声を大にして言わない限りはただやり過ごして葬ってしまう。全く社会的なイシューにはなりません。私がテレビ局にでも行って訴えて問題が大きくなったらはじめて動き出すのです。私たちはこちら側でもなく、あちら側でもなく、完全に外国人でもないし、だからといって完全に韓国人でもない。むしろ外国人よりもっと苦しい立場を経験することがあります。確実なものがないので。（Ｊ氏）

この「確実なものがない」という表現がまさに華僑の立場を表している。長期にわたる定住生活の中で適応が進んでいるにもかかわらず、身分を保障する

永住資格さえ2000年代になるまで存在せず、携帯電話の契約やネットでの取引きなど日常の些細な事柄にまで制限を受けざるを得ない生活を送ってきた。華僑の身分を保障する制度を作らず、一般外国人と同様の処遇を続けてきた結果、外国人とも韓国人とも言い切れない華僑が、制度と制度の狭間に閉じ込められることとなってしまったのである。

　上記の通り、韓国の多文化政策をみると、政策の支援対象者として定義上は華僑も含まれてはいるものの、実際にはそのほとんどが新来の外国人住民やその子どもたちを対象としており、華僑は対象外となっている。2002年の永住資格の新設の際には、初めて長年韓国社会の中で生活してきた華僑の存在が焦点化され、「多文化」の波の中、旧来型の「移民」である華僑の地位向上が漸く俎上に載せられたかのように思われた。しかし、2010年の国籍法の改定でも同様に、新来型の「移民」である国際結婚移住女性は次々と法的地位が整備されていくにもかかわらず、既に韓国社会に定着し、韓国経済の発展にも寄与してきた華僑にかんしては、「時期尚早」ということで切り捨てられてしまった。これらの背景には、現在の韓国の多文化政策が、切実な社会問題となりつつある少子高齢化の解決策の一つとして策定されている点があげられる。すなわち、農漁村の結婚難に対応して外国人女性を招へいし、韓国社会に順応させ、滞りなく韓国国民を出産、養育することに政策の中心が置かれているため、既に韓国社会に定着し、独自のネットワークや教育システムを確立している華僑は、外国人住民としてあからさまに排除はできないものの、実質的には対象外とならざるを得ないのである。また、その背景には、華僑を対象とした基本的な身分保障にかかわる法体制が、これまでほとんど進んでこなかった韓国社会の現状がある。結果的に新たに流入してきた「移民」に便乗する形で法的地位が底上げされたが、当然のことながらその内実は華僑の現状に合っているとは言い難かった。

2.　小　結

　韓国の移民政策では、華僑が第二次世界大戦、朝鮮戦争を通じて韓国社会から制度的・社会的に排除されてきた経緯を振り返った。その中で、華僑のほとんどが現在の中華人民共和国出身であるにもかかわらず、中華民国による華僑

と華僑学校の組織化により、中華民国への帰属意識を高めていった点を確認した。また、韓国で2000年代に入り展開されている多文化政策では、対象が国際結婚移住女性とその子どもたちに移り、旧来型の「移民」である華僑の権利が置き去りにされていったことがわかった。その理由として、政策の目標が少子高齢化解決のために「韓国人」をつくることを念頭に策定されている点が挙げられた。既に韓国社会に定着し、独自の教育システムやネットワークを持つ華僑は政策対象からはずされてしまったのである。ただ、新たな「移民」に便乗する形で法的身分が上昇し、華僑の中でも重国籍や永住資格の保持者に地方参政権が認められるようになった。しかし、高齢化が進む華僑社会で求められていた高齢者や障がい者にかんする福祉については、国籍を理由に依然として認められず、政策の意図と華僑の意識にずれが生じていた。また、重国籍と華僑との関係から見ると、韓国人の両親を持つ子どもたちは、外国国籍を持つことで有する権利を韓国内で使わないという誓約をするならば、重国籍を維持することが可能になった。その前提条件として男性の場合は兵役義務を遂行することが課せられているが、手続き上の不備によって兵役を終えたにもかかわらず韓国国籍がはく奪された事例もあった。この事例からは、およそ1世紀にわたる定住の歴史を持つ存在であるにもかかわらず、華僑の移民としての権利が保障されず、長年制度的に一般の中長期滞在「外国人」と同じ処遇が与えられ、社会的にも放置されてきたことが、いざというときに韓国社会からも華僑社会からも庇護を受けることができず、制度と制度の狭間でもがき苦しむしかない若い世代を生み出す一因になったことがわかった。

　たとえば在日コリアンが、異議申し立てを行って権利を勝ち取り、時には施政までも変えていったのに比べ、華僑にとって多文化政策は、自らの権利を実現すべく闘争して勝ち取ったものでもなく、グローバル化の進展と深刻化する少子高齢化という韓国社会の変化の中で、国によって突如投げつけられたものだったのである。そのため、華僑の中でも自らの存在が「多文化」に入るのかどうかさえ曖昧な状態のままで、今後華僑の地位がどのような形で向上されるのか、国としての明確な方針が見えないまま放置され続けている。

【注】

　1）華僑人口は、1910年に約1万人、1918年に約2万人、1925年に約4万人、1927

年に約5万人と増え、1942年には約8万人に増加した。この間、後述の排華事件や満州事変、日中戦争を契機に一時期華僑人口が大幅に減少したものの、全体的に右肩上がりの増加傾向にあった（李 2012：11）。

2) 李（前掲書：205-206）

3) 李（前掲書：271-272）

4) 李（前掲書：359-360）

5) 李（前掲書：117-121）

6) 王（2008：207-210）

7) 法務部の国籍業務処理基準によれば、帰化を希望する外国人に以下のことが要求されていた。①5000万ウォン以上の財産を所有しているか、技能資格証を所持していること、②4級以上の公務員や言論機関・金融機関・国営企業など部長以上の者2人以上による推薦書、③大韓民国の国民としての義務を忠実に履行し、国家に忠誠を誓う誓約書、④国民としての基本素養の具備である（王前掲書：194）。

8) 王（前掲書：216）

9) ただ、所有した土地は本人が使用することを原則とし1994年までは土地や建物を他人に賃借することもできなかった（王前掲書：218）。

10) 王（前掲書：231-233）

11) 王（前掲書：326）

12) 王（前掲書：266-267）

13) 王（前掲書：306-308）

14) 宣（2010：157）

15) 雇用許可制は、3年のローテーションと再入国容認を基本に、中小製造業、建設業、そして一部のサービス業に非熟練の外国人労働者を受け入れるスキームである。雇用許可制によって入国した外国人は、4大社会保険のうち、健康保険、労災保険が義務加入、雇用保険が任意加入、国民年金が相互主義の原則によって適用されるようになり、労働者として法的地位が保障されるようになった（宣前掲論文：164-165）。

16) オ・ギョンソクほか（2007：65）

17) 韓国行政安全部HP内「居住外国人支援標準条例日本語版」（http://www.mopas.go.kr/gpms/ns/mogaha/user/userlayout/bulletin/bonbu/admi/userBtView.action?userBtBean.bbsSeq=1010882&userBtBean.ctxCd=1147&userBtBean.ctxType=21010002&searchKey=1&searchVal=&currentPage=11，2012.9.26検索）

18) 行政安全部HP内「居住外国人支援指針」（http://www.mopas.go.kr/gpms/ns/mogaha/user/userlayout/policy/policyView.action?policyBean.

bbsSeq=144&policySubBean.parBbsSeq=144&searchCatCode=1036,2012.11.28検索）

19）国家法令情報センターHP内「在韓外国人処遇基本法」（http://www.law.go.kr/
lsSc.do?menuId=0&p1=&subMenu=1&nwYn=1&query=%EC%9E%AC%ED%
95%9C%EC%99%B8%EA%B5%AD%EC%9D%B8+%EC%B2%98%EC%9A%B0+
%EA%B8%B0%EB%B3%B8%EB%B2%95&x=0&y=0#liBgcolor0, 2012.9.26検索）

20）国家法令情報センターHP内「多文化家族支援法」（http://www.law.go.kr/lsSc.
do?menuId=0&p1=&subMenu=1&nwYn=1&query=%EB%8B%A4%EB%AC%
B8%ED%99%94%EA%B0%80%EC%A1%B1%EC%A7%80%EC%9B%90%EB%B2
%95&x=0&y=0#liBgcolor0, 2012.9.26検索）

21）国際結婚移住女性及び韓国に帰化した外国人、それにその夫婦から生まれた、大
韓民国の国籍を有する子どもがいる家庭を主に指す（「多文化家族支援法」第2
条「定義」を要約）。

22）韓系中国人、通称「中国朝鮮族」は中国東北部に多く居住している朝鮮半島にルー
ツを持つ中国人である。2007年の「訪問就業制」施行に伴い制限つきではある
が就業が許可され、多くの朝鮮族が韓国に流入した。期限が3年と決められて
いるものの、一度出国してビザを取り直せば再入国が可能である。2016年度の「出
入国・外国人政策統計年報」によると、「中国朝鮮族」が中長期在留中国人総人
口の約60％にあたる約63万人、外国人総数の30％を占めるなど、現在の韓国で
最も大きなエスニックグループを形成しており、定住が進めば将来的に無視でき
きない勢力に成りうることが推測される。

23）王（2008：459-461）

24）韓国では「老人福祉法」に基づく福祉サービス制度の一環として、1980年代よ
り各地方自治体傘下の都市鉄道機関（地下鉄公社等）が65歳以上の高齢者を対
象に地下鉄の無料乗車券を発給している。しかしそれにかかわる費用は地下鉄
公社（一定額を地方自治体）が全額負担しており、各々の財政事情により対象
者の範囲に地域差が出ているのが現状である。2012年当時、ソウル市は財政上
の理由で現在は永住資格保持者でも外国籍の高齢者には無料乗車券を発給して
いないが、外国人住民にも適用されるよう、費用の国庫負担等も含め、関連法
令の改正要求に関する建議を進めているとのことだった（2012年11月28日、ソ
ウル市都市交通本部担当官チョ・ヘリム氏へのインタビューによる）。

25）2013年1月23日より、住民登録をした在外国民、外国国籍同胞、韓国永住権
者、結婚移民者にも適用されるようになっている（保健福祉部HPより（http://
www.mohw.go.kr/front_new/policy/index.jsp?PAR_MENU_ID=06&MENU_
ID=063701&PAGE=11, 2016.5.15検索））。

26) 2009年11月の段階では、国内で外国籍を行使しないという誓約を行うことを条件に、韓国で出生しかつ父又は母が韓国で出生した者（二世代にわたる国内出生者）又は韓国で出生した後20年以上継続して住所がある国内長期居住外国人についても重国籍を認める方向で議論が進んでいた（藤原2010：114-119）。

27) 韓国では、「初・中等教育法」第60条により、外国人学校への入学資格を持つのは、国内に在留している外国人の子どもか、外国に一定期間居住し、帰国した韓国人に限られている。また、「外国人学校及び外国人幼稚園の設立・運営にかんする規定」により、韓国人の入学にかんし、外国での滞在が3年以上であること、また、基本的には、韓国人学生数は外国人学校学生数の30％を超えないようにするものの、地方自治体の状況により、20％の範囲で入学比率を高められることが規定されている（韓国教育部HP（http://www.moe.go.kr/web/106888/ko/board/view.do?bbsId=339&boardSeq=49265,2016.5.15検索））。ただ、この規定は守られていないことも多い。それは、学校側の事情と韓国人側の事情によるものである。外国人学校卒業者は韓国の大学入試の際に特例措置が適用され条件が有利になる点、また特に英語圏の外国人学校などの場合、ネイティヴによる外国語を学ぶことができ、進学や就職に有利になるなどの点から、外国人学校に入学を希望する韓国人が後を絶たない。仁川チャイナウン内にある華僑中山学校の理事も務めたT氏によると、現在仁川チャイナタウン内にある華僑中山学校の40-50％を、韓国人学生が占めている。台湾政府から、教科書の提供以外特別な財政支援を受けていない華僑学校は、華僑数の減少に伴い、学校経営は悪化するばかりであり、韓国人学生の授業料が重要な財源となっている。これまで厳密には入学資格を持たない韓国人の入学が慣行的に行われてきており、政府も黙認してきたが、近年不正入学に対する監視を強めている。もし厳密にこの規定が運用されたら、学校の存続自体が危うくなる状況に陥っているとのことだった。

28) 2011年1月1日に施行された改定国籍法では、重国籍者の韓国籍離脱は海外に住所がある者のみに認められており、国内に住所がある者には認められていない。また離脱手続きも住所がある海外公館で行わなければならない。国家法令管理センターHP内「国籍法第14条」（http://www.law.go.kr/%EB%B2%95%EB%A0%B9/%EA%B5%AD%EC%A0%81%EB%B2%95/(10275)、2012年12月17日アクセス）以前の国籍法では韓国籍の離脱が韓国内に居住している場合でも可能であったためこのような混乱が生じたと思われる。

27) 韓国法務部・法務庁「国籍及び兵役案内書（2013年9月）『国籍法と兵役法、これだけは知っておいてください！』」（file:///C:/Users/kaaya/AppData/Local/Packages/Microsoft.MicrosoftEdge_8wekyb3d8bbwe/TempState/Downloads/국적법과%20병역%20안내서.pdf, 2017,11,29閲覧）

第4章

エスニック・コミュニティの再構築

1. 「仁川チャイナタウン」と仁川華僑

1.1 仁川華僑の定住と暮らし

本章では、エスニックな文化を観光資源として活用し、まちづくりを行っている「仁川チャイナタウン」を事例に、エスニックな文化権確立の現状や可能性について、行政とのかかわりに焦点を当てて分析する。

ソウル中心部から電車で1時間あまり、地下鉄一号線の終着駅、仁川に到着する。平日は閑散としているこの駅も、週末ともなると多くの家族連れや観光客で賑わう。観光客の目的は、駅からほど近い所にある「チャイナタウン」だ。この町の一番の目玉は、「ジャジャンミョン（ジャージャー麺）」である。独特の色合いを持つこの韓国風中華麺は、19世紀末に海を渡ってやってきた清国人とその末裔が、朝鮮半島の人々の好みに合わせて故郷山東省の料理をアレンジして販売したもので、いまや韓国の国民食とも言われ、老若男女に親しまれる味である。この作り手でもある華僑は、韓国における移民の嚆矢であるが、前章で見たとおり、長年にわたる華僑排除政策のために財産や土地を失い、また

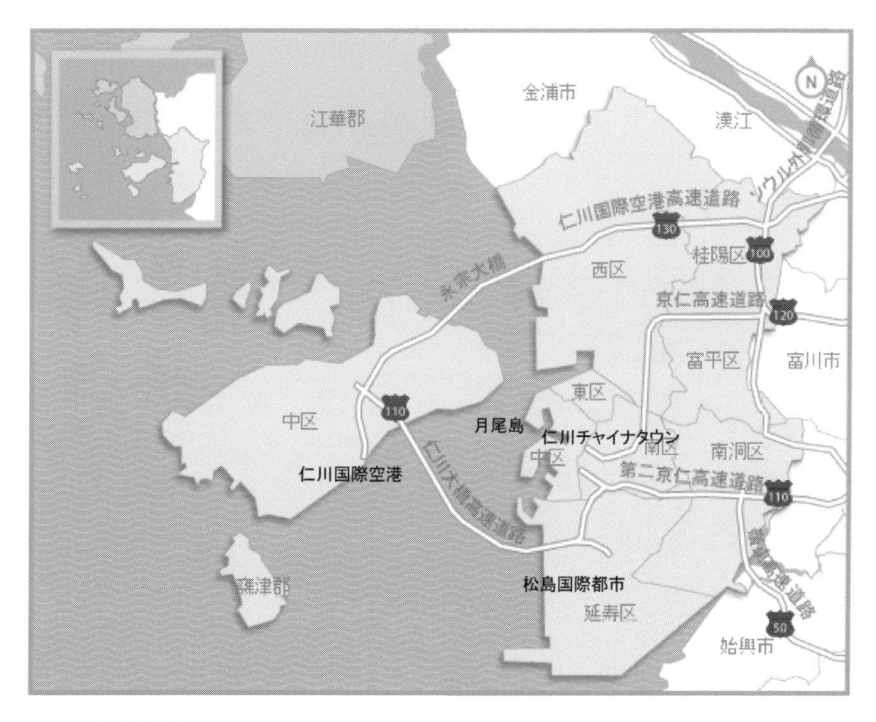

図4-1　仁川広域市周辺図
資料：韓国観光公社HP を基に作図（http://japanese.visitkorea.or.Kr/jpn.index.jsp）

反共政策の下で厳しい差別にさらされてきた歴史を持つ。それは、「世界で唯一チャイナタウンがない国」と揶揄されるほどであり、あまりの生き辛さに第三国へ再移民した華僑も少なくない。また、韓国に残った華僑も100年を超す定住の歴史の中で、帰化や韓国人との通婚が増え、年々その数は減る一方である。現在約1万7千人いるといわれる華僑は、主にソウルや仁川、釜山等の都市部に居住している。

　しかし、2000年代に入り、韓国内で多文化政策とも呼ばれる移民統合政策の展開の流れと、地域再生あるいは活性化という大きな課題を抱えた地方自治体で、華僑の持つネットワークや文化的背景が資源として発見され、仁川では「仁川チャイナタウン」構想が、国や地方自治体を巻き込んで急速に進められていった。時に華僑の思いを置き去りにしたまま進められたこの事業により、当

仁川チャイナタウンの牌楼：筆者撮影

事者も驚くほど街の様子は一変した。しかし、その賑やかさとは裏腹に、華僑と行政の間には未だに深い断絶が横たわっている。この章では、韓国における唯一の旧来型移民である華僑に焦点を当て、政策的な歴史を振り返るとともに、近年行政主導によってエスニック・コミュニティが再構築された事例を紹介し、エスニック資源を行政が活用する際の行政と移民当事者あるいはコミュニティとの関係構築にかかわる課題について考察したい。

　仁川広域市は、ソウル市、釜山市に続く韓国第3の都市で、1883年の開港以来、港湾都市として発展した。2015年現在、人口が約300万人でうち外国籍の住民が約5万人住んでいる。「チャイナタウン」を管轄する中区は人口が約11万6千人、うち外国籍住民が約4,300人で、そのおよそ27％にあたる約1,100人が中華民国籍、すなわち華僑である。

　仁川の歴史は近代朝鮮の幕開けとも重なる。1876年に「日朝修好条規（丙子修好条約）」を締結し、強制的に朝鮮を開国させた日本は、1876年に釜山、1880年に元山、1883年に仁川を相次いで開港させ、朝鮮の市場を独占していった。清国はそれに対し朝鮮国内の内乱を機に軍事介入を行い、1882年には「中国朝鮮商民水陸貿易章程」を締結した。これ以降に朝鮮半島に流入した清国人が現在の在韓華僑の起源である。清国人は、日本の勢力を牽制する清国の庇護と支援の下、釜山、元山、ソウル、仁川を中心に商業活動を拡大していった。1920年ごろからは女性人口が徐々に増え、定着化が進行するものの[1]、日本に

よる植民地時代には、日中戦争の勃発や華僑排斥運動[2]等により、華僑は政治・経済的に多くの打撃を受けた。しかし、第二次世界大戦直後、米軍政庁は、朝鮮が再び日本経済に従属することを防ぐために対日貿易を統制した結果、中国・香港との貿易額が急増し、華僑に有利な状況が形成された。連合国民として経済的な規制を一切受けなかった華僑は、深刻な物資不足もあって植民地時代に築いた商業基盤を活用して貿易を行い、華僑経済は繁栄期を迎えたのである[3]。なかでも仁川には多くの貿易会社が本社を置き、仁川が華僑の対中華圏貿易の中心となっていた[4]。ただ、その後、1949年に中国で共産党が政権を握ると、対中国貿易が根本的に不可能となり、これに1950年に勃発した朝鮮戦争が重なって華僑経済は衰退し、それに伴って華僑の集団居住地も廃れていった。そしてその後の反共政策、厳しい華僑排除政策の中で、「中国人」である華僑は社会・経済・政治的に韓国社会より排除されていったのである。

　「チャイナタウン」で複数のレストランを営むＳ氏は、当時の韓国人の華僑への視線について次のように語っている。

　（韓国人との関係について）韓国社会も自分たちも互いに相手を受け入れようとしませんでした。近所とのつきあいもありませんでした。なぜかと言うと、朝鮮戦争のとき中国が参戦したため統一が妨げられたからです。どれだけの韓国人が中国人を嫌っているか。殴られないだけでもありがたく思いました。韓国社会では、中国人が銃を持ってやってきたせいで統一ができなかったと言われています。私たちは銃を持ったこともないし、自分たちとは全く関係ないのに、中国人というだけでそう見られました。差別もひどかった。一人では（華僑）学校に行けなかったほどです。学校に行く途中に韓国人が住む通りを通るのですが、殴られたりしました。なので華僑同士で遊ぶしかなかったんです。その当時仁川に華僑学校があったんですが、中学校のとき、学校が終わって帰る途中、すれ違いざまに因縁をつけられる。帽子に（華僑学校の）マークがついているからわかるんですね。制服も違いました。我慢して通り過ぎるか、ケンカするか。人数を見て、勝てそうだったらケンカをして、勝てそうになかったら我慢して通り過ぎる。もちろん毎日ではありませんが。（Ｓ氏）

また、S氏の後輩であるW氏も韓国社会の中で生き辛さを感じていた。

　（華僑学校時代）韓国人ともよくケンカしました。私の場合は、外で中国語を話すと、韓国人が後ろから悪口を言ってくるんです。そんな時は振り返ってケンカしました。時には派出所にも連れていかれました。するとまた悪口を言われました。挙句の果ては、お前は人の国に来てるんだから静かに暮らせと言われ……。（韓国人とケンカしても）韓国人は放免され、私たちは派出所で一晩泊まらされ……。そんな感じでした。派出所の巡査にも一言いったことがあります。「おじさんたち、日帝時代（に自分たちがされたこと）を忘れたんですか」と。とても差別的で、言葉遣いもひどいので。そのときは本当にここを出ていきたかったです。（W氏）

　S氏やW氏が仁川の華僑学校に通っていた70年代は、1961年に発布された「外国人土地法」で外国人の土地所有が制限されたことにより、仁川周辺や地方に散らばっていた華僑が土地を失って仁川に再び戻ってきたときだった[5]。S氏、W氏、そして次に登場するY氏、X氏はちょうどこの「外国人土地法」をめぐる華僑の混乱期に幼少時代を送った。自身も華僑で、仁川で長年中国菓子店を営む家に嫁いできたY氏は、この頃の記憶について次のように語っている。

　（小さいころの記憶に、華僑は土地の登記ができなくなるということで）父親が土地の登記のために、韓国人に印鑑を押してくれと回っていたのを覚えています。お父さんについて行って、水原、仁川と回りながら知り合いの韓国人に印鑑を押してくださいと頼んで回ったのですが、してくれるところも、してくれないところもあり、そんなこんなで山、田んぼ、畑を沢山失いました。家も、私たちの世代はきょうだいが多いから部屋がいるでしょう。今はそんなことはないけれど。（Y氏）

　土地所有の制限のなかで、これまで買い広げてきた土地を維持するためには、韓国人の知人や妻、親戚に名義を借りなければならなかったのだが、その際にトラブルが頻発していたようである[6]。チャイナタウンでレストラン支配人を務めるX氏の父親は、土地所有の名義借りをめぐるトラブルに巻き込まれて財

産を失った。

　私の家は農家を営み、とても裕福でした。たとえば、他の子が麦飯も食べられないときに私はお米のごはんを食べ、魚のおかずも食べていました。しかし、中学校1年生のとき、父親が「火病」で亡くなってしまいました。「火病」で。なぜかというと、華僑は土地の登記ができなかったので、韓国の友人の名前を借りていたのですが、その友人が、あれだけ広かった土地を売り飛ばしてしまったのです。ある日、建物を建てようと登記を取り寄せてみたら、既に抵当に入っていました。それで（その友人）を探しましたが、見つかりませんでした。（X氏）

ここで出てきた「火病」とは、怒りやストレスをため込むことで発症する疾患のことで、朝鮮半島独特の表現である。X氏の父親は土地をだまし取られたことで憤死し、X氏と母親は父親と土地を同時に失い、急速に生活が苦しくなっていった。父親の死後、食堂で働きながらX氏を育てた母親も、X氏が21歳のときに亡くなっている。ただ、X氏にとって土地をだましとられたこと以上に悔しかったのは、父親が亡くなった途端、家族から離れていった華僑の人々だったという。

　今まで、たくさん裏切られてきました。韓国人にだまされたということではありません。詐欺は、だれもが被害に遭う可能性があります。でも、私が一番裏切られたと思ったのはそれではありません。その当時、父はものすごく裕福でした。仁川でも本当に金持ちでした。なのに、父が亡くなってから、私たちを訪ねてくる人は一人もいませんでした。私たちを気にかけてくれる人はいませんでした。それで、ああ、華僑はこうなんだなと、幼いながら深く考えることになりました。父はあなたたちを本当によく助けていたのにと。父が生きていたときは、毎日仁川華僑協会会長や、いろんな人たちがお土産を持ってきては助けを求めにきたのに、亡くなったらすべて終わりです。母が亡くなったときは、もっと深刻でした。韓国の友人はみんな助けてくれました。私は一人息子なので周りに誰もいないじゃないですか。たとえば葬式とか、華僑協会が助けてくれないといけないのに（助けてくれなかっ

た）。お金にならないことは、神経を使わないということなのでしょう。（Ｘ氏）

　Ｙ氏やＸ氏に限らず、定住過程の中で必死の思いで手に入れて守ってきた土地を失うという状況に陥った華僑にとって、それは生活の根幹を揺るがすばかりか、次世代の子どもたちにも様々な側面で深い傷を残したことがうかがえる。第３章で見たとおり、その後1968年に公布された改正法では、１世帯あたり１住宅、１店舗のみの所有が認められたが、住宅面積は200坪以下、店舗は50坪以下に制限された。また、取得した土地の賃貸は認められず、田畑や林野の取得も認められなかった。ただ、農業従事者に限って1000坪以下の所有が許可された。それらの規制により、商業活動は小規模とならざるを得ず、華僑の経済活動は縮小していった。また、1950年代の華僑貿易の衰退、1960年代の土地の所有制限などを背景に、華僑の多くが、規制が少なく韓国人との競争の少ない飲食業へと流れていった[7]。ところが、その飲食業も、重い税金と法的規制[8]、中華飲食店経営へ参入した韓国人との競合が大きな負担となり、衰退していった。1970年代後半には、経済活動の停滞、根強い差別などを背景に、韓国を離れ、アメリカやカナダ、台湾、日本など第三国へ移住する華僑が増加している。ソウルでもこの頃、独裁政権による再開発事業の影響を受け、自然形成されていた集住地が解体していった[9]が、「外国人土地法」を契機に仁川に戻ってきつつあった華僑も再び街を離れていった。前出のＷ氏も、ちょうど1970年代後半、華僑学校を卒業したら韓国を脱出することを夢見ていた一人である。

　　高校卒業後は、学校の友人４、５名と台湾に行こうとしていました。ここにいても中華料理店で働くしかないので。でも、自分は長男なのですが、その当時、父親がソウルで経営していた料理店がうまくいっていました。父は（話を聞くと）「そうか、行け。おまえは行け。苦労は俺がするよ。苦労は俺が……」と。その一言でためらったんです。友達には、「台湾に行こう。手ぶらで行っても、向こうに親戚もいるし、なんとかなるさ」と言っていました。でも、父の「苦労は俺がするよ」の一言で……。自分は家族に対してちょっとそういうところがあります。子どもがいるのに両親が苦労するというのが……。自分はもう充分大きいのに。ただ、父に１年だけ手伝ってほしいと言われました。ちょうど父がソウルに店を開いたところで、友達に「台湾には

行けない。父に1年経って店が落ち着いたら行ってもいいと言われている。わかってほしい」と言いました。それで1年経って父に話したら、また「苦労は自分がするからお前は行け」と。（中略）昔は、台湾やオーストラリアなどに出ていった華僑がたくさんいました。本当に多くの人が出ていったんです。民族間の差別などがあって、とても名残惜しく残念な気持ちで出て行きました。みな残念に思いながら出て行ったんです。（W氏）

　結局W氏は、苦労は自分がすると言う父親を置いて台湾に行くことはできなかった。インタビューの中で、冗談交じりに、経済的に少しでも余裕のある華僑はみな韓国を脱出し、どこにも行けない貧しい華僑だけが韓国に残ったと話す華僑がいた。当時の韓国社会は、韓国で生まれ育った子どもたちですら、機会があれば韓国から出たいと切実に願うほど、居心地のよい空間とは言えなかったことがうかがえる。華僑が次々に街を離れていた当時のチャイナタウンについて、Y氏は、「本当に真っ暗で幽霊が出そうだった」と思い出しながら下記のように語っている。

　私が35年前にここにお嫁に来たとき、外を見ると、まだ（纏足をした）足の小さいおばあさんが歩いていました。25年ぐらい前にこのお店を始めたのですが、その頃、商売していたのは、ここの下の「P」という食堂とうちぐらいしかありませんでした。当時、この辺は人影すらなくて商売も厳しかったですよ。昔は仁川に華僑が沢山住んでいて、商売をしているところも多かったんです。だけど生活が苦しくなって、みな台湾やアメリカに渡ってしまいました。私たちも台湾に行こうかどうか、とても迷いました。実際に台湾に行ってみたこともあったのですが、あまりなじめませんでした。あちらでは私たちは「中国人」ですが、私は韓国で生まれ育っているのでどうしてもなじめないんです。帰ってきて改めて周りを見渡してみたら、嫁ぎ先の両親や自分の兄弟も韓国にいるし、子どももこちらで育てているし、結局ここで店を続けることにしました。そして「チャイナタウン」が発展してからは、また人が集まるようになってきました。（Y氏）

上記の語りの最後に出てくる「チャイナタウン」とは、それまで自然発生的に

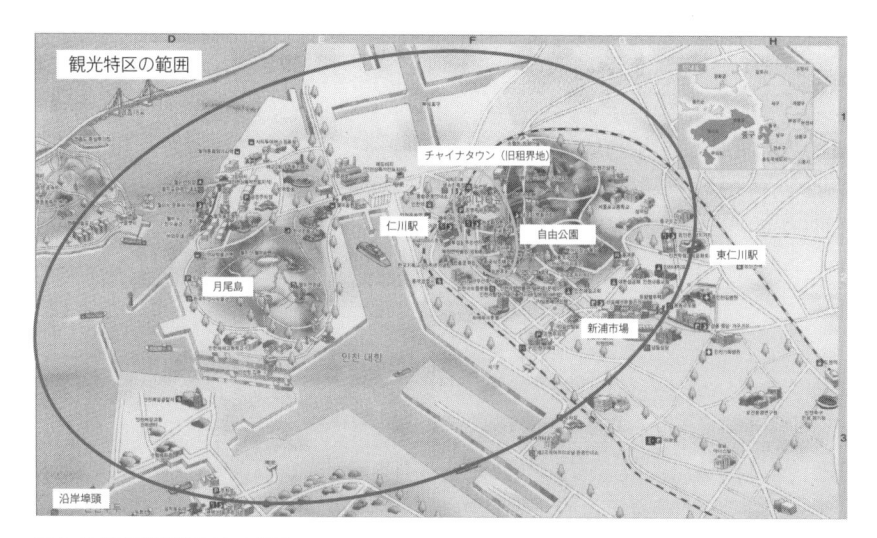

図4-2「月尾観光特区」の範囲
資料：仁川市発行案内誌「空と海、世界に開かれた都市中区」内観光案内図を基に作成

形成され、華僑の生活の拠り所となってきたものとは少々異なる。2001年、仁川市中区北城洞、善隣洞、新浦洞一帯が、文化観光部により「観光特区[10]」に指定された。この地域は、月尾島、旧租界地、自由公園、新浦市場等、地域観光資源が幅広く位置する仁川の旧都心で、開国当時の仁川の歴史が色濃く残っている所である（図4-2参照）。この一大プロジェクトの一環として、旧租界地内にかろうじて残存していた「清国通り」を「チャイナタウン」として再開発する計画が始まったのだ。同年には仁川国際空港が開港しており、仁川市が観光都市として新たな発展の道を固めようとしているときであった。「チャイナタウン」の造成はこの観光特区指定を契機に本格化することとなった。

1.2　「チャイナタウン」の造成

　2000年代に入ってから本格化した仁川の「チャイナタウン」の造成であるが、20世紀後半より経済発展が著しい中国及び全世界の華僑資本の誘致、そして中国人観光客の誘致を目的に、全国で「チャイナタウン」造成計画が始動していた（表4-1参照）。ただ、その中で2017年現在、「チャイナタウン」の形で残っているのは、釜山と仁川のみである。

表4-1 韓国の「チャイナタウン」造成計画一覧（2007年）

都市名	現況（2007年時点）	造成方法	成功及び失敗要素
仁川広域市	観光客の増加に対応するため、2段階の造成事業を推進	自生＋人工	・地方自治体の積極的な意思により既存の「中国村」に価値を再付与 ・地価の急騰と韓国人の土地所有により中国人の進出が制限される
釜山広域市	ロシア外国人通りと混在。最近特色を失いつつある。「チャイナ特区」を推進中	自生＋人工	・テキサス村内にチャイナタウンを造成 ・現在ロシア人中心の町に変容
全羅北道全州	2002年日韓ワールドカップ共同開催を見込んで造成されたが、不景気と予算不足のため沈滞	人工	・地方都市としての限界によりチャイナタウン造成計画が沈滞
全羅南道木浦	上海港との直航船就航計画が留保されたため、事業が白紙化		
仁川広域市青羅	中央政府が建設を支援。現在推進中であるが、進捗が見られない		
済州道	国際自由都市内に約50億ドルをかけて投資誘致を計画	人工	現在推進中
京畿道一山	キンテックス（KINTEX）付帯施設として2007年末に着工予定		
全羅南道務安	世界華人連合会の主導で2007年9月に50万坪規模の韓中国際産業団地を着工予定		
忠清北道清原	2007年4月3日に造成の推進が発表される。4月9日から中国が視察団を派遣		
忠清南道唐津	中国語村の推進を計画。2007年末に着工予定		

資料：ソウル市内部資料（2007）「チャイナタウン造成基本構想」p.71,84 を基に作成

　表4-1 をみると、とん挫している「チャイナタウン」造成計画の失敗要因として、文化的、歴史的背景が非常に脆弱な状態で急速にまちづくりが進められた点が挙げられる。仁川と釜山以外の造成地は、華僑の生活の場とは何の関係もなく、人為的に一から「中華風」の街を作り、維持していくのはやはり相当困難であろう[11]。表の中で、仁川の「チャイナタウン」は、華僑の文化や歴史に行政が価値を付与し、街の活性化を図った成功例として取り上げられている。何を持って成功とするのかは別問題として、成功要因とされている「地方自治体の積極的な意思」とは、具体的に何を指し、どのように形成されたのであろうか。

　仁川市議会では、1990年代中ごろより、街の再開発のために、中国人が住んでいる通称「清館通り」を活用できないかという議題が何度か上がっていた。1995年には第2代第37回第2次本会議で、ある議員が市長に対して次のように

質問している [12]。

　　地域開発について二点申し上げます。北城洞にある漁村を、地域事情に合わせて開発することが、地域の発展と仁川市の財政自立にも助けになると理解しているのですが、中区庁、東区庁が協力して開発する用意があるのかお答えください。

　　チャイナタウンを、新興洞と北城洞を含む「下仁川」圏を中心とする旧都心圏開発の中心地として、対中国交流のために観光団地化し、中国人の購買における供給地とすることができるよう復元及び開発する用意がないのかお答えください。

　文中の「北城洞」とは後の「チャイナタウン」に含まれる地域である。これに対し、当時の市長は、次のように答えている。

　　月尾島と北城洞の海岸一帯は、仁川港と新空港に近接した我々の市の関門となる象徴的な地域です。現在推進している都市基本計画と並行して、別途地域開発計画を立てているところです。この地域は、月尾島文化通りと連携して海水浴場として活用し、市民の休息の場とするとともに、仁川駅と東仁川駅を含む旧都心活性化という次元でも、新商圏の形成方案を積極的に検討しています。

　　本計画は、今後、質問してくださった議員の意見、公聴会、専門家による諮問等を経て推進していく予定です。中国人の集団居留地である「清館通り」の復元にかんしては、この地域の歴史的性格と対中国との交流を鑑みると、時宜にかなった意見ではありますが、外国人の居留地であるので、開発の主体や開発財源などを慎重に検討し、処理するようにいたします。

　この1年後の1996年から「チャイナタウン」の開発が具体的に進められるが、仁川市は、埋め立て地である仁川市延寿区の松島国際都市内にも、主に中国からの投資に目的を絞った大規模な「チャイナタウン」の建設を計画していた。これは、宿泊施設2万5千坪、博物館や公園施設等が入った文化空間約7万坪、医療施設1万5千坪、住居施設3万坪などを造成し、北京や台北、香港の街並

みを再現して「韓国の中の中国」を人工的に作ろうとするものである。しかし、華僑の集住地に作ろうとしている「チャイナタウン」と重複することから、議会でも度々批判されていた[13]。理由については確認することができなかったが、いつの間にかこの話は立ち消えとなり、結局実現しなかった。その結果、「チャイナタウン」は旧都心の旧清国租界地である「清館通り・中国村」にのみ作られ、観光客誘致と中国からの投資誘致の両方の役割を担うこととなった。

　注目すべき点は、「チャイナタウン」が華僑自身の要求や自発的な取組みによって始まったのではなく、仁川市の観光戦略として、たまたま当該地域に存在していた華僑の存在と「中国村」の残像が利用された点である。その意味では、華僑にとってこの「チャイナタウン」構想は突如降ってわいたものだった。また、当時の市長は、「外国人の居留地」であることから、造成に当たっては、慎重な対応が必要であることを述べているが、そこに華僑との合意形成はあまり含まれていなかったのか、造成当初、行政と華僑で「慎重な」やりとりを行ったとは言えない状況があったようである。現在「チャイナタウン」内でいくつもレストランやカフェを経営するS氏は、当時のことを以下のように振り返る。

　　（「チャイナタウン」造成計画が出たとき、住民との話し合いは）なかったと思います。直接区庁の開発計画に参与したのは私だけです。2001年に契約を結んで、3年間ぐらい一緒に働きました。開発にあたって投資を誘致したり、人を呼んで来たり。（中略）華僑の参加といえば、投資して家を建て、商売すること。それしかないでしょう。華僑協会は関与していません。（前チャイナタウン商街繁栄会代表S氏）

　ただ、S氏は当初からそう思っていたわけではない。行政からまちづくりについて相談を受けた際、まちを新しく作り直すのではなく、現在あるものを保存して、華僑やまちの歴史として展示する方法を提案していた。

　　私は現地改良を提案しました。老朽化した家ではあっても、それを最大限に保存して、文化を保存しましょうと。壁の石一つにも価値があるんです。しかし、それはうまくいきませんでした。新しく建てられた建物が多いでしょう。残念ですが。【どうして文化が必要だと考えたのですか？】チャイナタ

ウンは産業地区ではありません。文化を演出する一つの場です。一つの空間
で。その中で産業が生まれるんです。（ここは）初めは商業から始まり、文
化が生まれました。その文化によってまた産業が創出されます。文化もなく
ただ純粋に産業だけが残ることには反対です。私の提案はある次元では認め
られますが、そうではないこともあります。私の立場が受け入れられたらと
思いますが、現実的に難しいんじゃないでしょうか。残念です。ですが、今
も最大限努力していて、昔の家が一つでもあったら区庁に行って復元し、文
化財と認めていくような働きかけもしています。（前出S氏）

　S氏は、たとえ廃れたように見えるまちでも、そこに息づいた文化の痕跡を
残すことこそが、長期的に見たときにまちの発展に寄与することを最初の段階
から考えていた。しかし、文化より何より、観光客が集まる中華風のまちに再
開発することを企図していた行政が華僑に期待するのは、後述の通り、文化や
保存ではなく投資と商業活動だったのである。また、開発当初、華僑自身も「チャ
イナタウン」の成功に懐疑的だった。

　（華僑が積極的ではなかった理由の）一つ目は、華僑に資本力があまりあ
りませんでした。参与するならば資本の投資が必要です。二つ目は、私も含
めて、だれもこのあたりの開発が成功するとは信じられませんでした。それ
ほどこのまちは廃れていたのです。（前出S氏）

　造成当初、「幽霊が出そう」といわれたほど廃れた街が本当に再開発によっ
て復活するのか、華僑自身が疑心暗鬼であったことがわかる。当時の新聞記事
を見てみよう。

（「チャイナタウン」造成のニュースを聞いて）
　華僑村の住民たちはどのような形態で「チャイナタウン」を開発するのか
の動向について期待を抱いている。しかし、あまり期待に浮足立っている
ようには見えない。うがった見方をする人もいないわけではない。未来の
すべてが本人にとってまだ不確実な状態であるからだ。開発という名目の
下「富む者はますます富み、貧しい者はますます貧しくなる」現象が加速し

て、100年以上先祖代々暮らしてきた生活の基盤があっという間になくなってしまうかもしれないという深い憂慮がある。何もないところに「人工タウン」を作るというのも気に入らない。はるか遠い金持ちの街の話に聞こえるからだ。「開発されたらいいことはいいでしょう。ですが、あまりに人為的に飾り立ててしまうことには反対です。仁川華僑村は100年あまり前からご先祖様の汗と涙がしみ込んだ場所です。私たちの大切な生活文化を活かす方向に開発が進むことを望んでいます」[14]。

　上記の記事からは、華僑が生活してきた土地に行政がいったい何を作ろうとしているのか、華僑自身もよく理解していなかった様子がうかがえる。当時の行政と華僑の関係について、仁川市中区の担当官は、次のように述べている。

　　当時華僑が「チャイナタウン」の造成を求めたり、積極的に参加したりというのは、ほとんどなかったとみてよいかと思います。区が中心となって、職員たちが奔走して推進してきたようなものです。（華僑と行政側との意見の相違や葛藤は）造成初期に少しはあったにせよ、それほど大きなものはありませんでした。区がとても強く推進したので、華僑の方々もそれについてこられました。（仁川市中区観光文化財課観光行政チームＡ氏）

　華僑当事者も廃れた街がどうなるのかよくわからず、また街の方向性や華僑の運営への参画について行政と華僑間で充分な合意形成過程を経ることなく、とにかく「チャイナタウン」造成に向け、国と地方自治体、民間資本を巻き込んだ一大事業が始まった。当時の仁川市中区の計画の核心は、通りを中華風にリモデリングし、観光商品販売店を造成、誘致するところにあった。それを基に国内外の投資家及び観光局を積極的に誘致し、チャイナタウン情報支援センターなど付帯施設を設置、各種広報活動を強化するイベントを企画、開催するとともに、対象地域一帯を車両通行禁止地区とすることを計画していた[15]。そして、中華風の色鮮やかな装飾に彩られた街並みが作られた。しかし、この計画案の中に、華僑自身の生活の営みや文化・歴史、街とのかかわりを紹介したり、華僑の積極的な参与を促したりするような仕掛けは全くといってよいほど見られない。この点は、計画案の段階で既に最も大きな問題点であると指摘

されている[16]。

「チャイナタウン」造成初期に研究者としてかかわったL氏は、計画当初から華僑当事者が置き去りにされていたことを指摘する。

　　造成初期、仁川で歴史学を専攻する知人も、(中区のやり方を見て)こう言っていました。中国人の文化を尊敬するのならば、華僑の話を充分に聞いて受け入れなければならないのではないか。それが長期的に見たとき、中国人が多く訪れる要因になることもあるだろうと。しかし当時の中区長は聞く耳を持たず、とにかく早くやってしまわなければならないのに、そんな時間がどこにあるのか、お金もない。あるだけのお金をつかって早くやってしまえと。(前仁川開発研究院研究員L氏)

　上記からは、予算執行という観点から、計画が拙速に進められ、資源として活用する華僑の生活や文化を省みる余裕すらなかったことがわかる。表4-2 で「チャイナタウン」事業計画で実施されているものを見てみると、内容というよりは、とりあえず中華風のそれらしき街を作るために景観から整えて行ったことが見て取れる。S氏が造成当初に提案したような文化の保存は、もちろん重要であるが、華僑が経済的な基盤を維持し、韓国社会の中で生き残っていくこともそれと同様に、時にはそれ以上に重要である。華僑は現実に直面するなかで、とりあえず文化的なことは忘れないにしても横に置き、「華僑の参加といえば、投資して家を建て、商売すること。今はそれしかない」と妥協して「チャイナタウン」の形成にかかわっていったのではないか。

1.3 「チャイナタウン」の展開

　2001年に本格化した「チャイナタウン」の造成は、その後、2007年には、仁川市中区の要請で北城洞、善隣洞、港洞一帯の114,136㎡が産業資源部により「チャイナタウン地域特化発展特区（チャイナタウン特区）」に指定され、さらに再開発が進んだ。2011年現在まで、政府、仁川市、仁川市中区、民間資金合わせておよそ1,929億ウォン（およそ130億円）の財政が投与され、様々な事業が展開されている。ただ、ここでも華僑の生活の営みの一部は観光資源として利用するものの、それと連動して移民としての華僑自身の生活や歴史は顧みら

表4-2 「チャイナタウン特区」の主要事業

事業名	
観光インフラの整備	・韓中文化館／地下駐車場 ・チャイナタウン基盤施設 ・韓中院休憩所 ・観光文化センター ・ジャージャー麺博物館 ・中華風建築物への改造
中華風のテーマまちづくり	・中国伝統商店通り ・三国志壁画通り ・中低価商品通り ・中華風看板の整備
中国文化体験	・韓中文化館運営 ・中国語村体験教育 ・中国語村ツアー ・ジャージャー麺博物館 ・開港ヌリギル（楽しみの道） ・フォトゾーン
祭り・イベント	・ジャージャー麺祭り ・「仁川中国の日」祭り ・チャイナタウンまちの芸術祭（中国伝統婚礼）
周辺観光地の整備と連携	・徒歩観光 ・月の光／星の光列車 ・仁川大橋／八尾道 ・仁川アートプラットフォーム ・月尾銀河レール ・仁川ハーバーパーク ・文化地区 ・自由公園土曜常設公演

資料：仁川広域市中区（2011）「仁川中区チャイナタウン地域特化発展特区—事業推進成果」より

れていない。この時期は、韓国が多文化政策を展開する時期と重なっているが、仁川市中区仁川チャイナタウン管轄行政区担当官は、あくまでも本構想が観光を目的に行われていること、多文化政策の一環として実施してはいるが、華僑は「多文化」の対象外であることを述べている。

　　チャイナタウンは多文化政策の一環で行っていますが、華僑は既に定着しているので、「多文化」の範囲で見るのは難しいと考えています。チャイナタウンは華僑のためにあるのではなく、中区が観光客を誘致し、地域を活性化させるために実施している事業です。特区として指定されたときも、今も華僑のために特別に行っている施策はありません。（仁川市中区観光文化財課担当官G氏）

表4-3　「チャイナタウン」地域特区指定による効果

区　分	指定前（2006年）	指定後（2007年）
華僑居住者	762人	2,041人（△168％増加）
観光客	131万人	250万人（△91％増加）
中華料理店／特産品店	19か所	60か所（△316％増加）

資料：仁川広域市中区（2011：前掲資料）より

表4-4　主要事業の推進成果に伴う経済効果

対外的側面	対内的側面	地域経済的側面
・韓中文化の享有と理解 ・韓中文化等国際交流の増進 ・東北アジア国際交流の中心地	・観光産業の活性化 ・中華料理店等、特殊業種の雇用の創出 ・住民の所得の増進	・経済波及効果：3,000億ウォン ・雇用誘発効果：2,000名 ・インフラ拡充：1,800億ウォン

資料：仁川広域市中区（2011：前掲資料）より

　この場合の多文化政策における「多文化」とは、具体的に支援や社会統合が必要な定住外国人の存在を想定しているのではなく、異国情緒や、中国の友好都市との交流を表しているようである。

　一方、上記の表4-3、4-4 を見ると、2006年には当該地域に居住する華僑数が762人だったが、2007年には2,041人にまで増加し、観光客もほぼ倍増している。また、地域にもたらされた経済効果も無視できない。本格的に始動してからそれほど年月が経っていないこともあり、現在はまだチャイナタウン構想の是非を問う段階にはないが、観光客が増加し、それに伴って売上高も上がることを考慮すると、チャイナタウン構想は華僑にとっても有益なもののように思われる。もちろん、街が繁栄し、街の住民に収益が還元されるのは、まちづくりとしても望ましい一つの方向性であることは間違いない。しかし、実際に居住し、商売をしている華僑の立場から見ると、やはり、そうとも言い切れない部分が存在するようである。仁川チャイナタウン商人会会長S氏は、華僑を「多文化」の対象者であると捉えており、チャイナタウンの達成をはじめとする多文化行政に疑問を投じている。

　　多文化政策について行政は、（外国人は）言語を知らない、文化を知らないと言いますが、「あなたは韓国人ですが、韓国語と韓国文化を全部知っていますか、知っているというのならその境界はどこですか」と聞きたいです。受け入れないということは対外的にできないから、受け入れるけれども、そ

の代わり「多文化」と名付け、よくしているふりをする。よくしてくれると
むしろ私は苦しいのです。私もこの土地で暮らしてきたから、何か特別なこ
とをしてくれなくてもいい。ただ普通に、隣人として過ごしてくれたら楽な
のです。韓国人にするようにしてくれたらそれで満足なのに、いつも患者と
して扱う。どこも痛くないのにいつも薬をくれようとする。しかも、お腹が
痛いのに、いつも頭痛薬ばかりくれようとします。韓国語？　よく知ってい
る。韓国文化？　なぜ私がいつも必ず韓国文化を学ばなければならないので
しょうか。あなたが私を「家族」と考えるのならば、あなたも私の文化を学
ばなければならないのに。「多文化」をしましょうというのなら、あなたも
私の文化を学ぶ準備ができているのか、という話です。（S氏）

　韓国のチャイナタウンは、仁川市の担当官がお昼を食べてコーヒーを飲み
ながら、「そうだ！　チャイナタウンにトイレがないから、トイレを作ろう！」
といってトイレを一つ作るようなところです。住民が必要としているのかど
うかとは関係なく。それが韓国の「多文化」です。チャイナタウンを作ると
き、形式的には委員会に華僑が参加したりもしましたが、実質的には影響力
を持てませんでした。（S氏）

華僑は「多文化」の対象なのか否か、もちろん個人や世代によっても受け止
め方に差異が出るであろうが、華僑の熱意に反して行政側の意識は低いように
思われる。特に「チャイナタウン」は、徹底的な排除政策の中で、それでも韓
国にとどまり暮らしてきた華僑の長年の営みにかなりの部分を依拠しているに
もかかわらず、ほとんどが官主導で進められ、華僑自身にまちの将来のあり方
を決定する権利が与えられているとは言い難い。「チャイナタウン」構想自体
が移民としての華僑に対する関心やエスニックな文化の保存、継承から出発し
たのではない点は、S氏の語りや先述の仁川市中区の担当官へのインタビュー
からも明らかである。S氏が疑問を呈しているのは、自らの頭の上を通り越
して「多文化」という言葉が内実を伴わないまま一人歩きしている点、そして、
まちづくりに当事者である華僑自身の意見や思いが反映されない点である。S
氏の指摘は、地域におけるエスニックな資源を地域の資源としてまちづくりに
活用する際、当事者がつくり育んできたものを「地域のために」という名目で

正当化し、ホスト社会側が乱暴に当事者の手から奪ってしまうという危険性を示唆している。韓国社会が華僑自身に関心を示さないまま、そのエスニックな商品価値のみを利用するのであれば、Ｓ氏が述べるように華僑と韓国社会間の相互理解はいつまでも断絶、あるいは一方通行のままであろう。その場合、エスニックな資源を活かしたまちづくりも、「異質性との共存」というよりはホスト社会とエスニック・マイノリティ間の構造的差別をより強化する道具となってしまいかねない。

2.　華僑の文化資源の利用

　次に、「チャイナタウン」内のエスニック資源と「チャイナタウン」造成との関係についてみてみよう。「チャイナタウン」自体が大きなエスニック資源であるが、インタビューを進める中で、華僑たちの中に、自分たちが韓国に根を下ろした歴史を「正しく」発信したいという思いがあることがわかった。具体的には、華僑の生活の記録を収集し、展示する「華僑博物館」のあり方についてである。その契機となったのが、「ジャージャー麺博物館」の設立をめぐる論争だった。

　前述の通り、2011年現在、「仁川チャイナタウン」には政府、仁川広域市、仁川広域市中区、民間資本合わせておよそ1,929億ウォンの財政が投与され、表4-2に代表される様々な事業が展開されてきた。これまで「チャイナタウン」内の観光資源がジャージャー麺をはじめとする飲食業に極端に偏り、近い将来、観光客の誘致に限界が訪れるであろうこと、また、観光コンテンツの拡充という意味でも、華僑の歴史や文化を展示できる仕掛けが必要であることは、華僑、行政両者の共通認識であった。そんな中、中区が、1912年の開業以来高級中華レストランとして名を馳せ、1984年に惜しまれつつも廃業した「共和春」の跡地及び建物を買い上げてリフォームし、2012年に「ジャージャー麺博物館」を開館した。ジャージャー麺は、20世紀初頭、仁川埠頭で働く労働者を対象に、華僑が故郷山東省の麺料理を韓国式にアレンジし、安価で提供したのを起源とする韓国式の中華料理である。館内には、ジャージャー麺が韓国社会に広まり、韓国人の特別な日の家族のごちそうとして、その後は庶民の味として定着していった歴史や、韓国の映画に出てくるジャージャー麺の光景を集めた映

図4-3 「チャイナタウン特区」地図

資料：仁川チャイナタウンHP を基に作成[17]

ジャージャー麺博物館内厨房の様子：筆者撮影

像資料、配達、厨房の風景などが常設展示されている。これらを見ると、韓国社会がジャージャー麺に郷愁すら感じ、大人から子どもまで、どれだけ好んで食してきたかがよく伝わってくる。しかし、この展示の方法は、華僑側が求めていたものとは違った。前出のＳ氏同様、「チャイナタウン」内でレストランを数軒営み、華僑の代表組織である「仁川華僑協会」、「仁川華僑中山学校」の役員を歴任し、現在商店街組合の代表者でもあるＴ氏は、「ジャージャー麺博物館」について、華僑の歴史の一部分しか反映しておらず、華僑の豊かな文化・経済活動の軌跡が歪曲されていると述べ、次のように批判する。

この博物館はそれなりに歴史博物館の形をしていて、華僑にとってアイデンティティを維持し歴史を伝えるところとして、とても重要な意味を持っています。ところが実際には華僑の考えがあまり反映されていないとみるべき

でしょう。「ジャージャー麺博物館」を作るのならば華僑が主体となって主導したり企画したりして作っていかなくてはならないのに、公務員やその周辺の、専門家ではない人たちが作りました。そう考えると、この博物館が本当は華僑のものなのか、誰のものなのかわからなくなります。華僑の歴史なので、（仁川）華僑協会と協議し、話し合いながら、ともに作ったら本当によかっただろうに、そんな過程が全くありませんでした。かなり最初の段階で、私が諮問をしました。「華僑歴史資料館」にして、その中に「ジャージャー麺博物館」を置いたらいいではないか、それが正しいといいましたが、聞き入れられませんでした。（仁川チャイナタウン商街繁栄会代表T氏）

　第3章でみた通り、華僑は、第二次世界大戦後に貿易業を中心に経済基盤を築いていった。しかし、その後、対日貿易を重視する韓国政府の意向と、朝鮮戦争の勃発による中国大陸との貿易の断絶等によって貿易業は没落し、1960年代以降、華僑の経済活動は飲食業に偏っていった。しかも1961年の「外国人土地法」の実施以降、飲食業も小規模にならざるを得ず、また制度的に圧倒的に有利な韓国人の同業種への参入もあいまって華僑の生活がひっ迫し、第三国への再移民へとつながった歴史がある[18]。華僑にとって、ジャージャー麺をめぐる歴史は、韓国社会からの華僑の排除や差別につながる記憶を併発するものでもあり、それだけで100年以上の定住の歴史が説明されてしまうのに抵抗があるのはもっともである。ただ、チャイナタウンで育った若い世代3人に、対談方式で話を聞いた際、ジャージャー麺博物館について、父親の世代とはまた違う反応を示していた。

　ジャージャー麺博物館（で展示されているもの）は、私たちにとっては新しいものではないです。いつも目を開けると見えるものなので。だけど、訪れる人には珍しく見えることもあるかと思います。料理をするときの包丁とか、ジャージャー麺を炒めるフライパンとか、全部一般の人たちには普段見ることができないものじゃないですか。【ジャージャー麺だけを見せることについて、どう思いますか？】なんでも作ってみたらいいんですよ。（韓国人に）一つでも多く見せることができるから。そもそもジャージャー麺は華僑にとって伝統的な料理ではありません。韓国料理です。ここは「チャイナタウン」

ではなく、「華僑村」なんです。（G氏）

　G氏は、父親が華僑で母親が韓国人の第三世代である。高校まで華僑学校に通い、大学は中華人民共和国の大学を出た。その後、チャイナタウン内の父親が経営する飲食店と喫茶店で手伝いをしている。G氏の視線はどちらかというと、資源を提供する側ではなく見る人の側にある。すなわち、華僑として何を見せたいかではなく、韓国人が何を見たいかを念頭に置いているように思われる。たとえば、見せるものの中心であるジャージャー麺は、韓国人にとってはいかにも中国的な料理に見えるかもしれないが、G氏にとってはあくまでも韓国料理でしかない。「チャイナタウン」というとき、G氏は華僑の歴史というよりは、もともとのルーツである中国をイメージしている。同席していたJ氏も、チャイナタウンで観光客に見せたいものとして、次のものを挙げている。

　　中国文化といえば、たとえば名節[19] をどのように過ごすのかとか、中国の祭祀や儀式とか、そうでなければ伝統的な歴史だとか、中国の神話とか、多いじゃないですか。そういう文化的な部分に対して、ここは準備できているものが何もないように思われます。ただ壁に三国志を描いただけです。事実として、人々が中国はこうなのかと、間接的にでもまともに体験できるようなところもないんです。（J氏）

　前出のT氏も、中国の伝統楽器である胡弓が鳴り響き、中国の雰囲気が味わえるまちにしたいという希望を持っている。実際に50代後半のT氏が幼いころは、まだそのような雰囲気がこの「チャイナタウン」内に残っていたという。S氏も同じようなことを話してくれたことがあった。S氏は実際にレストラン内の待合い空間に胡弓を飾り、時々専門家に演奏を依頼して客に胡弓の音色を披露していた。しかし、胡弓のことを知らない客が椅子として座ったり、楽器を傷つけたりすることがあり、置くのをやめてしまった。世代を超えて、見せたいもののぼんやりとしたイメージはあるのだが、それが集約され、華僑が地域住民と協力して行政に訴えかけるまでにはいたっていない。J氏は華僑側の立場を次のように表現している。

　ここは、週末になるといつもお祭りのようです。もちろんそれもありうる話だとは思います。でも、露天商がたくさん来てものを売っていても、中国の文化を知る人たちが政府の支援を受けてここで何かができるということでもなく、実際に中国の文化を知っている人たちも（いることはいるが）、自分たちのものを犠牲にしながら何かをしようとはしないということです。（犠牲を払うことも）重要なのに。しようとする人も重要ですし、それを政府が支援することも重要です。でも誰もしようとしません。仁川市も深刻な財政不足でここに投資する余力はないし、そんな問題が一つずつ積み重なっています。だれかがこの重荷を背負って前に立たなくてはならないのに、誰もしようとしません。（J氏）

　T氏は、あくまでも華僑と行政がともにエスニックな文化資源の表現の方法を模索することを望んでおり、J氏は、華僑の中の誰かがリーダーシップをとってエスニックな文化を表現し、それを政府が支援するという関係性のあり方を示唆している。しかし、行政側にこの視点は希薄である。

　（華僑の生活史の展示などは）こちらにとっても非常にいいアイテムです。華僑生活史の展示、これをしたいのですが、実施となると華僑側に全面的に頼まなければならない状況です。私たちも何度か頼んだことがあり、努力してみたのですが、華僑協会では、とても、なんというのか……。（たとえば）華僑協会の中に清国領事館の会議庁があります。清の時代に作られたものが残っているんです。ここに華僑の生活史にかかわる遺物、文書、会議録などがたくさんあります。写真資料も。何度か展示をしたのですが、そのあと全部しまい込んでしまわれました。なんでしまい込んだのかと聞いたところ、史料がいたむのでということでした。万が一、こちらで（博物館のようなものを）つくるといったら貸与や寄贈していただけるのかと聞いたら、非常に頑なな感じで（拒否されま）した。（A氏）

　中区の職員であるA氏は、華僑の望む博物館が実現しないのは、華僑のせいであるかのように述べている。一方的に華僑の文化的な資源の利用法を考え、華僑はただで資料さえ提供したらよいと考える姿勢が問われていることに気づ

いていない。また、A氏は、華僑側が拒否する理由として「中区が全部史料を持って行ってしまう、奪われると考えている部分もあるかと思います。管理面でも信用していないのかもしれません」とも述べている。これらから見て取れるのは華僑側と行政側との間に横たわる「不信」という断絶である。A氏は、合わせて、総体的に華僑が「チャイナタウン」運営に対して消極的であることを指摘し、その理由として、「チャイナタウン」内で成功している一部の商店主を除き、大半は経営がうまくいっているとは言えず、街全体のことを考える余裕がないこと、そして華僑全体の特徴として、歴史的な抑圧と差別の歴史から、各個人の能力は高いものの、華僑が声を合わせて異議申し立てをする文化基盤が脆弱な点があるのではないかと推測している。

　なお、上記の語りに出てくる「華僑協会」とは、第3章で述べた、第二次世界大戦後に中華民国政府が各地域の華僑を統合するために作った華僑組織である。仁川華僑協会は、仁川広域市及び近隣の金浦市、富川市を担当区域としており、2015年現在約3,600名の会員がいる[20]。華僑の出生から死亡にかかわる手続き業務を、台湾代表部を代行して行っているため、華僑数と会員数がほぼ同じである。この仁川華僑協会について詳しい内部事情を知ることはできなかったが関係者等から聞いた様々な情報を総合してみると、「チャイナタウン」にかんしては、形式的に行政と華僑間をつなぐ窓口としては認識されているものの、実質的に華僑の意見を反映させるような影響力は有していないのが実情のようである。仁川華僑協会の役員を務めたこともある前出のT氏は、仁川華僑協会が力を持てない理由として、「華僑唯一の代表組織であるにもかかわらず、出入国代行業務等の減少、理事会の高齢化、資金不足などにより活発な活動ができないのが現状」であると述べている。

　図4-4 では、「チャイナタウン」内の主要な組織を表示している。「チャイナタウン」内の商店街組織は、何度も離合集散を繰り返し、名前を変え、メンバーを変えて運営されてきた。2014年に発足した「チャイナタウン商街繁栄会」は、韓国人経営、華僑経営を含め、「チャイナタウン」内で商業活動を行う、中華料理店、韓国料理店、観光用品販売店、コンビニ、卸、小売り商店等、75 か所の商店主によって組織されている[21]。まだ発足してからわずかではあるが、「チャイナタウン」内の韓国人商店主の第一人者と華僑商店主の第一人者が共同代表となっている点がこれまでと異なる点である。華僑側の共同代表者は前

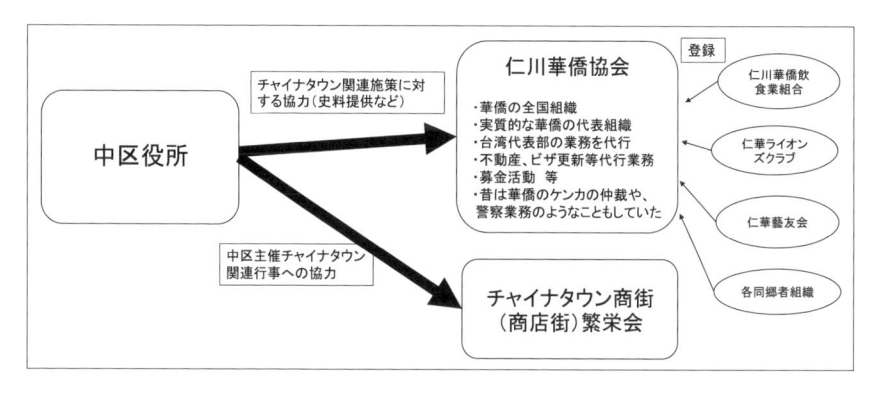

図4-4　仁川の「チャイナタウン」代表組織間関係図

出のT氏である。T氏によると、「チャイナタウン」内の韓国人商店主と華僑商店主とは意見が合わず、それぞれが同業者組織を作って活動してきた。この意見が合わないという内容の一部には、資本力では韓国人に到底かなわない華僑が韓国人商店主を敬遠し、自らの権益を守るために華僑のみの組織にこだわったという事情もある。しかし、草創期よりおよそ10年の月日が経ち、「チャイナタウン」にとって一番大切なのは「和睦」であるという結論に達し、両者の歩み寄りが実現した。T氏がこのように述べる背景には、地理的にこれ以上「チャイナタウン」の拡張が難しいなかで、ジャージャー麺を中心とする飲食店一辺倒の観光開発では将来的な展望が望めないという危機感がある。それに加え、「チャイナタウン」内で多数を占める小規模飲食店の場合、経営や労働の厳しさから子どもに店を継がせない親が多く、若い世代の地域外への流出も著しい。「チャイナタウン」は今まさに「自ずと消えざるを得ない」状況にあるのだともT氏は語っている。ただ、一方でこのT氏や前出のS氏のように、「チャイナタウン」から事業を拡げ成功を収める華僑も出現しており、韓国人と合同の組織を形成しても華僑側が吸収されないほどの力を持つようになったというのもまた事実であろう。このような様々の要因が重なり、韓国人と華僑の歩み寄りという新たな展開を生み出した。この「チャイナタウン商街繁栄会」は、まだ出帆してから日が浅いため、現時点での具体的な効果を確認することはできなかったが、もしこのまま継続していくのであれば、今後、商店街の発

展という共通の目標を通して、行政を巻き込みながら、韓国人と華僑との共同関係が形成される可能性を有しているといえるだろう。

　行政との関係については、先述の通り、現在は観光客が集まっていても、長期的な視点で見た際に「チャイナタウン」の行く末について憂慮している点、両者間で充分な信頼関係を築いていないことを認識している点は、華僑側にも行政側にも共通している。ところが、地域再生の流れの中で、華僑の歴史や文化などに目をつけ、華僑自身の主体性やこれまでの歴史、不平等な関係性を鑑みることなしに観光資源として消費しようとする行政側と、不平等な関係性を解消し、主体性を確保したいものの、それを充分に主張できるだけの充分な後ろ盾を持たない華僑側の内部事情が、両者の相互理解を阻害している。そしてその根本には、そもそも韓国社会と華僑間の相互理解、和解が全く進んでいない状況の中で造成計画を進め、充分な合意形成や協議を経ることなしに、当面の利益のみで手を組んだ点、そして「チャイナタウン」造成にあたって、華僑の持つ文化的な資源が華僑の持つ一つの権利であるという発想自体が行政側に不在であったことがわかった。どうして華僑と行政との関係がそこまでこじれてしまったのかについてS氏に問いかけてみた。その答えは、少し考えてから次のように答えたS氏の見解に凝縮される。

　　私たち華僑は長い間見捨てられていた存在でした。もともと（韓国社会は）私たちに目もくれていなかったのです。ところが、いきなり私たちのところにきて、「酒でも飲もう」といってきたことを、何か変だと思う気持ちがありました。これまで韓国政府と華僑の間は全く通じ合っていませんでした。政府と華僑の間で通じ合うための準備が何もなされていませんでした。（S氏）

3.　小　結──政策主導型エスニック・コミュニティ形成の隘路と課題

　本章では、「仁川チャイナタウン」の造成や、エスニックな文化資源の活用にあたり、共同関係の形成がうまくいかなかった経緯について見てきた。それを整理すると次の通りである。

　まず、エスニックな資源を行政が地域開発に活用するにあたり、その方向性や使い方について、資源を培ってきた当事者である華僑と充分に話し合い、合

意を形成していく過程を経ていなかった。移民を含めた地域社会のあり方を考える際、移民のもつエスニックな資源の活用が「新たな共同性」の構築に寄与する可能性があるようにも思われる。ところが行政側にそのような意識が希薄だったと言わざるを得ない。たとえば、筆者がインタビューをして当事者に話を聞いただけでも、何度もエスニックな資源を通して共同関係を築くきっかけがあった。まずは、造成当初である。Ｓ氏が中区からまちづくりにかんする意見を求められたとき、華僑が残した古い建物を文化として保存することを提案した。Ｓ氏は個人的にではあるが造成当初３年間も行政とかかわっている。経済力や中国からの投資を引っ張ってくる政治力も持っており、無視できる存在ではない。しかし、Ｓ氏が考える「チャイナタウン」のイメージや文化資源の保存に対する立場は、ほとんど施策に反映されることがなかった。また、ジャージャー麺博物館の建立を企図したときも、華僑の立場は無視された。なぜそのような状況に陥ったのであろうか。

　西成や八尾と比較した場合、異なる点は、「チャイナタウン」の土地が、華僑の定住の原点の場所であったとはいえ、打ち捨てられ、華僑がほとんどいなかったところから始まっているところである。ごく少数のＴ氏のような土着層を除き、多くの華僑が「チャイナタウン」造成後に戻ってきたり、移り住んできたりしたため、同じ地域に住む韓国人との関係性が充分に形成されない状態でプロジェクトに参加せざるをえなかった。また、華僑の代表的な組織である華僑協会も往時の力を失い、華僑側が何かを訴えようとしても、徒手空拳で行政に対峙するほかなかったのである。大阪の場合、まず教育現場におけるコリアンの民族差別に対する日本人側の気づきがあり、それを自らの問題として捉え、当事者が権利獲得のために動き出すのを強力に支える日本人の地域住民がいた。そして行政と対峙し、長い年月をかけて共同関係を築き、エスニックな文化権が獲得されていったという過程があった。ところが、「仁川チャイナタウン」の場合、華僑と韓国社会、華僑と行政の間には暗渠が横たわったまま長年放置され、現代に至ってもそれを渡る通路すら確保されていなかったのである。そんな中、行政は強権を発揮して目的を果たそうとし、華僑はまちを自分の手に取り戻すことを徐々にあきらめ、ただ商業活動を通してこのプロジェクトから利益を得るという形で妥協したのではないか。行政側にエスニックな文化権の確立に対する意識はなく、文化資源に対して華僑が持つ権利の部分を捨象し、

「地域開発のため」という名目のもと、一方的に消費することについて何の疑いも持っていなかった。また、華僑を住民として見る視点も希薄で、まちの企画や運営に際しても当事者である華僑の主体性が保障されていなかった。これは、地域の視点からエスニックな文化資源を見ようとする際、かえってホスト社会と「移民」との不平等な関係性を強化することになりかねないという危険性を表すものでもある。日本の事例と照らし合わせて考える場合、その資源が持つ歴史的、文化的背景を慎重に分析し、「誰のためのものであるのか」を常に熟考することが重要であろう。また、華僑自身の事情として、資源の使い方を決定する権利を持つことについて行政側に異議申し立てをする代表組織が脆弱であった点も、当事者不在のまま、まちの方向性が決められていくのを甘受するしかない状況を生み出した。エスニックな資源をエスニック集団が持つ権利と考えるならば、その使い道について行政と交渉が可能な当事者団体や地域社会でのネットワークがやはり必要である。今回は調査できなかったが、近年、大型の韓国資本や新華僑の資本が「チャイナタウン」に流入してきているとインタビューの中で幾度か耳にした。先の「チャイナタウン商街繁栄会」も含め、他のエスニック団体との関係性の分析も今後深めていきたい。

　最後に、華僑とホスト社会との関係性にかかわる問題である。「チャイナタウン」をめぐる華僑と行政の不協和音の原因は、両者間に横たわる長年の「不信」であった。華僑側の代表組織の脆弱性という理由もあったのかもしれないが、事業を開始するにあたり、何十年もの間蓄積されてきた、華僑と行政、ひいては韓国社会との不平等な関係性を省み、対話を試みるような基盤がまずできていなかった。それゆえ、事業が拡大し、経済的な収益は上がっても、相手の理解が得られないという不満と不信が払しょくされることがなかった。これは、「異質」なもの同士が共同関係を構築するにあたって、まず対話ができる場や通路を確保することが肝要であることを示している。信頼関係がないところにいくら投資しても、砂上の楼閣にしかならない。「仁川チャイナタウン」の事例は、移民の地域社会への包摂という課題と、行政がかかわる、拙速なエスニック資源を活用した地域の再開発や再生がもたらしうる弊害について、多くの示唆点を有しているといえるだろう。

【注】

1) 1906年には女性の人口比率がわずか3.5％に過ぎなかったが、1930年には17.4％、1943年には32.8％にまで上昇している（綛谷 1997：6-11）。

2) 1931年に中国東北部の長春郊外の万宝山で、中国国境付近に移住した朝鮮人農民と中国人が農水路をめぐって対立した。いわゆる「万宝山事件」である。1920年代後半から対中感情が悪化していた朝鮮国内では当事件について中国人側に不利な報道が意図的になされ、華僑に対する排斥運動が起きた。華僑の死亡者が127名、負傷者が393人にのぼったといわれており、多くの華僑が排斥運動を避けて本国へ帰国した（綛谷 前掲論文：10-11）。

3) 1948年末の朝鮮半島南部の華僑の職業を見ると、飲食業が全体の27.31％と一番多く、次に雑貨商18.56％、農業11.43％、木工2.83％、鍛冶屋1.78％、労働1.56％、会社業1.11％と続く。このうち、「会社業」が貿易会社を指していると思われる。割合こそ少ないものの、資産額が最も多く、経済力も強かった（王 2008：119-122）。

4) 1948年の年間貿易額の多かった華僑経営の主要な貿易会社13社のうち12社が仁川に本社を設けていた（李正熙 2012：494-495）。

5) 1960年に1,973人だった華僑人口が、1962年には3,627人にまで急増し、1970年代には4,000人前後の華僑が仁川に住んでいた（イ・ヒョンシク 2001：12）。

6) 韓国人の名義人と華僑の間での紛争が多かったため、中華民国中華大使館は、韓国政府に華僑の土地問題に対する交渉を申し立てたが、効果はなかった（王 2008：216）。

7) 朝鮮戦争直後は全体の22.62％を占めていた飲食業は、1962年度には36.9％、1972年度には77.41％、1983年度には76.77％を占め、華僑の職業の中で最も多くの割合を占めるようになった。従って、華僑の飲食業への転換は1960年代に行われたことといえる（王 2008：240）。

8) 「遊興飲食税」、「営業税」、「営業附加税」、「所得税」、「免許税」、「特別行為税」に加え、同じ場所で長期間営業したらその営業年数に比例して税金が加算される「重課税」などが挙げられる。特に「重課税」は土地の所得や利用に制限のあった華僑は同じ場所で営業することが多く不利であった。また、韓国政府は営業許可の発給に当たり、法律的には韓国人と華僑の違いを設けていないものの、実際には華僑の飲食店免許を発給しなかったり、韓国人は群庁や区庁で免許の発給ができるのに、華僑は市庁や区庁の許可を受け、同庁や特別市政府から発給することになっていたりと、華僑にとってより厳しい制度運営がなされていた（王 前掲書：242-243）。

9) ソン・ジョンモクは、ソウル市中心部の小公洞で華僑が所有していた土地が再開発の圧力の中で大資本に吸収された際、ソウル市の約束違反によって華僑、ひ

いては台湾政府との間に生じた不信や葛藤について詳細を報告している（2003：134-158）。

10）正式には月尾観光特区。観光特区とは、外国人観光客誘致促進などのために観光活動と関連した関係法令の適用が免除または緩和される地域を指す。2016年3月現在、13の都市で31か所が観光特区として指定されている。文化体育観光部HP内「観光特区指定状況」（http://www.mcst.go.kr/web/s_data/statistics/statView.jsp?pSeq=796&pMenuCD=0408010000&pCurrentPage=1&pTypeDept=&pSearchType=01&pSearchWord=%EA%B4%80%EA%B4%91%ED%8A%B9%EA%B5%AC、2018.1.20検索）

11）イ・ヒョンシク（前掲 報告書：32）は、合わせて観光地としての明確な特徴を有していなければ失敗する可能性が高いと述べている。

12）質疑、答弁ともに仁川広域市議会HPより（http://record.icouncil.go.kr:8888/CLRecordS/Retrieval/frame.php?hfile=2A0110037022.html&daeSu=2&mode=multi&n=w1&keyword=%C3%BB%B0%FC%B0%C5%B8%AE、2015.5.22検索）

13）たとえば、1999年3月30日の第3代第70回第2次本会議、2000年6月24日の第3代第81回第1次本会議で、仁川に二つもチャイナタウンを造成することへの疑問が市長へ投げかけられ、「チャイナタウン」を造成するのならば、華僑が長年にわたって暮らしてきた旧都心側に作るのが望ましいという発言が議員よりされている。（http://record.icouncil.go.kr:8888/CLRecordS/Retrieval/frame.php?hfile=3A0110070022.html&daeSu=3&mode=multi&n=w1&keyword=%C2%F7%C0%CC%B3%AA%C5%B8%BF%EE、http://record.icouncil.go.kr:8888/CLRecordS/Retrieval/frame.php?hfile=3A0110081012.html&daeSu=3&mode=multi&n=w1&keyword=%C2%F7%C0%CC%B3%AA%C5%B8%BF%EE、共に2015.5.23検索）

14）京郷新聞1996年5月21日「仁川善隣洞のチャイナタウン」より（http://www.kindS.or.kr/、2015.5.22検索）

15）イ・ヒョンシク（前掲 報告書：39）

16）イ・ヒョンシク（前掲 報告書：40）

17）http://www.ichinatown.or.kr/introduction/allmap.asp、2015.5.22検索

18）王（2008：244）

19）民族的な祝祭日。伝統祭日。韓国では陰暦1月1日の旧正月と旧暦8月15日の秋夕（チュソク）が二大名節である。

20）仁川華僑協会HPより（http://www.craik.co.kr/state.php、2018.1.20検索）

21）ソウル毎日新聞2014年10月14日記事。「仁川中区、チャイナタウン商街繁栄会出帆」（http://www.smaeil.com/news/articlePrent.hyml?idxno=171015、2015.5.9検索）

第5章

新しいエスニック・コミュニティの形成

1. 韓国における新来型移民と二重言語教育政策

　前章まで、旧来型の「移民」、すなわち在日コリアンと在韓華僑のエスニックな文化権の構築をめぐる当事者や地域住民、行政との相互作用について考察してきた。その中で、在日コリアンの場合、公立学校内における民族教室の実現という形でエスニック文化権の萌芽が見られ、それが新来型の「移民」の地域社会への包摂にもつながる可能性を持つ点が確認された。制度設計における公的機関の積極的態度の欠如という課題があるとはいえ、民族の言語や文化が継承すべき権利として公的機関によって認められた点は意義深い。在韓華僑の場合、エスニックな文化が地域資源として価値あるものとして捉えられてはいるものの、それをエスニック集団が持つ権利として捉える視点が乏しい点が確認された。しかし、近年、日本に先立つ形で、韓国でエスニック集団が持つ言語や文化を政策的に保障するような実践が始まっている。韓国でもまた、エスニックな文化権をめぐる視点が旧来型の「移民」と新来型の「移民」を架橋する概念となり得るのだろうか。本章では、韓国の文化的な権利の構築における新たな動向について、特に言語と文化の保障と継承という点に焦点を当てて論

じる。

1.1 多文化家族の概要

　まず、韓国における外国人児童生徒の存在の背景となる、国際結婚移住女性の概要をみてみよう。韓国では1990年代まで宗教団体を通じて入国し、国際結婚する日本人女性が多数を占めていたが、2000年代に入ってからアジア諸国からの女性が急増する。「出入国・外国人政策統計年報（2014）」によると、現在国際結婚によって韓国に中長期で滞在している外国人が150,994名に上り、その84.8％が女性である。出身国別にみると、中国が全体の40.2％と最も多く、次にベトナム（26.3％）、日本（8.3％）、フィリピン（7.3％）、カンボジア（3.1％）、タイ（1.8％）、モンゴル（1.6％）と続く。居住地は、京畿道（27.4％）とソウル特別市（19.4％）の首都圏居住者が半数を占め、あとは慶尚南道（6.4％）、仁川広域市（6.0％）、忠清南道（5.3％）と続く[1]。また、表5-1、5-2 を見ると、2000年代初めのアジア系移住女性の子どもたちと見られる多文化家族の児童生徒が、小・中・高校あわせて 67,806名おり、韓国人も含む全児童生徒数のおよそ1.07％を占めている[2]。なかでも小学生の占める割合が高く、全多文化家族の児童生

表5-1　多文化家族児童生徒数現況（学校別）　　　　　　　　　　　　　（単位：人）

区　分	2014年			
	小学校	中学校	高校	計
韓国出生	41,575	10,325	5,598	57,498
編入学	3,268	1,389	945	5,602
外国人子女	3,454	811	441	4,706
計	48,297	12,525	6,984	67,806
比率	71.2%	18.5%	10.3%	100%

＊多文化家族児童生徒＝国際結婚家庭の児童生徒（国内出生＋中途入国）＋外国人家庭の児童生徒
資料：教育部（2015）「多文化家族児童生徒数現況[3]」より作成

表5-2　多文化家族数の推移（2010年-2014年）　　　　　　　　　　　　（単位：人）

人数　　　年度	2010	2011	2012	2013	2014
「多文化」児童生徒数（A）	31,788	38,678	46,954	55,780	67,806
全体の児童生徒数（B）	7,236,248	6,986,853	6,732,071	6,529,196	6,333,617
「多文化」児童生徒の比率（A/B*100）	0.44%	0.55%	0.70%	0.86%	1.07%

資料：教育部（2015）「多文化家族児童生徒数現況」より作成

徒の 71.2％が小学生である。そして多文化家族の児童生徒は毎年増加傾向にあり、近年 5 年間で実に 2.4倍に増えている。

　従来、韓国では、国際結婚移住女性が持つ言語的・文化的な特殊性が、多文化家族の強みというよりは、韓国社会への適応を妨げる要因になると考えられる傾向があった。そして、主に子どもの世話をする母親が外国人で韓国語が不充分であることが、次の点で子どもの成長にもよくない影響を与えているとされてきた。一点目は韓国語能力の不足と学力不振である。日常的な意思疎通には大きな問題はないが、読解、語彙力、作文力が弱く、授業に対する理解度も低い。二点目はアイデンティティの混乱である。母親はもちろん、その子どもたちも韓国社会における自らの位置づけに対するアイデンティティの混乱を経験している。三点目は母が外国人であることや、意思疎通がうまくいかないことを原因とする偏見や差別、いじめである。いじめによって周囲に敵がい心を抱いたり、自信を失ったりして、自殺衝動等、情緒的な衝撃があらわれることもある。四点目は進学の問題である。ダブルの子どもたちの学校中退率が一般の児童より 10倍以上高く、中学校、高校と進学するにつれ、より難しさが増すことが予測される[4]。このような状況のなかで、国際結婚移住女性の言語・文化資源は継承されることなく、家庭の中でさえ失われていく結果を招いてしまった。そんな中、単一言語・文化に対する国民的な意識が高い韓国において、多文化家族が抱えるこのような状況を打ち破り、二重言語を持つ家族としての力を養うためには、政府が介入し、政策的な支援を通して社会的な合意形成を行っていくことが重要だと考えられるようになっていったのである[5]。一方で、多様な言語を駆使する能力が個人的次元ではなく、資源として認識されるようになり、多文化家族の子どもたちが、「韓国の未来を変えるといっても過言ではない」と評価され、「21世紀の未来を担うグローバル人材たち」というスローガンが動員されたりもしている[6]。政府が二重言語政策に踏み切った背景には、多文化家族であるがゆえに生じる子どもたちの不適応と、不適応の理由ともなっているエスニックな言語や文化の資源としての価値の発見という、二つの脈絡があったことがわかる。

1.2　二重言語（バイリンガル）教育政策の展開

　韓国で近年始まった二重言語教育政策については、女性家族部より 2013年

に出された「二重言語教育の実態及び改善方案に関する研究」を参考にしながら分析する[7]。現在、二重言語教育は、教育部と女性家族部の2機関を中心に実施されている。前者が2008年に教育部がソウル市教育庁をモデル教育庁として選定した「多文化家庭子女のための二重言語教授要員養成計画」である。これは、多文化家族の子どもたちに親の言語を教える人材である講師を養成するプログラムで、ソウル市教育庁とソウル教育大学校が連携して「多文化家庭子女のための二重言語教授要員養成課程」を開発した。内容は、6か月間、900時間にわたり、韓国語教育と韓国語文化及び多文化社会理解のための科目を受講するものである。翌年の2009年にソウル教育大学校と京仁教育大学校で二重言語教授要員112名を養成したのを皮切りに、毎年一部地域で一定数の講師を養成している。養成課程の運営実績は表5-3の通りである。

一方、教育部は2012年に「多文化学生教育先進化方案」を発表し、多文化家族の児童生徒と一般の児童生徒が共に学ぶ二重言語教育の教科を推進課題の一つに設定した。主要な内容は次の通りである。

① すべての児童生徒に多様な文化と二重言語の学習機会を与え、「多文化」児童生徒の長所を生かすため、放課後に各国の文化、歴史理解中心の教育を行い、長期の休み期間・週末に二重言語教育プログラムを実施する。これに対応し、現在120名水準の二重言語講師を段階的に養成し、2015年までに1,200名水準に拡大する。

② 二重言語教育の持続的な質の維持のため、二重言語講師養成課程により

表5-3　二重言語教授要員養成課程運営実績（教育部）

年度	運営実績
2009年	・二重言語講師養成課程を運営 ソウル教育大学校、72名（2009.3～8） 京仁教育大学、40名（2009.11～） ・ソウル市内70校に講師を配置・活動
2010年	・二重言語講師を養成 ソウル教大及び京仁教大：80名 ・京畿道内35校に講師を配置：活動 　＊幼児、編入学の子どもたちの教育支援 ・拠点学校、就学前予備課程運営機関等に配置：活用（2011.1～2）
2011年	・二重言語講師養成 ソウル、仁川、京畿に各40名：総120名 ・学校に配置した二重言語講師：125名

資料：女性家族部（2013：24）「二重言語教育の実態及び改善方案に関する研究」

高度な研修課程を導入し、海外から招いた教員を二重言語講師として活用し、人材のプールを多様化する。

③　二重言語教材は、水準別にベトナム語、タイ語、モンゴル語、ロシア語等少数言語を優先的に開発し、EBS（韓国教育放送公社）放送プログラムと共に開発・普及させる。

　これらの計画を基に、2013年現在、二重言語講師236名が養成され、学校に配置された。地域別には、ソウル110名、仁川30名、京畿道96名である。中国・台湾出身の講師が111名と最も多く、日本出身57名、モンゴル34名、ベトナム6名と続く。ところが実際に二重言語講師が派遣された学校現場では、本来の目的である二重言語教授ではなく、むしろ多文化理解教育や外国語教育、学生の基礎学力の指導、「多文化」児童生徒及び保護者相談、教員を対象とした外国語教育及び国際理解教育支援等に多くの時間を費やしている[8]。教育部の場合、講師の養成講座の内容を見ると、韓国語と韓国文化にかんする講義でほとんどが占められており、これらを見る限り、二重言語講師は、多文化家族の子どもたちの言語教育のためというよりは、韓国人の子どもたちも含め、学校全体の国際理解教育の推進に活用する人材として想定されているようである。

　一方、前述の女性家族部によっても、2009年より、地域内の多文化家族支援センターを通した多文化家族の子どものための言語教育が行われている。その目的としては、多文化家族の子どもたちが外国系の両親の国の言語を学ぶことにより、二重言語を駆使することのできるグローバル人事を育成すること、そして父母・子ども間の意思疎通の増進や互いの異なる文化に対する認識を改善し、最終的には社会統合に寄与することが挙げられている。2009年にソウル市銅雀区の多文化家族センター等5か所のセンターがモデル機関として選定され、満3歳から小学生を対象に、ベトナム語、中国語、モンゴル語の3か国語の課程が実施された。2010年にはセンターに開設された二重言語教室に1,282名が参加し、そのうち多文化家族の子どもが861名（67.1%）、多文化家族ではない子どもが421名（32.9%）であった（表5-4）。

　2011年には、別途事業として「言語英才教室」が始まった。これにより、二重言語教育を専任で担当する二重言語講師100名を養成し、100か所の多文化家族支援センターに配置してセンター内または託児所（オリニチブ）、幼稚園、学校等に多文化家族の子どもたちと他の子どもたちも対象に言語教育を実施す

表5-4　多文化家族センター二重言語教育年度別推進実績

年度	運営実績
2009年	・5か所の多文化家族支援センターでモデル運営 　満3歳から小学生が対象 ・センターの通訳・翻訳担当者が三か国語(中国語、ベトナム語、モンゴル語) 　を教育 ・参加者数：89名
2010年	・52か所の多文化家族支援センターの特性化事業となる（自治体が自主運 　営する12か所のセンターを除く） ・センターの通訳・翻訳担当者が教育 ・参加者数：1,282名(多文化家族の子ども861名、非多文化家族の子ども421名)
2011年	・言語英才教室に変更 ・100か所の多文化家族支援センターで言語英才教室を運営 ・121名の二重言語講師が活動 ・言語英才教室参加者数：5,083名
2012年	・102か所の多文化家族支援センターで言語英才教室を運営 ・122名の二重言語講師が活動 ・言語英才教室参加者数：5,754名（成人参加者214名、夏休み特性化プロ 　グラム1,898名を含む。通常教室に参加する児童のうち、多文化家族の子 　どもが2,457名（67.5％）、それ以外が1,185名（32.5％）であった）

資料：女性家族部（前掲報告書：27）より作成

　ることとなった。講師は、100時間の新規養成教育を経て配置され、講師とし
て活動しながら補習教育、センター内での教育を受けなければならない。その
後も勤務経歴によって決められた時間のオンライン講義、地域別の教育などを
受けることが定められている。教育の内容は、段階別に教育学にかかわる講義
が入るものの、基本的には教育部の養成課程と同様、韓国語教育が中心である。
2012年現在の出身国別の講師の人数は、121名のうち、中国・台湾が77名、日
本が24名、ベトナムが14名、モンゴルが5名、その他が1名である。
　これらの教育部と女性家族部の試みについて、次の点が課題として挙げられ
ている。一つ目は二重行政の問題である。両機関とも多文化家族の子どもたち
の二重言語能力の養成を核心的な目的にしている点は共通しており、重複する
点も多い。二点目は、両機関とも、二重言語講師の養成課程が、講師に対する
韓国語や韓国文化の教育を中心に組まれており、講師が母国語を効果的に子ど
もたちに教える方法についての講座がない。そのため、現場で講義を進めてい
くための技術や知識が養成講座では身につかないという欠点がある。また、両
機関それぞれについて見てみると、教育部による二重言語教育事業の場合、講
師を派遣しても実際には学校内の副次的な業務に回されることが多く（多文化

理解教育、多文化家族の子どもを対象とした韓国語教育、多文化家族の子どもへの教科補習指導、多文化家族学生相談業務、多文化家族保護者の教育及び相談業務等）、本来の目的である言語教育が充分になされていない現状がある。また、女性家族部の多文化家族支援センターを通した二重言語教育事業は、講師の配置が各地域の需要と合っていない場合が少なくない点、また、講師の出身言語に偏りがあり、民間の教育機関では全く学ぶことができない少数言語に対する教育がなされていない点も指摘されている[9]。次に、これらの事業が実際に子どもたちや母親、家族にどのような効果をもたらすのか、女性家族部が実施した調査を基に分析した結果（女性家族部：2013）を中心に見てみよう。

1.3　二重言語教育政策展開の背景

　韓国では、2012年7月から10月にかけて「2012年多文化家族実態調査」が実施された。これは2008年に制定された「多文化家族支援法」に基づき、2009年から3年ごとに全国規模で実施されている調査である。対象者は、全国の国際結婚移住者・帰化者、そしてその配偶者と子ども（満9歳から24歳）で、2012年の調査では国際結婚移住者・帰化者が283,224名と推定された。そのうち未婚の帰化者と配偶者が外国出身のケースを除いた237,777名の属性を見ると、国際結婚移住者・帰化者のおよそ9割が女性で、出身国は、中国（韓国系）27.5％が一番多く、次に中国/台湾・香港23.9％、ベトナム21.0％、日本6.7％、フィリピン6.1％、北米・西欧・大洋州4.8％、カンボジア2.2％……と続く。居住地は比較的市街地が多い「洞部」が75.6％と多く、農村地域である「邑面部」が24.4％である。年齢をみると、満25歳から29歳と満30歳から34歳がそれぞれ17.2％、17.0％と多く、次に満35歳から39歳（15.4％）、満40歳から44歳（14.0％）と続き、ちょうど子育て世代が多いことがうかがえる。一方、多文化家族の子どもの属性をみると、調査対象者47,928名のうち、満9歳から11歳までが34.5％、満12歳から15歳が26.3％、満15歳から17歳が17.4％と多く、全体の79.9％が小・中・高校の学齢期にあたる子どもたちである。では、この多文化家族の子どもたちは、外国系の父母の言葉についてどのように思っているのだろうか。

　表5-5は、「外国系の父母の言葉を韓国語と同じぐらい上手に使いたいと思いますか」という質問に対する答えである。子どもにとって外国系の親が父親で

表5-5 外国系父母の性別と外国系母の母語使用に対する意欲

（単位：%、点）

	まったくそう思わない	そう思わない	ふつう	そう思う	とても思う	合計（名）	平均（5点中）	t
全体	14.3	9.7	25.6	14.1	36.3	100.0（46,761）	3.48	
女性	14.4	9.9	26.2	14.5	35.0	100.0（42,997）	3.46	12.912（p=.000）
男性	13.3	7.0	19.1	9.9	50.7	100.0（3,765）	3.78	

資料：女性家族部（前掲報告書：61）より

表5-6 外国系父母の性別と外国系父母の母語を学習した経験

（単位：%、点）

	全然ない	ない	ふつう	ある	よくある	合計（名）	平均（5点中）	t
全体	24.3	18.2	24.1	16.4	17.1	100.0（46,761）	2.84	
女性	24.3	18.7	24.4	16.5	16.1	100.0（42,997）	2.81	11.423（p=.000）
男性	23.8	12.8	20.3	15.1	28.0	100.0（3,765）	3.11	

資料：女性家族部（前掲報告書：59）より

ある場合は平均が3.78 と比較的高いが、母親の場合は低い。次に実際に外国系の父母の言葉を学習した経験についても聞いている。

表5-5と表5-6を照らし合わせると、外国系父母の言葉を習いたいと思う意志に比べ、実際に習った経験は多くない。また表5-5 では外国系の母より父の言語を学びたいと答える割合が高い。表5-6 でもやはり外国系の母親の言語より、外国系の父親の言語の方が、学習経験が高いことがわかった。これは、家父長制的な考え方から、社会的に、また家庭内で男性側の言語に従わせる圧力がかかっているからとは言い切れない。国際結婚移住者のアジア諸国に偏っている出身地の内訳をみると、女性の移住者の出身地が中国やベトナムなどのアジア諸国が多いため、その構成比率が一因であるよう男性は日本出身者が最も多い。これにも思われる。これにも関連するが、学習意欲は、外国系の父母の出身地によっても異なっている。北米・西欧・大洋州が平均4.45 で日本が4.22 である。つまり英語や日本語など世界でも主流な言語を母語とする父母を持つ子どもは学習意欲が高いが、カンボジア2.69、モンゴル2.96、ベトナム2.72 など、非主流言語を母語とする父母を持つ子どもは、相対的に親の言葉を学びたいと思う意欲が低い。また実際に家庭内で使われている外国語を見ても、北米・西欧・大洋

表5-7　青少年期の子どもたちにおける年齢別外国系父母の言語の駆使能力

（単位：点（5点満点））

		話す	聞く	読む	書く	平均	F
外国系父母の言語	満9歳-11歳	2.10	2.17	1.85	1.75	1.97	127.956 (p=.000)
	満12歳-14歳	2.02	2.09	1.83	1.73	1.92	
	満15歳-17歳	1.85	1.90	1.74	1.65	1.78	
	満18歳以上	1.77	1.80	1.69	1.64	1.72	
韓国語	満9歳-11歳	4.73	4.72	4.70	4.59	4.69	134.012 (p=.000)
	満12歳-14歳	4.76	4.78	4.75	4.70	4.75	
	満15歳-17歳	4.77	4.80	4.80	4.74	4.78	
	満18歳以上	4.83	4.83	4.84	4.81	4.83	

資料：女性家族部（前掲報告書：65）より

州の4.09と日本の3.75が高く、カンボジア2.37、南アジア2.51、ベトナム2.53など、いわゆる開発途上国の言語はあまり使われていない。すなわち、国家間の力関係とそれに伴う言語の市場的価値によって、同じ外国系の父母を持つ子どもとはいっても序列化されているのである。次は、実際にどの程度外国系父母の国の言葉を使うことができるのか、言語能力にかかわる結果である。

　表5-7を見ると、韓国語に比べて外国系父母の言語能力は総じて著しく低く、特に年齢が上がるにつれて駆使能力が落ちていくことがわかる。なかでも特に継続的な学習が必要な「書く」力と「読む」力が弱い。韓国語の駆使能力は、満9歳から11歳の小学生の時は「書く」力の弱さが目立つが、年齢が高くなるにつれて他の能力との差が縮まっている。

　これらの表から言えるのは、全体的に父母の国の言葉を学びたいと思う子どもの意欲に比べて、実際に学習した経験を持つ子どもは少なく、学習環境が整っていない点である。特に母親が東南アジア諸国出身等で主流言語ではない場合は、学習意欲が相対的に低い。また、実際の言語能力も韓国語能力に比べて著しく低い。そんな子どもたちが、生活の場でもある学校の中で外国系の親の言語教育を受けることにより、どのように変わるのだろうか。また変わらないのだろうか。

1.4　二重言語教育政策の効果

　この「2012年多文化家族実態調査」では、量的調査に加え、学校に派遣され

た二重言語講師、学校関係者、多文化家族支援センターに派遣された二重言語講師、関連部局担当者、保護者などにインタビュー調査を行っている。

　教育部による学校での二重言語教育事業を見ると、派遣される二重言語講師と在籍する学生が必要とする言語が適合していない事例がかなり存在するようである。また、需要に見合う講師が配属されても、子どもたちの側が教育を望まないこともある。

　ある講師は次のように話している。

　　［中国語講師（小学校）］「朝鮮族（韓国系中国人）」の人は、実は、隠そうとするケースが多いんです。なので私も学校で調査をしてみたのですが、「多文化です」という家族が何人かしかいなくて。私も電話をしたりして、「多文化」だと言うお母さんには、周りに「多文化」がいたらちょっと話をしてみて、放課後とか土曜日に多文化の教室をするので、積極的に参加してくれるよう言ってくれないかと……。新しく登録してくれたお母さんもいます。私が電話をして。（女性家族部　前掲報告書：87）

　申請は自己申告であるため、多文化家族であることを隠している家族は、申告することでかえって周りに明らかになってしまうことを恐れるという。また、特に家族内で話すことが少ない非主流言語の場合、子どもたち自身が二重言語学習の必要性を認識できない場合もある。

　　［ベトナム語講師（小学校）］（ベトナム語授業は）最近ありません。なぜかというと、子どもたちは韓国語があまりできず、ベトナム語にまで手が回りません。今まで一回も授業はありませんでした。（ベトナム出身の「多文化」学生は）２名います。１年生と２年生。１年生の子はとても賢いんですが、ベトナム語を教えようとすると、やりたくないと言って……。無理にやらせるわけにはいかないので、聞き取りの宿題のようなものをやらせたりもするのですが、子どもたちはそれをまた韓国語で読みなおして、書きなおすんです。結局それを手伝っています。（最初は）ベトナム語で教えていました。ABCをベトナム語で。ですが子どもたちの機嫌が悪くなってやりたがらないんです。（女性家族部　前掲報告書：87-88）

　ただ、最初は学校で萎縮しているように見えた「多文化」の子どもたちが、言葉を習うことで、次第に変わっていったという。

　[中国語講師（小学校）]子どもたちが中国語を話すことを恥ずかしく思わないのがとても重要なのです。以前は、家で中国語を話してはいけないと言われていたそうです。ところが、今は学校でも学ぶので。子どもたちは、中国語学級で学び、これが学ぶということだということに気づきます。自分のお母さんが中国人で、学校に来たら先生も中国人。それで自分のお母さんは中国人だと外で話すようになって。そんな情緒的な変化があります。（女性家族部　前掲報告書：89）

　[ベトナム語講師（小学校）]まあ昨年に比べたら……。私が来る前にフィリピンの先生がいらっしゃったんです。二重言語の。その先生がいらっしゃって、次に私が来て、少しずつ変わっています。ええ。「多文化」であることを絶対に隠さなければならないのかな？　そんなふうに思うこともあるようで、「多文化」だということを恥ずかしがらないような、そんな反応が見受けられます。それで……、何が正解かはわからないけど、ただ、私はいいのではないかと思います。二重言語講師が多文化教育をして、どうせ避けられないものなのだったら、「多文化」であることを明らかにして堂々と暮らした方が、むしろ、と。（女性家族部　前掲報告書：89）

　これらの報告を見ると、単一民族意識の高い韓国で、ダブルの、しかもアジア系の母親を持つ子どもたちが周囲にどのような眼差しで見られてきたのか、容易に想像ができる。親も子どもたちも、「多文化」という聞きあたりのいい言葉に秘められた偏見や差別に敏感に反応し、拒否反応を示すまでになっていたのである。「多文化」であることは、親や子どもたちにとって積極的な意味をもたず、むしろ「絶対隠さなければならない」、「恥ずかしい」ことだった。ただ、学校の中で、韓国人の子どもたちにも見える形で外国出身の父母の言葉や文化を学ぶ場所が確保されることで、子どもたちが少しずつ「多文化」を肯定的に受け入れる方向に変わっているのは確かのようである。

[学校関係者] 先生方が自分の国の言葉や文化を子どもたちに教えるとき、子どもたちの保護者とも連帯関係も深くなります。子どもたちに教えることで子どもたちが得る自信感は相当なものです。この言語教育を通して得た自信が学校での勉強にまでつながっていくんです。私は、本当に驚きました。こんなに変わるものかと。子どもたちはとても堂々とするようになりました。ある日、ある子どもが放送局で収録があって行き、9時のニュースに出ました。他の子にも見せてあげたくて、テレビに出た子どもに、これを他の子にも見せてあげてもいいかなと聞いたとき、傷つくかと心配したのですが、意外にも「いいよ！」と言うんです。みんなで見た後、その子の顔が満月みたいにほころんで、とても嬉しそうなんです。私たちが思っていたのとは全く違っていました。この子たちのためのものが、もっとないといけません。（女性家族部　前掲報告書：101）

　上記に出てくる子どもは、おそらく多文化家族にかんするプログラムに当事者として出演したのであろう。子どもの変化は、普段接している大人の予想をはるかに上回るものだった。一週間に幾度もない言語プログラムで外国出身の親の言葉を学ぶ意義は、言語能力の向上より、むしろ、言語を学ぶ過程で外国系の父母の文化を肯定的に受け止め、多文化家族としての自分のアイデンティティをも肯定的に受け止めるところにあるのかもしれない。
　また、二重言語講師を通して、多文化家族の子どもたちだけでなく、周りの韓国人の子どもたちにも意識の変化が見られている。

　[モンゴル語・ロシア語講師（小学校）] 今まで多文化理解にかんする授業をしながら、子どもたちと話をして、多文化理解の授業も必要なんだなあと。子どもたちのひどい偏見と多文化に対する誤解！　文化を知っているとは言っても、なかには間違っていることもあります。で、「多文化」の子どもたちが聞いたら傷つくだろうなと思うこともあって、多文化理解教育が必要だと。（女性家族部　前掲報告書：90）

　皮肉なことに、二重言語講師として派遣されているのに、学校側からはこの多文化理解教育ばかりを期待され、本業の言語教育が隅に追いやられているこ

とが、講師の不満を高めてもいる[10]。もちろん、多文化理解教育を通した韓国人の子どもたちへの教育にやりがいを感じている講師もいるものの、多文化理解教育も含め、外国語の教科指導、言語指導すべて、共通の教材がないか、あっても使い勝手が悪いため、自らが情報を収集して進めなくてはならなく、負担が大きい。また、給与水準が低いことと、身分が不安定なことも講師の不満となっている。これは、二重言語講師の養成を教育部が負担し、学校での講師の活用にかんしては予算全体を教育自治体である教育庁に任せているためで、市議会で二重言語教育の必要性が認められなければ、予算を確保できない可能性もあることに由来する[11]。

　次に、女性家族部による「言語英才教室」について見てみよう。この事業は、国際結婚移住女性を二重言語講師に養成し、地域内の多文化家族支援センターで、主に多文化家族の子どもたちに親の出身地の言葉を教えることを目的としている。しかし、非多文化家族の子どもたち及び韓国人の配偶者や義理の両親にも開放して外国語を教えている。ただ、受講生の中に多文化家族の子どもが60％以上含まれていなければならないという基準があるため、受講生を集め、開講するのが難しい。また、学校における講師と同じように、言語教材が、特に少数言語の場合準備するのが難しかったり、子どもの言語水準に合わせた段階別の教室となったりはしていないため、同じ子どもが継続して言語を学ぶ体制が整っていない、地域の言語需要と講師の供給が合っていない等の不備がある。しかし、ここでもまた、母子関係や家族関係、そして韓国人の配偶者にも、外国人の「嫁」の文化を見直すような一定の効果があったことが報告されている。

2.　小　結

　本章では、新来型の移民の子どもたちに焦点を当て、韓国の二重言語教育政策を基に、エスニックな文化権の構築がどのように行われているのかについて考察した。

　韓国でも増え続ける移民とその子どもたちを前に、「異質性」にどう対処するかが社会的な問題になっている。そんな中、韓国では学校文化の中で単一の言語のみを重要視する従来の枠組みをゆるめ、移民の子どもたちに対する二重言語教育政策を始めた。これは政府が取り組んだからこそ実現したものである。

現段階では現地の情報も足らず、拙速な判断はできないが、「チャイナタウン」でも発揮された行政主導の施策展開が、功を奏した事例ともとれる。この施策を通して、今まで外国人の母親を恥ずかしく思ったり、「多文化」の家庭に生まれたことを否定的に捉えていた子どもたちが、学校内で母の言葉を習うことで自信をつけ、良好な親子関係を築けるようになったりしたという事例がいくつも見られた。そして、その自信が他の教科の理解にもつながっていたという事例もあった。また、学校内の韓国人生徒や配偶者等、多文化家族のメンバーにも波及効果があったことが確認できた。まだ始まったばかりということもあり、制度の運用面に課題がいくつも残るものの、日本同様、単一民族意識の高い韓国において、学校という公的な空間で韓国語や英語以外の言語や文化が承認され、尊重されることが、当事者である子どもたちや韓国人の子どもたちに与える影響は大きい。言い換えれば、異質なものに対して閉鎖的な社会だからこそ、この政策の持つ意義は大きいのだ。ただ、政策的な流れをみると、外国系の親の言語の習得が、子どもたちや保護者が持つ権利というよりは、グローバル人材の育成における資源の活用という側面で進められているような印象を受ける。その立場を推し進めるのであれば、市場価値の高い英語や日本語、中国語など世界の主流言語を学ぶ権利は手厚く保障され、それ以外は副次的にしか保障されないという「多文化」における階層化が進行するであろう。そうすると在韓華僑の持つエスニックな文化が資源という名目で利用され、「チャイナタウン」造成においても華僑が置き去りにされていったように、当事者不在の移民政策がまた一人歩きするようになる。移民がホスト社会に居続けることができる根拠は、その経済的価値によって決められるのではなく、まずは当事者が持つ権利によって保障されるべきなのである。

【注】

1) 統計庁（2015）による。なお、国際結婚移住者は韓国で「結婚移民者」と呼ばれている。在留資格は、F-2-1（居住：韓国国民の配偶者）、F-5-2（永住：韓国国民の配偶者）、F-6（結婚移民）の合計である（出入国・外国人政策本部HPより http://www.immigration.go.kr/HP/COM/bbs_003/ListShowData.do、2016.2.5検索）。

2) 文部科学省「平成26年度学校基本調査」をもとに算定すると、日本の小・中・

高校における外国人児童生徒の比率は 0.6％である。(http://www.mext.go.jp/
component/b_menu/other/__icsFiles/afieldfile/2014/12/19/1354124_1_1.pdf、
2016.2.5検索)

3）教育部HP「多文化学生統計現況2014.4」(http://www.moe.go.kr/web/100068/
ko/board/view.do?bbsId=343&boardSeq=57128&mode=view、2016.2.5検索)

4）チェ・ヒョンミほか（2008：180）

5）女性家族部（2013：5）

6）女性家族部（前掲報告書：19）

7）この調査研究は韓国女性政策研究院が女性家族部の委託を受けて行ったもので
あり、女性家族部の公式見解ではないことが断られている。なお、女性家族部は、
韓国の国家行政機関で、「部」は日本の「省」に該当する。

8）女性家族部（前掲報告書：22-25）

9）女性家族部（前掲報告書：26-30）

10）女性家族部（前掲報告書：90-91）

11）女性家族部（前掲報告書：94）

終　章

新たな共同性の構築に向けて

　これまで、グローバル化が進み、「移民」が増える一方の都市空間で、新た
な共同性を構築する方法について、日韓の旧来型の「移民」、すなわち在日コ
リアンと在韓華僑の事例を中心に数章にわたり検討してきた。日本と韓国は
1980年代後半までは「移民」に対して排除的な政策を繰り広げてきた点で共通
点を持つ。しかし、日本が「移民」の存在を頑なに拒否し、現状に反してまで
も「移民」の統合政策を打ち出せないでいるのと対照的に、韓国では「移民」
に門戸を開き、統合政策の拡充へと大きく舵を切った。しかし「単一民族神話」
の亡霊に苛まされる韓国もまた、制度的な整備は進んでも、「移民」の統合が
行政の都合主義や韓国社会への「同化」の強制につながっている側面は否定で
きない。両国に不足するのは、「移民」が持つエスニックな文化に対する認識
と権利に対する保障だった。

　第1章では、まず日本の外国人政策の推移を追った。日本は「移民」の受け
入れを認めていないため、移民政策は存在しない。ただ、日本には20世紀初
頭に日本へやってきた実質的な「移民」であるコリアンがおり、主に地方自治
体を中心に公的領域における差別の撤廃が進んできた。1990年代からは日系南
米人が主な政策対象となっていくが、新たに設定された定住する外国人施策の

中に、それまでの在日コリアン施策との連続性を確認することができなかった。地域社会のなかで在日コリアンが築き上げてきた住民としての実践は、他の住民とともに「異質性」との共存を探った過程として整理されることなく、死角に追いやられてしまったのである。ただ、そんな中でも歴史的にコリアンが多く移住していた大阪市では、コリアンが住民として地域社会に参加できる仕組みが部分的に形成された。民族学級などの取組みも比較的早い時期に制度的に整備されている。民族学級の実践は、エスニック文化権の必要性や意義を示唆するものである。しかし、文化実践の事例が複数報告されている大阪でも在日コリアンの住民としての権利はいまだに保障されているとはいえない。

第2章では、大阪市西成区北西部のコリアンコミュニティを対象に、在日コリアンの定住過程や生活世界を、仕事と文化の側面から捉えた。そして被差別部落の中のコリアン住民という「異質性」が、部落解放教育を通して再発見された過程を追った。たとえば、同地域内の公立小学校である長橋小学校では、部落解放教育を進める中で、地域内に存在する民族差別を看過しているのではないかという気づきがまず教師たちの中で起こった。そして、地域を巻き込む形で在日コリアンの言語や民族文化の継承を認め、保障する民族学級を誕生させた。しかし朝鮮半島の南北分断に伴う在日コリアン内の分裂がこの民族学級にも影響し、民族講師の選定一つをとっても困難を極めていた。このように在日コリアン当事者も一枚岩ではなく、部落解放運動にまい進する日本人住民、小学校の教師も、民族学級に抱く思いはそれぞれ異なっていた。そのなかで「民族学級の存続」という目標に向けて、手探りで合意点を探っていったのである。その一つとして挙げられるのが、民族講師の派遣について大阪市教委を相手に行った行政交渉である。度重なる交渉の結果、行政も消極的ながらこれを認め、1992年には「大阪市立学校民族クラブ技術指導者招聘事業」が設定されて、わずかながら民族講師の給与が支給されるようになった。また、2001年には、これまでの民族学級の取組みを評価し、民族学級を今日の外国人児童・生徒の民族性の保障における社会資源として捉えた「在日外国人教育基本方針」が発表され、公教育におけるエスニックな文化権をめぐる制度保障が一部実現した。これらの過程を通じて、主流とは異なる言語・文化的背景を持つ人々が共に暮らす社会を作るための「共同性」が、住民からの働きかけによって形成されたのである。

一方、八尾市でも市民団体「トッカビ」の活動により、地域における在日コ

リアンに対する民族差別撤廃と民族教育保障が徐々に承認され、在日コリアン
が「市民」として認識されていくような過程が見られた。これらは、西成区の
事例同様、コリアンが独自に獲得したのではなく、地域内のエスニック・コ
ミュニティが権利要求を下支えする中、地域住民と連携することで可能になっ
た。大阪市や八尾市におけるエスニック文化権の萌芽は、行政からではなく、
地域社会からの働きかけによって生まれたところに共通点があることがわかっ
た。また、現在はこの民族学級が、同地域に新たに流入してきた他のエスニッ
クグループの文化や言語を保障する受け皿にもなっている。

　第3章では、韓国における移民政策の変遷と華僑政策について考察した。韓
国では2000年代に入り、国際結婚移住女性とその子どもたちの統合が社会問
題となり、「移民」の統合政策が立て続けに打ち出された。そして永住資格保
持者に対する地方参政権の付与、重国籍の認定など、移民に対する制度的整備
が進んだ。しかし、それは在韓華僑の地位の向上を企図したものではなかった。
どの外国人よりも韓国社会に長く居住しているにもかかわらず、華僑の地位向
上は新来型の「移民」のそれに付随するものにすぎず、時には政策対象から外
されることもあった。日本同様、韓国でもまた旧来型の「移民」をとりまく制
度的保障に対する政策的関心は依然として低いことがわかった。

　第4章では、エスニックな文化資源を活用した韓国の「仁川チャイナタウン」
造成の過程を考察した。そして、行政主導のエスニックな資源を活かしたまち
づくりが、急増する中国人観光客や中国からの投資を目的としており、華僑の
主体性や意志が顧みられることなく進められている点を指摘した。地域開発の
なかで華僑が形成してきた文化や歴史を記述する際、当事者の意見は反映され
なかった。その根本的な原因として、エスニックな文化資源が、継続的に保障
されるべき権利であるという視点が欠如したまま計画が進められた点が挙げら
れる。また、華僑側の団体組織も、行政と対峙できるような強い力を保つこと
ができなかった。その結果、「チャイナタウン」はそれなりに活況を呈しているが、
華僑と韓国社会間の長年の葛藤や不信は解決されないまま残され、華僑と行政
の相互不信につながった。西成区や八尾市で見られたように、様々な背景を持
つ地域の住民が葛藤を抱えながらも理解を深め、互いを尊重する方法を探るよ
うな過程は、少なくとも「チャイナタウン」造成当初には存在していなかった。
そもそも「仁川チャイナタウン」の事例は、「移民」やエスニック・コミュニティ

を地域社会に包摂する際に、当事者がそのエスニックな資源を活用し、住民として主体的に地域社会にかかわっていく可能性を内包している。しかし、当事者と開発側あるいは行政とのラポールが確立されていなければ、移民の文化資源を侵害することになりかねないことが確認された。

第5章では、韓国の新たな移民政策の展開として、二重言語教育政策の効果と課題について考察した。韓国では、近年、過度の同化要求につながった移民統合政策への反省から、政府主導により、公立学校内で外国にルーツを持つ子どもたちに母語を教えるバイリンガル教育施策が始まっている。現段階では制度的な不備があるとはいえ、実際に母語教育を受けた子どもたちの自己肯定感が高まり、異なる文化・言語的背景を持つ親との関係性が向上するなど、一定程度の効果が上がったことが報告されている。日本同様、同質的な韓国社会の中で、「移民」の子どもが外国から来た親の文化に劣等感を持つことなく育ち、二か国語以上の言語と学歴を身につけることは、社会参加と自己実現という面でも重要である。

以上の分析から得られた知見は次の三点である。一点目は、国家や制度と「移民」との関係である。日本の場合、戦後の外国人住民に対する権利保障は、国際的な圧力や当事者及び支援者からの異議申し立てにより、既存の国民国家体制に支障が出ない範囲で行われてきた。ただ、その過程を通じて日本人も自らの問題として外国人差別を捉え、ともに差別解消、制度是正を要求していった経験があった。そのなかで、仮滞在の外国人ではなく、地域社会でともに暮らしていく住民としての在日コリアンが認知されていった。しかし、「移民」に対する政策的関心は歴史的にみても低く、国民年金の問題等、いまだに旧来型移民の生活権すら充分に保障されていない現実がある。なお、地方自治体レベルでみると、旧来型移民にかんしては、集住地においてエスニックな文化権が一部保障されているところもあるが、その経験が新来型移民の集住地を抱える地域に継承されているように思われない。国家が「移民」に対して無策な日本の現状の中で、地域社会からの発信という意味でも、旧来型移民と新来型移民を架橋する行政レベルでのネットワークや統合政策が急務であることが指摘できる。

また、日本より先に移民国家へ踏み出した韓国の事例を見ると、「移民」を

めぐる国家レベルの法的な整備において、政策対象となる「移民」とそれ以外の「移民」という二重構造が存在している。前者は華僑を、後者は華僑以外の新たに流入してきた定住外国人を指す。そもそも華僑に対する身分保障施策がないまま、国際結婚移住女性など新たな「移民」が流入し、少子高齢化の解消という政策意図の下で「移民」の統合が進められた。その副次的な効果として華僑の法的地位は上昇している。しかし、在日コリアンが一つひとつ権利を獲得していったときのように、韓国人と華僑の連帯や、韓国社会への波及効果は見られず、また社会的なイシューともならなかった。また、「仁川チャイナタウン」の事例では、華僑のエスニックな文化資源を活用した政府主導のまちづくりが、華僑と行政間の共同関係の形成に至っていないことが確認された。しかし一方で、新型「移民」に対する二重言語教育政策では、まさにその政府主導型の強権的な施策の展開が、全国規模での事業の展開を可能にさせ、「移民」の子どもたちの、ルーツにまつわる自尊心や家族関係の向上という効果をもたらした。この思い切りのよさは韓国社会の強みでもある。ただ、このような政策のあり方は、国家の目的に沿う新来型移民とそうではない旧来型移民を区別し、新たな排除の構造を生み出すことが考えられ、旧来型か新来型を問わず、すべての「移民」を包括する理念に基づいた政策を目指すべきであることを示唆している。この、国家や制度と「移民」の関係は、日韓比較をすることで、より鮮明に関係性の特徴が浮かび上がった。

　二点目は、コミュニティの重要性である。「移民」の定住過程で、エスニック・コミュニティが重要な役割を果たすことは言うまでもない。ところが、「移民」が世代を重ねていく際、エスニック・コミュニティのみならず、学校も含め、地域社会のコミュニティがより重要になってくる。大阪の民族学級の取組みは、コリアンの集住地で、地域内の日本人住民組織や民族団体、教員ネットワークの支えを背景に実現している。なかでも、西成や八尾では、部落解放教育から波及して、在日コリアンに対する民族差別が、同じように差別に苦しむ被差別部落の日本人住民によって、地域が抱える課題であると認識され、公立学校内に自主的な民族学級が誕生した経緯があった。「ウリマル（私たちの言葉）を返せ！」という第二世代や第三世代の在日コリアンの子どもたちの告発を引き受けたのが、まさにこの学校や被差別部落という地域コミュニティだった。そして、それから40年以上が経ち、「移民」が世代を重ね、集団的な民族アイデンティ

ティの保有者としてのエスニック・コミュニティの存在が見えづらくなってい
ても、地域コミュニティの資源として残った民族学級が、朝鮮半島にルーツを
持ち、民族の言葉や文化に興味を持った子どもたちの受け皿となっている。

　また、「仁川チャイナタウン」の事例では、華僑が個人的に、まちのあり方
に対する思いを持っていても、華僑の代表組織がそれを共有し、行政と対峙で
きるだけの力を持ち得なかったことが、まちの運営において華僑が主体性を獲
得できない一因となったことがわかった。そしてエスニックな文化資源につい
ても、それが華僑の持つエスニックな権利であるというような合意が生まれて
おらず、社会資源として地域力を高めるというよりは、観光資源として消費さ
れていることがわかった。この日本と韓国の事例から、「移民」の地域社会へ
の包摂とエスニック文化権の確立にあたり、行政とエスニック・コミュニティ、
そして地域社会との共同性の再構築が重要となることが確認できた。この場合、
地域への包摂とは、「移民」とホスト社会の構成員が地域住民として対等に向
かい合い、互いの「異質性」を媒介として共同関係を築く過程を指している。

　三点目は、地域社会での新たな共同性に基づいたコミュニティの構築におい
て、エスニックな文化権が持つ有効性についてである。韓国のバイリンガル教
育の事例からは、公教育内で母語を教えることが、同化圧力によってルーツを
隠そうとする当事者の子どもたちの適応や自己肯定感の向上において効果が
あったことが報告されている。この実践は、単一民族主義的な社会意識が払しょ
くされず、同質性の高い日本と韓国の社会で、次世代を担う「移民」の子ども
たちやその子孫が、旧来型、新来型を問わず、地域社会内で萎縮することな
く主体的に生きることを可能にする土壌を作るという面で有効であると考える。
また、とどまることを知らないグローバル化の進展のなかで、「異質性」との
共存と新たな共同関係の構築が常に地域社会の課題として浮上するであろうこ
とを考えると、エスニックな文化権が、地域の社会資源となり、地域力を高め
ることが期待できる。この2つの側面を考えると、地域社会での新たな共同性
に基づいたコミュニティの構築において、エスニックな文化権の確立は有効で
ある。ただ、それは、あくまでも当事者、地域社会、そして行政の共同関係が
担保されていることが条件となる点が、「仁川チャイナタウン」の事例から指
摘されるであろう。もし本書が都市社会学の発展に寄与できるとしたら、まさ
にこの三点目においてである。すなわち、従来、都市社会学のなかで捨象され

がちであった、1980年代以前の在日コリアンの地域社会における日本人との実践を捉え、エスニックな文化権の保障を媒介に日本人と在日コリアンの間に生まれた共同関係を明らかにした点、そのエスニックな文化権の保障を基に、旧来型の「移民」と新来型の「移民」を結び、都市社会学の命題でもある「異質性との共存」の一つのあり方を提示した点、そして、日韓を比較する手法をとることで、それぞれの特徴や問題点をより鮮明に浮かび上がらせることができた点である。

　本書は、まだ試論の段階である。エスニックな文化権が、具体的に何を指すのか、またそれを確立していく方法についても、まだ調査研究と検討が必要である。ただ、日本が、近い将来必ず直面するであろう移民を含めた地域社会の再構築を考える際、エスニックな文化や言語の権利保障は、「単一民族神話」の呪縛から抜け出す糸口となることが期待できるだろう。ただ、日韓の移民現象について論じながらも、それぞれの「移民」と本国との関係や、日本、韓国、北朝鮮、中国、台湾を往還する東アジアという地政学的な観点についてはほとんど言及することができなかった。この点今後の課題としていきたい。

参考文献

＜日本語文献＞

飯田剛史, 2002,『在日コリアンの宗教と祭り——民族と宗教の社会学』世界思想社.

飯沼二郎, 1988,『在日韓国・朝鮮人——その日本社会における存在価値（東渡叢書）』海風社.

石川亮太, 2016,『近代アジア市場と朝鮮——開港・華商・帝国』名古屋大学出版会.

李錦純, 2009,「日本で高齢期を迎えた在日コリアン」川村千鶴子ほか編著『移民政策へのアプローチ——ライフサイクルと多文化共生』明石書店.

李正熙, 2012,『朝鮮華僑と近代東アジア』京都大学学術出版会.

稲月正, 2002,「在日韓国人・朝鮮人の社会移動・移動パターンの析出と解釈」谷富夫編『民族関係における結合と分離：社会的メカニズムを解明する』ミネルヴァ書房, 559-595.

イルムの会編, 2011,『金ソンセンニム——済州島を愛し民族教育に生きた在日一世』新幹社.

岩山春夫, 2012,「民族学級の歴史と課題——西成・長橋小学校の民族学級が持つ意味」こりあんコミュニティ研究会『コリアンコミュニティ研究』vol.3, 東信堂, 47-51.

大阪市社会部調査課, 1929, 社会部報告85号,『本市に於ける朝鮮人の生活概況』近現代資料刊行企画編集, 1996,『日本近代都市社会調査資料集成3　大阪市社会部調査報告書（昭和二年〜昭和十七年）12』近現代資料刊行会, 177-213.

大阪市社会部調査課, 1931, 社会部報告131号,『本市に於ける朝鮮人工場労働者』近現代資料刊行企画編集, 1996,『日本近代都市社会調査資料集成3　大阪市社会部調査報告書（昭和二年〜昭和十七年）22』近現代資料刊行会, 75-119.

大阪市社会部労働課, 1933, 社会部報告177号,『朝鮮人労働者の近況』近現代資料刊行企画編集, 1996,『日本近代都市社会調査資料集成3　大阪市社会部調査報告書（昭和二年〜昭和十七年）34』近現代資料刊行会, 283-359.

大阪市役所, 『大阪市統計書』第24回（大正13年版）──第100回（平成23年版）.

大阪市役所編, 1954, 『昭和大阪史　経済篇（上）』.

大谷かがり, 2009, 「日本に暮らす日系ブラジル人の子どもの健康をめぐる人々の実践」愛知県立大学多文化共生研究所『共生の文化研究（2）』, 20-29.

──────, 2012, 「リーマンショックによってブラジル人はどのようなことに困難を感じているのか──豊田市保見団地でのフィールドワークから」国際協力機構横浜国際センター海外移住資料館『JICA横浜海外資料館研究紀要』7, 105-115.

太田利信, 1974a, 「『ウリマル』（母国語）を返せ!!に応えて──在日朝鮮人民族学級擁護闘争の報告」現代の理論社編『現代の理論』11（2）, 現代の理論社, 63-79.

──────, 1974b, 「報告3 西成長橋小における在日朝鮮人教育のとりくみ」部落解放同盟大阪府連組織局部落解放研究所編集部『部落解放』55, 解放出版社, 165-169.

大沼保昭, 1993, 『新版単一民族社会の神話を超えて──在日韓国・朝鮮人と出入国管理体制』東信堂.

奥田道大・田嶋淳子編, 1993, 『新宿のアジア系外国人──社会学的実態報告』めこん.

奥田道大・広田康生・田嶋淳子, 1994, 『外国人居住者と日本の地域社会』明石書店.

奥田道大・田嶋淳子編, 1995, 『新版池袋のアジア系外国人──回路を閉じた日本型都市でなく』明石書店.

奥田道大編, 1995, 『コミュニティとエスニシティ──21世紀の都市社会学 第2巻』勁草書房.

奥田道大, 2004, 『都市コミュニティの磁場──越境するエスニシティと21世紀都市社会学』東京大学出版会.

小熊英二, 1995, 『単一民族神話の起源──＜日本人＞の自画像の系譜』新曜社.

小内透・酒井恵真編著, 2001, 『日系ブラジル人の定住化と地域社会──群馬県太田・大泉地区を事例として』御茶の水書房.

小内透, 2006, 「日系ブラジル人のトランスナショナルな生活世界──第4章出稼ぎと帰国にともなう子どもの教育問題と解決の視点」北海道大学大学院

教育学研究科教育社会学研究室『調査と社会理論』・研究報告書21,55-78.

梶田孝道・丹野清人・樋口直人, 2005,『顔の見えない定住化——日系ブラジル人と国家・市場・移民ネットワーク』名古屋大学出版会.

カースルズ, S.・ミラー, M. J., 2011, 関根政美・関根薫監訳『国際移民の時代第4版』名古屋大学出版会.（Castles, Stephen, Mark J. Miller, 2009, *The Age of Migration: International Population Movements in the Modern World 4th edition*, London: Macmillan Press.）

綛谷智雄, 1997,「在韓華僑の形成過程——植民地朝鮮におけるエスニックマイノリティー」日本植民地研究会編『日本植民地研究』Vol.9., 1-15.

片岡常年, 1993,「大きな転換期をむかえて——自由化のなかで革靴メーカーはどう生き延びるか」『部落解放』366, 解放出版社, 36-45.

学校法人金剛学園, 1986,『金剛学園40年誌』.

川本綾, 2013,「韓国の多文化政策と在韓華僑——仁川チャイナタウン構想を事例に」移民政策学会編『移民政策研究』Vol.5, 明石書店, 65-81.

ガンズ, H., 2011, 松本康訳「生活様式としてのアーバニズムとサバーバニズム」森岡清志編『都市社会学セレクションⅡ都市空間と都市コミュニティ』日本評論社, 59-88.（Gans, Herbert, 1962, "Urbanism and Suburbanism as Ways of Life: A Re-evaluation of Definitions." In Arnold M.Rose(ed), *Human Behavior and Social Process: An Interactionist Approach*, 625-648）

キムリッカ, W.,1998, 角田猛之・石山文彦・山﨑康仕監訳『多文化時代の市民権—マイノリティの権利と自由主義』晃洋書房.（Kymlicka ,Will, 1995, *Multicultural Citizenship: A Liberal Theory of Minority Rights*, Oxford University Press.）

金兌恩, 2009,「多民族・多文化教育と新たな共同性の構築——大阪市立小中学校の『民族学級』を事例に」社会学研究会編『ソシオロジ』53(3), 91-107.

金賛汀, 1985,『異邦人は君が代丸に乗って——朝鮮人猪飼野の形成史』岩波新書.

金泰泳, 1999,『アイデンティティ・ポリティクスを超えて——在日朝鮮人のエスニシティ』世界思想社.

グッドマン.R・ペング.I, 2003,「東アジア福祉国家：逍遥的学習、適応性のある

変化、国家建設」G.エスピン-アンデルセン編，埋橋孝文監訳『転換期の福祉国家——グローバル経済下の適応戦略』早稲田大学出版部。(Goodman, Rand, and Peng, I., 1996 'The East Asian Welfare states: Peripatetic Learning, Adaptive Change and Nation Building' in G. Esping-Andersen, (ed.), *Welfare States in Transition: National Adaptations in Global Economics*, London, Sage.)

江東・在日朝鮮人の歴史を記録する会, 1995,『東京のコリアン・タウン——枝川物語』樹花舎.

国際高麗学会日本支部「在日コリアン辞典」編集委員会編, 2010,『在日コリアン辞典』明石書店.

高鮮微, 1998,『20世紀の滞日済州島人——その生活過程と意識』明石書店.

こりあんコミュニティ研究会・西成在日コリアン高齢者の生活と居住サポート研究部会／社会包摂ユニット編, 2010,『コリアンコミュニティにおける高齢居住者の生活と住まいからみた地域再生の課題——西成区在日コリアン多住地域を中心として』大阪市立大学都市研究プラザ.

近藤敦, 2009,「在日コリアンの法的地位と年金問題」川村千鶴子ほか編著『移民政策へのアプローチ——ライフサイクルと多文化共生』明石書店.

在日大韓基督教会大阪西成教会80年史編纂委員会, 2003,『大阪西成教会80年史』.

佐々木信彰, 2008,「1920年代における在阪朝鮮人の労働＝生活家庭——東成・集住地区を中心に」杉原薫・玉井金五編『増補版大正・大阪・スラム——もうひとつの日本近代史』新評論, 161-212.

佐藤寛編, 2001, 『援助と社会関係資本——ソーシャルキャピタル論の可能性』日本貿易振興機構アジア経済研究所.

庄谷怜子・中山徹, 1997,『高齢在日韓国・朝鮮人——大阪における「在日」の生活構造と高齢福祉の課題』御茶の水書房.

全泓奎, 2015,「エスニックミュージアムと多文化共生型コミュニティ再生への挑戦」全泓奎・川本綾・中西雄二・鄭栄鎭共著『OMUDブックレットNo.55 エスニックミュージアムによるコミュニティ再生への挑戦』大阪公立大学共同出版会, 3-17.

全泓奎編, 2016,『包摂都市を構想する——東アジアにおける実践』法律文化社.

杉原達, 1998,『越境する民——近代大阪の朝鮮人史研究』新幹社.

_____, 2008,「在阪朝鮮人の渡航過程」杉原薫・玉井金五編『増補版大正・大阪・スラム——もうひとつの日本近代史』新評論, 213-248.

宣元錫, 2010,「韓国の『外国人力』受入れ政策——『雇用許可制』を中心に」中央大学総合政策学部編『総合政策研究』第18号, 157-169.

高野昭雄, 2009,『近代都市の形成と在日朝鮮人』人文書院.

谷富夫編, 2002,『民族関係における結合と分離——社会的メカニズムを解明する』ミネルヴァ書房.

谷富夫編, 2008,『新版ライフヒストリーを学ぶ人のために』世界思想社.

谷富夫, 2013,「都市とエスニシティ——人口減少の入り口に立って」日本都市社会学会編『日本都市社会学会年報 31　都市社会学——軌跡と展望』, 35-60.

_____, 2015,『民族関係の都市社会学——大阪猪飼野のフィールドワーク』ミネルヴァ書房.

チャン, エリン・エラン, 2012, 阿部温子訳『在日外国人と市民権——移民編入の政治学』明石書店. (Chung, Erin Aeran, 2010, *Immigration and Citizenship in Japan*, New York: Cambridge University Press.)

朝鮮総督府編, 1935,『朝鮮国勢調査報告昭和5年全鮮編第2巻記述報文』国立国会図書館内HP内「国立国会図書館デジタルコレクション」(http://dl.ndl.go.jp/info:ndljp/pid/1448076).

鄭栄鎮, 2015,「八尾市における『外国人』の受容過程と可能性」全泓奎・川本綾・中西雄二・鄭栄鎮共著『エスニックミュージアムによるコミュニティ再生への挑戦』, 49-65.

鄭承博, 2001,『水平の人——栗須七郎先生と私』みずのわ出版.

土屋千尋, 2011,「外国人集住地の小学校のとりくみと教員の意識変容」江原裕美編著『国際移動と教育——東アジアと欧米諸国の国際移民をめぐる現状と課題』明石書店, 62-77.

デイビッド・ウィリス・李洙任, 2012,「在日コリアン系起業家」李洙任編著『在日コリアンの経済活動——移住労働者,起業家の過去・現在・未来』不二出版, 141-165.

外村大, 2004,『在日朝鮮人社会の歴史学的研究・形成・構造・変容』緑蔭書房.

富坂キリスト教センター・在日朝鮮人の生活と住民自治研究会編, 2007,『在日外国人の住民自治——川崎と京都から考える』新幹社.

中筋直哉, 2005,「分野別研究動向（都市）——日本の都市社会学の動向と課題」日本社会学会編『社会学評論』56 (1), 217-231.

中西雄二, 2015,「大阪市西成区における沖縄出身者の『同郷性』——定着過程と県人会活動の事例から」, 全泓奎・川本綾・中西雄二・鄭栄鎭共著『エスニックミュージアムによるコミュニティ再生への挑戦』大阪公立大学共同出版会, 34-48.

中村一成, 2005,『声を刻む——在日無年金訴訟をめぐる人々』インパクト出版会.

二井紀美子, 2010,「日本で育った子どもたちの今」江原裕美編著『国際移動と教育——東アジアと欧米諸国の国際移民をめぐる現状と課題』明石書店, 114-122.

二階堂裕子, 2007,『民族関係と地域福祉の都市社会学』世界思想社.

西岡智ほか, 1974,「座談会部落に住む朝鮮人の問題」部落解放同盟大阪府連組織局部落解放研究所編集部『部落解放』51, 解放出版社,14-45.

西山八重子, 2006,「＜農村—都市＞の社会学から地域社会学へ」似田貝香門監修『地域社会学講座1 地域社会学の視座と方法』東信堂, 27-45.

パーク, R. E., 2011, 松本康訳「都市——都市環境における人間行動研究のための提案」松本康編『都市社会学セレクションI——近代アーバニズム』日本評論社, 39-88. (Park, Robert E., 1925, "The City: Suggestions for Investigation of Human Behavior in the Urban Environment." In Robert and Ernest W. Burgess(eds.), *The City: Suggestions for Investigation of Human Behavior in the Urban Environment*, University of Chicago Press.)

バージェス, E. W., 2011, 松本康訳「都市の成長——研究プロジェクト序説」松本康編『都市社会学セレクションI——近代アーバニズム』日本評論社, 21-38. (Burgess, Ernest W., 1925, 'The Growth of the City: An Introduction to a Research Project', in Robert E. Park & Ernest W. Burgess (eds), *The City: Suggestions for Investigation of Human Behavior in the Urban Environment*, University of Chicago Press.)

朴一, 2005, 『「在日コリアン」ってなんでんねん?』講談社＋α新書.

朴鐘碩・上野千鶴子ほか, 2008, 『日本における多文化共生とは何か——在日の経験から』新曜社.

朴正恵, 2008, 『この子らに民族の心を——大阪の学校文化と民族学級』新幹社.

パットナム, R. D., 2001, 河田潤一訳『哲学する民主主義——伝統と改革の市民的構造』NTT出版.（Putnam. Robert. D., 1993, *Making Democracy Work*, Princeton Universety Press.）

河明生, 1997, 『韓人日本移民社会経済史——戦前篇』明石書店.

ハンマー, T., 1999, 近藤敦監訳『永住市民（デニズン）と国民国家——定住外国人の政治参加』明石書店.（Hammar, Tomas, 1990, *Democracy and the Nation State : Aliens, Denizens and Citizens in a World of International Migration*, Avebury.）

林久良, 1993, 「特集部落産業の現在——製革業の現状について」解放出版社『部落解放』366, 31-35.

韓載香, 2010, 『「在日企業」の産業経済史——その社会的基盤とダイナミズム』名古屋大学出版会.

広田康生, 1995, 「エスニック・ネットワークの展開と回路としての都市——越境する人々と日常的実践」奥田道大編『コミュニティとエスニシティ——21世紀の都市社会学』勁草書房, 191-239.

———, 2003, 『エスニシティと都市』有信堂.

フィッシャー, C. S., 2011, 広田康生訳「アーバニズムの下位文化理論に向かって」森岡清志編『都市社会学セレクションⅡ——都市空間と都市コミュニティ』日本評論社, 127-164.（Fischer, Claude S., 1975, "Toward a Subcultural Theory of Urbanism", *American Journal of Sociology*, Vol.80, No.6, pp.1319-1341, University of Chicago Press.）

藤原夏人, 2010, 「韓国の国籍法改定——限定的な重国籍の容認」国立国会図書館調査及び立法考査局編『外国の立法』Vol.245, 113-139, 国立国会図書館ＨＰ内「国立国会図書館デジタル化資料」(http://www.ndl.go.jp/jp/data/publication/legis/pdf/024506.pdf)

部落解放同盟西成支部編, 1993, 『焼土の街から——西成の部落解放運動史』部落解放同盟西成支部.

部落解放同盟大阪府連組織局部落解放研究所編集部, 1974,「調査報告――特集　部落に住む朝鮮人の問題（下）大阪の部落に住む朝鮮人の生活」部落解放同盟大阪府連組織局部落解放研究所編集部『部落解放』52, 解放出版社, 18-35.

ブルーベイカー, R., 2005, 佐藤成基・佐々木てる監訳『フランスとドイツの国籍とネーション――国籍形成の比較歴史社会学』明石書店.（Brubaker, Rogers, 1992, *Citizenship and Nationhood in France and Germany*, Harvard University Press.）

文化庁編, 2017,『宗教年鑑平成28年版』（http://www.bunka.go.jp/tokei_hakusho_shuppan_nenjihokokusho/shukyo_nenkan/pdf/h28nenkan.pdf）

星野修美, 2005,『自治体の変革と在日コリアン――共生の施策づくりとその苦悩』明石書店.

ポルテス, A., ルンバウト, R. G., 2014, 村井忠政訳『現代アメリカ移民第二世代の研究――移民排斥と同化主義に代わる「第三の道」』明石書店.（Portes, Alejandro and Rumbaut, Rubén G. 2001, *The Story of the Immigrant Second Generation*, The Regents of the University of California.）

ホワイト, W. F., 2000, 奥田道大・有里典三訳『ストリート・コーナー・ソサイエティ』有斐閣.（Whyte, William Foote,1993, *Street Corner Society: the Social Structure of an Italian Slum*, Chicago: University of Chicago Press.）

マーシャル, T. H., トム, B., 1993, 岩崎信彦・中村健吾訳『シティズンシップと社会的階級――近現代を総括するマニフェスト』法律文化社.（Marshall, T. H., Tom Bottomore, 1992, *Citizenship and Social Class*, London: Pluto Press.）

松尾知明, 2010,「問い直される日本人性――白人研究をてがかりに」渡戸一郎・井沢泰樹編著『多民族社会・日本＜多文化共生＞の社会的リアリティを問い直す』明石書店.

松本一子, 2005,「日本国内の母語・継承語教育の現状――マイノリティ自身による実践」母語・継承語バイリンガル教育（MHB）研究会『母語・継承語バイリンガル教育（MHB）研究』Vol.1, 96-106.

松本康, 2011,「解題」松本康編（2011）『都市社会学セレクションⅠ――近代アー

バニズム』日本評論社.

水野直樹・文京洙, 2015,『在日朝鮮人——歴史と現在』岩波新書.

宮島喬, 2004,『ヨーロッパ市民の誕生——開かれたシティズンシップへ』岩波新書.

梁陽日, 2013,「大阪市公立学校における在日韓国・朝鮮人教育の課題と展望——民族学級の教育運動を手がかりに」『Core ethics : コア・エシックス 9』, 245-256.

李洙任編著, 2012,『在日コリアンの経済活動——移住労働者, 起業家の過去・現在・未来』不二出版.

ワース, L., 2011, 松本康訳「生活様式としてのアーバニズム」松本康編『都市社会学セレクション I ——近代アーバニズム』日本評論社, 89-116.（Wirth, Louis, 1938, "Urbanism an a Way of Life", *American Journal of Sociology*, 44, University of Chicago Press.）

渡戸一郎,2009,「ともに地域をつくる」川村千鶴子ほか編著『移民政策へのアプローチ——ライフサイクルと多文化共生』明石書店.

王恩美, 2008,『東アジア現代史のなかの韓国華僑——冷戦体制と「祖国」意識』三元社.

＜英語文献＞

Chen, Hsiang-Shui, 1992, *Chinatown No More-Taiwan immigrants in Contemporary New York*, Cornell Univ. Press.

Koopmans, Ruud, Ines Michalowski, and Stine Waibel, 2012, "Citizenship Rights for Immigrants: National Political Processes and Cross-National Convergence in Western Europe, 1980–2008", *American Journal of Sociology*, Vol. 117, No. 4, 1202-1245.

Zhou, Min, 1992, *Chinatown-The Socioeconomic Potential of an Urban Enclave*, Temple Univ. Press.

＜韓国語文献＞

김희정, 2007,「한국의 관주도형 다문화주의——다문화주의의 이론과 한국적 적용」, 오경석외, 2007,『한국에서의 다문화주의——현실과 쟁점』, 한울,

58-77（キム・ヒジョン，2007，「韓国の官主導型多文化主義——多文化主義の理論と韓国的適用」，オ・ギョンソクほか『韓国における多文化主義——現実と争点』ハンウル，58-77）.

박경태，2008，『소수자와 한국사회』후마니타스（パク・ギョンテ，2008，『少数者と韓国社会——移住労働者・華僑・混血人』フマニタス）.

박세훈외，2009，『다문화사회에 대응하는 도시정책 연구(Ⅱ)——지역중심형 외국인정책 추진방안』국토연구원（パク・セフンほか，2009，『多文化社会に対応する都市政策研究——外国人密集地域の現況と政策課題』国土研究院）.

박은경，1986，『한국화교의 종족성』，한국연구원（パク・ウンギョン，1986，『韓国華僑の種族性』韓国研究院（韓国語）.

박채란，2004，『국경 없는 마을』서해문집（パク・チェラン，2004，『国境なき村』ソヘ文集）.

박천응，2006，『이주민 신학과 국경 없는마을 실천』,격경없는마을（パク・チョヌン，2006，『移住民神学と国境なき村の実践——安山移住民センター』国境なき村）.

손덕준구술，송승석채록，2012，『인주골 중국동네 사람들——인천화교 손덕준의 가족이야기』,한국학술정보（주）（ソン・ドクジュン口述，ソン・スンソク採録，2012，『インジュコル中国まちの人々——仁川華僑ソン・ドクジュンの家族の話』韓国学術情報（株）).

손정목，2003，『서울 도시계획 이야기2——서울 격동의 50년과 나의 증언』，한울（ソン・ジョンモク，2013，『ソウル都市計画の話2——ソウル激動の50年と私の証言』ハンウル）.

여성가족부，2013，「이중언어교육의 실태 및 개선방안 연구」（女性家族部，2013，『二重言語教育の実態及び改善方案に関する研究』)．

양필승・이정희，2004，『차이나타운 없는 나라——한국화교 경제의 어제와 오늘』삼성경제연구소（ヤン・ピルスン.イ・ジョンヒ，2004，『チャイナタウンがない国——韓国華僑経済の昨日と今日』サムソン経済研究所）.

오경석외，2007，『한국에서의 다문화주의——현실과 쟁점』，한울（オ・ギョンソクほか，2007，『韓国における多文化主義——現実と争点』，ハンウル）.

이옥련，2008，『인천 화교 사회의 형성과 전개』，인천문화재단（李玉蓮，2008，

　　『仁川華僑社会の形成と展開』仁川文化財団）.

이현식, 2001,「인천 차이나타운의 조성 방향」, 인천발전연구원 · 한중교류센터 『한중교류센터 연구보고서2011-04』（イ・ヒョンシク, 2001,「仁川チャイナタウンの造成方向」, 仁川発展研究院・韓中交流センター 『韓中交流センター研究報告書2011-04』）.

정병호 · 송도영, 2011, 『한국의 다문화공간——우리 사회 다문화 이주민들의 삶과 공간을 찾아서』, 현암사（ジョン・ビョンホ, ソン・ドヨン編, 2011, 『韓国の多文化空間——私たちの社会の多文化移住民の暮らしと空間を訪ねて』ヒョナム社）.

최형미외, 2008, 『다문화 가족 복지론』——평택대학교 다문화가족센터편, 양서원（チェ・ヒョンミ他著, 2008, 『多文化家族福祉論』平沢大学校多文化家族センター編, ヤンソウォン）.

あとがき

　本書は、2016年に大阪市立大学大学院文学研究科に提出した博士論文を基に、加筆修正を行ったものである。

　韓国で修士課程を修了してからおよそ10年間、私は研究の世界から遠ざかっていた。その間、様々な経験を積む中で研究への思いが募り、もう一度最初から学びなおそうと決意してから8年が過ぎた。今、思い返してみると、研究を進める過程は、新たな挑戦や出会いに胸が躍る気持ちと、今の自分に何ができるのかという煩悶の入り混じる、悩ましい時間の積み重ねであったように思う。そんな中で研究を続け、拙いながら研究成果を上梓するにいたったのは、数多くの方々のご指導とご支援があったからにほかならない。この場を借りて、心よりお礼を申し上げたい。

　指導教官である甲南大学の谷富夫先生は、迷走しがちな私が本来の軌道に戻れるよう、いつも温かく手を差し伸べてくださった。まずは自分の足でデータを取ること、迷ったらデータに戻ること、そして、調査対象者が語ってくれた、かけがえのない生の一つひとつのありようを、しっかりと受け止めて研究につなげること。先生が身をもって教えてくださったこれらのすべては、私の研究の指針となった。

　もう一人の指導教官である伊地知紀子先生は、博士論文の指導にあたり、私がどこの位置に立って考えるのかという研究における基本的な姿勢から、言葉の使い方に至るまで、幾度も丁寧で的確なコメントをくださった。私の努力不足で、先生の貴重なコメントを活かせなかった点が心残りではあるが、その課題を今後の研究につなげていきたい。

　大阪市立大学社会学教室の先生方にも、後期博士課程在学中および博士論文の構想発表時に多くのコメントをいただき、ご指導いただいた。そのほか、韓国では仁川大学校中国学術院副院長の宋承錫先生にもお世話になった。仁川華僑研究の第一人者である宋先生には、研究に関するアドバイスはもちろん、「チャイナタウン」内の実情や人間関係など、資料に表れてこない事柄についてもご教示いただいた。二重言語教育政策については、ソウル教育大学校国語教育科の元鎭淑先生より多くのことを学んだ。

また、大阪市西成区の在日コリアン調査にあたっては、民団西成支部から多くの協力をいただいた。特に金春子氏には、調査のアレンジからフォローまで、大変お世話になった。金剛学園の許應石先生にもご協力をいただいた。そして、何より調査に応じてくださった方々にお礼申し上げたい。日本社会の中で生きてこられた軌跡はどれ一つとして同じものはなく、それぞれが圧倒的な生の重みを感じるものだった。調査と並行して、聞き取り調査に応じてくださった地域の方へのお礼と参与観察を兼ねて、民団西成支部内のデイサービスで9回にわたり工作教室を開かせていただいた。その際、聞き取り調査ではわからなかった女性たちの姿を見ることができた。たとえば、簡単な手芸をする際、とてもお元気なのに、縫い針を持とうとしない方がいた。私は、今まで仕事ばかりしてこられて、趣味活動をする習慣がなかったのかと思ったのだが、後からスタッフが、そっと、彼女は靴の仕事をずっとしてきたので、縫い針はもう見たくもないんじゃないかと教えてくださった。聞き取り調査の中で、靴を作る仕事を、自分を含め家族が夜も寝ないでやっていたというお話をいくつもうかがったが、それが言外に意味するところまでくみとることができなかった。ほんの何時間か話を聞いただけで、何かを理解したと思ってはいけないと、自らを戒めた。

　当たり前のことではあるが、「在日コリアン」という人はいない。一人ひとりが異なる名前を持ち、考えを持ち、大切な家族を持つ生活者である。また、今回はデータが韓国籍の方に偏っており、朝鮮籍の方のお話や実践について調査することができなかった。独自の学校システムを持ち、民族教育に力を入れている彼ら・彼女らの地域内での実践や生活世界は、また違うものであるだろう。もし本書で「在日コリアン」という実態のつかめない概念ばかりが一人歩きしているとしたら、それはひとえに私の力不足であり、今の限界である。

　「仁川チャイナタウン」では、徐學寶氏をはじめ、華僑の皆様にご協力をいただいた。調査当初、飛び込みで仁川華僑協会に連絡し、紹介されたのが「チャイナタウン」内でレストランやカフェを営む徐氏であった。調査の目的を聞くと、自らインタビューに応じ、調査に訪れる度に、忙しい合間をぬってほかの調査対象者を探してくださった。海外からいきなりやって来た、縁もゆかりもない私の言葉を信じてくれたことを、忘れない。調査対象者の大多数はレストラン等、商売を営んでおり非常に忙しいため、束の間の昼休みや閉店後にご協力いただいた。在日コリアン同様、華僑もまた韓国人との通婚や帰化が増え、アイデン

ティティが多様化している。今回主に聞き取り調査を行った方は、朝鮮戦争を体験し、韓国社会内で直接的な差別を受けてきた世代である。これから街を担う若い世代の話を今回は充分に聞くことができなかったため、今後の課題として世代ごとの変化についても追っていきたい。華僑が望む方向であるかどうかは別として、チャイナタウンは訪れるたびに町が整備され、観光客が増えている。日本でも群馬県大泉町のブラジルカルナバルにみられるように、地域活性化および「移民」も含めた新たな地域社会のありかたを模索するにあたり、「移民」の持つエスニックな資源は今後行政にとっても貴重な資源となっていくであろう。本書で取り上げた「仁川チャイタウン」の造成にかかわる経験が、日本の事例にも何らかの示唆を与えるものと考えている。

そのほか、「谷ゼミ」の先輩や仲間にも支えられた。研究を進める過程で悩みを共有し、喜びを分かち合う場所があったことは、幸運としかいいようがない。また、出版の機会をいただいた株式会社明石書店の神野斉氏、校正および編集をご担当いただいた清水聡氏にもお礼申し上げる。

これまで、多様な人々とともに暮らしていくための新たな共同性の創出というテーマをもとに、エスニック文化権の確立を一つの共通概念として、日韓の移民の定住過程及び移民政策の変容について比較分析を試みてきた。このテーマについてこれまでいくつかの論文及び論考を発表してきたが、初出は以下のとおりである。

第1章　書下ろし

第2章は、「大阪市西成地区のコリアンコミュニティの形成と変容」（『コリアンコミュニティ研究』こりあんコミュニティ研究会、Vol.2、pp.15-18、2011年）、「西成の在日コリアンと産業」、こりあんコミュニティ研究会（『コリアンコミュニティ研究』、東信堂、Vol3、pp.28-31、2012年）、「西成の在日コリアンにおける信仰と教育：大韓基督教会大阪西成教会・学校法人金剛学園」（こりあんコミュニティ研究会、『コリアンコミュニティ研究』、東信堂、Vol.3、pp.40-46、2012年）

第3章は、川本綾、「韓国の多文化政策と在韓華僑：仁川チャイナタウン構想を事例に」（移民政策学会編『移民政策研究』、明石書店、Vol.5、pp.65-81、2013年）、「韓国の移民政策と在韓華僑」（『包摂都市を構想する：東アジアにお

ける実践』、全泓奎編、法律文化社、pp.66-77、2016年）をもとにしている。

第4章　書下ろし

なお、本研究は、大阪市立大学都市研究プラザ、公益財団法人三島海雲記念財団による研究助成を受けて実施した。

これまでを振り返ると、多くの方々に支えられていたことに改めて気づく。しかし、やはり家族の支えがなければ研究活動自体が成り立たなかった。実家の両親や夫の両親、子どもたち、そして、研究者の先輩として、パートナーとして、誰よりも私を理解し、いつも惜しみない支援と励ましをくれる夫に、深く感謝している。

2018年1月

川本　綾

索引

著者紹介

川本　綾（かわもと　あや）大阪市立大学都市研究プラザ特別研究員

略歴

1973 年山口県生まれ。ソウル大学校大学院社会学科修士課程修了後、韓国輸出入銀行東京事務所、財団法人日韓文化交流基金等での勤務を経て、大阪市立大学大学院文学研究科人間行動学専攻社会学専修後期博士課程単位取得満期退学。博士（文学）。甲南大学・四天王寺大学非常勤講師。

主な業績

「韓国の多文化政策と在韓華僑——仁川チャイナタウン構想を事例に」（移民政策学会編、『移民政策研究』、明石書店、Vol.5、2013 年）、「西成地域における在日コリアンコミュニティの産業と文化」（全泓奎・川本綾・中西雄二・鄭栄鎮共著、『エスニックミュージアムによるコミュニティ再生への挑戦』、大阪公立大学共同出版会、2015 年）、「韓国の移民政策と在韓華僑」（『包摂都市を構想する——東アジアにおける実践』、全泓奎編、法律文化社、2016 年）など。

移民と「エスニック文化権」の社会学
在日コリアン集住地と韓国チャイナタウンの比較分析

2018 年 3 月 30 日　初版第 1 刷発行

著　者　川　本　　　綾
発行者　大　江　道　雅
発行所　株式会社 明石書店
〒 101-0021 東京都千代田区外神田 6-9-5
電　話　03-5818-1171
FAX　03-5818-1174
振　替　00100-7-24505
http://www.akashi.co.jp
装丁　明石書店デザイン室
印刷・製本　モリモト印刷株式会社

（定価はカバーに記してあります）　　ISBN978-4-7503-4658-8

異文化間教育学大系
【全4巻】

異文化間教育学会【企画】

◎A5判／上製／◎各巻3,000円

第1巻 **異文化間に学ぶ「ひと」の教育**

小島勝、白土悟、齋藤ひろみ【編】

海外子女、帰国児童生徒、留学生、外国人児童生徒など異文化間教育学が対象としてきた「人」とその教育に焦点をあてる。

第2巻 **文化接触における場としてのダイナミズム**

加賀美常美代、徳井厚子、松尾知明【編】

家族、小・中・高等学校、大学、外国人学校、地域など異文化間教育が展開する場に焦点をあて、これまで蓄積してきた成果をレビュー。

第3巻 **異文化間教育のとらえ直し**

山本雅代、馬渕仁、塘利枝子【編】

アイデンティティ、差別・偏見、多文化共生、バイリンガルなど異文化間教育学会が主要な研究主題にしてきたもの取り上げる。

第4巻 **異文化間教育のフロンティア**

佐藤郡衛、横田雅弘、坪井健【編】

異文化間教育学の大系化や学的な自立の試み、新しい方法論や研究の試みなどを取り上げ、新たな異文化間教育学の手がかりを探る。

〈価格は本体価格です〉

多文化共生論
多様性理解のためのヒントとレッスン

加賀美常美代 編著

四六判／並製／352頁　◎2,400円

多文化化が進む日本において、ホスト社会の人々と多様性のある人々の双方が、居心地良く共に生きるために必要なものは何か。問題解決へ向かう新たな協働活動を生み出すための視点と思考を、マイノリティ支援の豊富な事例を踏まえて概説。

◆ 内 容 構 成 ◆

〈価格は本体価格です〉